KB080821

세상의 속도를
따라잡고 싶다면

Do it!

정경희 지음

디자인에도 최소한의 정답은 있다

웹 디자인 교과서

20년 디자인 노하우와 10년 강의 경험을 담은 웹 디자인 개념서

포토샵, 피그마 실습 수록!

이지스퍼블리싱

세상의 속도를
따라잡고 싶다면

Do
it!

Do it!
웹 디자인 교과서
Do it! Web Design Textbook

초판 발행 • 2024년 2월 29일

지은이 • 정경희
펴낸이 • 이지연
펴낸곳 • 이지스퍼블리싱(주)
출판사 등록번호 • 제313-2010-123호
주소 • 서울특별시 마포구 잔다리로 109 이지스빌딩 4층(우편번호 04003)
대표전화 • 02-325-1722 | **팩스** • 02-326-1723
홈페이지 • www.easyspub.co.kr | **페이스북** • www.facebook.com/easyspub
Do it! **스터디룸 카페** • cafe.naver.com/doitstudyroom | **인스타그램** • instagram.com/easyspub_it

총괄 • 최윤미 | **기획 및 책임편집** • 이소연 | **IT 2팀** • 한승우, 신지윤, 이소연
교정교열 • 오은교, 박명희 | **표지 및 본문 디자인** • 트인글터 | **인쇄** • 보광문화사
마케팅 • 박정현, 한송이, 이나리 | **독자지원** • 박애림, 오경신 | **영업 및 교재 문의** • 이주동, 김요한(support@easyspub.co.kr)

• '세상의 속도를 따라잡고 싶다면 Do it!'은 출원 중인 상표명입니다.
• 잘못된 책은 구입한 서점에서 바꿔 드립니다.
• 이 책에 실린 모든 내용, 디자인, 이미지, 편집 구성의 저작권은 이지스퍼블리싱(주)와 지은이에게 있습니다.

 이 책을 저작권자의 허락 없이 무단 복제 및 전재(복사, 스캔, PDF 파일 공유)하면 저작권법 제136조에 따라 **5년** 이하의 징역 또는 **5천만 원** 이하의 벌금을 부과할 수 있습니다. 무단 게재나 불법 스캔본 등을 발견하면 출판사나 한국저작권보호원에 신고해 주십시오(불법 복제 신고 https://www.copy112.or.kr).

ISBN 979-11-6303-557-2 13000
가격 20,000원

쇼핑몰? 병원? 화장품?
이 웹 사이트는 어떤 색이 어울릴까?

디자인에도 최소한의 정답은 있다!.
실무에서도 든든한 기본기를 키워 주는 웹 디자인 개념서!

20년 실무 노하우와 10여 년 강의 경험을 모두 담았다!
근본 있는 디자인을 알려 주는 속 시원한 웹 디자인 개념서!

이 책은 웹 디자인의 기초 이론을 체계적으로 배우고자 하는 초보자와 실무에서 UI/UX를 반영한 디자인 감각을 익히고 싶은 디자이너를 위한 안내서입니다. 제가 신입 디자이너였을 때 가장 어려웠던 것은 단순한 기능 구현보다 직관적이고 감각적인 디자인을 주어진 시간 안에 해내는 것이었습니다. 실무에서는 빠듯한 기간 안에 고품질의 디자인을 제작할 수 있는 능력이 필요하고, 이를 위해 디자인을 올바른 방향으로 전개할 수 있는 토대인 기본기가 필수입니다. 이 책은 웹 디자인을 막 시작한 분도 핵심이 되는 기본기와 노하우를 빠르게 익혀 담당 업무에서 또는 공부할 때 바로 적용할 수 있길 바라며 집필했습니다.

디자인도 기본기를 쌓아야 한다!
디자인하는 힘, '디자인력'을 길러 줍니다

이 책은 네 부분으로 나누어 웹 디자인의 기본기를 길러 줍니다. 첫째마당에서는 웹 디자인이 무엇인지와 좋은 디자인을 만드는 원리를 알아봅니다. 둘째마당과 셋째마당에서는 웹 디자인의 구조인 레이아웃과 웹 그리드 시스템, 구성 요소인 이미지, 색상, 타이포그래피를 자세하게 배우며 웹 디자인의 기본기를 탄탄하게 쌓아 봅니다. 넷째마당에서는 앞에서 배운 것을 토대로 실전에서 디자인 계획을 세우는 방법을 체계적으로 살펴보고 실무의 기본이 되는 디자인 시스템을 피그마로 제작합니다. 이 책을 다 읽으면 웹 디자인의 기본이라 할 수 있는 디자인 개념을 익히는 것은 물론, 변화하는 트렌드를 스스로 어떻게 공부해 나가야 하는지도 알 수 있습니다.

20년 경력의 디자이너가 모아 뒀던 노하우 대방출!
디자인에 유용한 웹 사이트 28개와 활용법까지 다 알려 줍니다

웹 디자인을 시작할 때 많이 보고 많이 따라 만들어 보라고 말하지만 초보자는 어떤 것을 보고 만들어야 하는지부터 고민하기 마련입니다. 20년 경력의 디자이너가 차곡차곡 모아 둔 유용한 레퍼런스 사이트 15개와 웹을 구현할 때 활용할 수 있는 무료 소스 사이트 13개는 물론, 해당 사이트를 200% 활용하는 방법까지 확인해 보세요. 디자이너는 한번 공부해서 끝나는 것이 아니라 최신 트렌드를 꾸준히 읽어 낼 줄 알아야 합니다. 이 책에서는 시대의 흐름에 맞게 성장하는 디자이너가 될 수 있도록 보는 눈을 키울 수 있는 디자인 조사 방법과 도움이 되는 레퍼런스 사이트를 함께 소개합니다.

20년 넘게 쌓은 실무 디자인 노하우와 10여 년간 대학에서 웹 디자인 수업을 강의한 경험을 기반으로 디자이너라면 반드시 알아야 할 핵심을 책에 담았습니다. 차근차근 따라오면 디자인 기본기를 탄탄히 쌓은 경쟁력 있는 웹 디자이너로 성장할 수 있을 것입니다. 이제는 독자들이 정답이 없는 디자인의 세계에서 더 이상 헤매지 않고 자신만의 답을 찾을 수 있길 바랍니다. 이와 더불어 대학에서 웹 디자인을 가르치는 분들에게도 체계적인 수업 지침이 될 수 있길 기대합니다.

정경희 드림

"이 책을 추천합니다"

트렌드를 만들고 디자인할 수 있는 디자인 기본기를 키워 줍니다

디자인을 처음 공부할 때 이런 책이 있다면 얼마나 좋았을까요? 이 책은 트렌드를 쫓는 것이 아니라 스스로 트렌드를 만드는 디자이너가 되도록 기본기를 키워 줍니다.

• 서울예술실용전문학교 웹툰창작과 학과장 **김지연**

웹 디자인 제작의 핵심을 한 권에 모은 건 이 책이 처음!

웹 디자인의 기본 개념부터 실전 활용 방법까지 웹 디자인의 핵심을 한 권에 담은 것은 이 책이 처음인 것 같습니다. 웹 디자인을 공부하는 학생, 교사뿐 아니라 웹 디자인 분야에서 일하는 모두에게 유용한 필독서입니다.

• 한남대학교 융합디자인학과 초빙교수 **이혜수**

개발자도 UI/UX 디자인의 이해도를 높일 수 있게 도와줍니다!

이 책은 웹 디자인 기초는 물론 UI/UX 디자인의 개념을 다뤄 개발자도 웹 디자인의 이해도를 높일 수 있도록 도와줍니다. 필자의 실무 경험을 바탕으로 한 실전 팁과 예제는 학교 수업에서도 유용하게 활용할 것으로 기대합니다.

• 인천재능대학교 컴퓨터소프트웨어학과 학과장 **서연경**

초보자에게는 좋은 길잡이, 전문가에게는 최신 트렌드와 기술을 안내하는 책

이 책은 웹 디자인 분야에서 성공적인 커리어를 구축할 수 있도록 안내해 줍니다. 웹 디자인에 입문하는 학생들에게 좋은 길잡이가 될 것이며, 전문가들에게는 최신 트렌드와 기술을 안내해 줄 것입니다.

• 삼육대학교 아트앤디자인학과 조교수 **노주희**

실무 경쟁력을 갖추고 싶은 웹 디자이너 분들께 추천합니다

실무에서 필요한 웹 디자인의 기본과 핵심 기술을 익혀 실무 경쟁력을 강화하고자 하는 디자인 입문자와, 웹 디자인을 이해하고 디자인 감각을 익히고 싶은 모두에게 친절한 멘토 역할을 해줄 것으로 기대합니다.

• 트웬티온스 책임연구원 **김수연**

웹 디자인 개념에 실습과 팁을 더했다!

Do it! 실습 **나의 웹 사이트에 구글 웹 폰트 적용하기**

구글 웹 폰트를 활용하는 방법을 실습해 보겠습니다. 실무에서 많이 활용하는 방법이니 꼭 익혀두세요. 실습에서는 HTML 소스 편집을 위한 에디터로 비주얼 스튜디오 코드를 사용합니다. 이 도구는 무료로 제공되며 강력한 확장 기능을 갖춘 통합 개발 도구로 많은 개발자들이 활용합니다.

1. 비주얼 스튜디오 코드를 설치하기 위해 웹 사이트에 접속합니다(code.visualstudio.com). ❶ [Download for Windows] 버튼을 클릭하고 본인의 환경에 맞는 옵션으로 파일을 내려받은 후 실행합니다.

Do it! 실습
웹 사이트에 직접 적용하며 공부해요!
필요한 실습 파일은 이지스퍼블리싱
홈페이지에서 내려받을 수 있어요.

정쌤이 알려 주는 초보 탈출 Tip!
읽을 때마다 시간이 한 달씩 절약되는
20년 경력 디자이너의 노하우를 공개
합니다.

정쌤이 알려주는 초보 탈출 Tip!

웹/디자인 관련 뉴스레터나 잡지를 구독하세요

디자인 감각을 키우려면 국내외 최신 경향을 파악할 수 있는 웹/디자인 관련 뉴스레터와 잡지를 구독하는 것을 추천합니다. 웹 디자인 분야뿐만 아니라 웹에 대한 전반적인 정보를 얻을 수 있어 기획 능력도 키울 수 있습니다. 필자도 초창기에 '월간 W.E.B'이란 잡지를 오랫동안 구독하며 현업에서 많은 도움을 받았던 기억이 있습니다. 지금은 아쉽게도 발행되지 않지만, 최근에는 오프라인 잡지보다는 각종 온라인 뉴스를 통해 더 빠르고 쉽게 정보를 얻을 수 있습니다.
웹 및 UI/UX 디자인 관련 정보를 참고하기 좋은 사이트를 몇 가지 소개하겠습니다.

1. 디지털 인사이트: ditoday.com
디지털 인사이트는 예전 '월간 W.E.B' 잡지를 발간했던 '웹스미디어'의 온라인 매거진 사이트입니다. UI/UX 디자인을 비롯한 다양한 정보들이 지속적으로 업데이트되고 있어 디자인에 관심 있는 분들에게 매우 유용한 자료를 제공합니다. 웹 디자인뿐만 아니라 디지털과 관련된 다양한 인사이트를 얻을 수 있는 가치 있는 웹 사이트입니다.

한 걸음 더! **패럴랙스 스크롤링 디자인 효과를 위한 라이브러리, GSAP**

실무에서 가장 많이 활용하는 패럴랙스 스크롤링 디자인 효과를 위한 강력한 자바스크립트 라이브러리를 소개합니다.
GSAP는 'GreenSock Animation Platform'의 약자로 HTML5 기반 웹 애니메이션을 제작하고 제어하기 위한 자바스크립트 라이브러리입니다. 모션 그래픽, 인터랙티브 웹 사이트, 게임 및 기타 다양한 웹 애플리케이션에 사용됩니다. 또한 웹 요소의 위치, 크기,

GSAP(gsap.com/gasp)

회전, 투명도 등을 부드럽게 변화시키거나 효과적으로 애니메이션화할 수 있습니다.
GSAP는 성능이 우수하고 사용하기 쉬운 API를 제공하여 많은 웹 관련 개발자들과 디자이너들에게 인기가 있습니다. 라이선스 버전과 무료 버전이 있으며, 무료 버전만으로도 멋진 효과를 경험할 수 있습니다.

한 걸음 더!
디자인 실력을 한 걸음 더! 내딛고 싶다면
반드시 읽어 보세요. 최신 트렌드는 물론 실무에
바로 활용할 수 있는 정보를 담았습니다.

05장 | 실전 과제

지금까지 배운 내용을 활용해 과제를 해결해 보세요!

실전 과제
배운 내용을 바탕으로 실전 과제를 스스로
해결해 보세요! 단계별로 가장 필요한
과제를 선정해 구성했습니다.

01 포토샵을 활용하여 다음 완성 이미지처럼 1440px 폭의 컨테이너에 12개의 칼럼 그리드 시스템을 제작해 보세요. 이때 전체 화면 폭은 1920px, 거터는 20px, 사잇값은 40px로 설정합니다.

실습 파일 제공 — 이 책에서 사용하는 소스 파일을 내려받으세요

이 책에서 사용하는 실습 파일과 결과 파일을 준비했으니 이지스퍼블리싱 홈페이지에서 내려받으세요. 자신이 직접 작성한 실습 파일, 결과 파일과 비교하며 공부하면 학습 효과가 올라갈 거예요!

이지스퍼블리싱 홈페이지: www.easyspub.co.kr → [자료실] 클릭 → 이 책 제목으로 검색

이지스 플랫폼 — 연결되면 더 큰 가치를 만들 수 있어요

이지스 유튜브 구독하면
IT 강의 무료 수강!

youtube.com/easyspub

'Do it! 스터디룸' 카페에서
친구들과 함께 공부!

cafe.naver.com/doitstudyroom

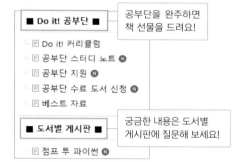

인스타그램 팔로우하면
이벤트 소식 확인!

instagram.com/easyspub_it

독자 설문 참여하면
6가지 혜택!

의견도 보내고 선물도 받고!

❶ 추첨을 통해 소정의 선물 증정
❷ 이 책의 업데이트 정보 및 개정 안내
❸ 저자가 보내는 새로운 소식
❹ 출간될 도서의 베타테스트 참여 기회
❺ 출판사 이벤트 소식
❻ 이지스 소식지 구독 기회

혼자서도 체계적으로 공부하고 싶다면 추천해요!

강의에도 **활용**할 수 있는 **15회 코스**

15회차 완성

웹 디자인, 혼자서 어떻게 공부해야 할지 막막한가요? 이 계획표에 따라 15일만 공부하면 웹 디자인 초보를 탈출할 수 있습니다. 목표한 날짜를 기록하며 계획한 대로 공부해 보세요. 15일 뒤엔 웹 디자인이 무엇인지 이해하고 자신만의 웹 페이지를 디자인할 수 있는 웹 디자이너로 한 걸음 나아갈 수 있을 거예요. 이 계획표로 한 학기 수업도 가능합니다.

회 차	진도	주요 내용	완료 날짜
1회	01장	웹 디자인의 기본 개념	/
2회	02장	웹 디자인의 기본 요소와 디자인 원리	/
3회	03장	웹 디자인의 최신 트렌드와 리서치 방법	/
4회	04장	웹 디자인의 레이아웃	/
5회	05장	웹 그리드 시스템	/
6회	06~07장	웹 디자인의 이미지와 색상	/
7회	08장	웹 디자인의 타이포그래피	/
8회		중간고사	/
9회	09장	웹 디자인 콘셉트 정의하기	/
10회	10장	웹 디자인 실무를 위한 화면 설계 방법	/
11회	11-1절	컬러 시스템 만들기	/
12회	11-2절	타이포그래피 시스템 만들기	/
13회	11-3절	버튼 시스템 만들기	/
14회	11-4절	인풋 시스템 만들기	/
15회		기말고사	/

첫째마당

기본기가 탄탄해야 응용할 수 있다

01 웹 디자인이 뭐예요?   12
01-1 웹이란 무엇인가요?   13
01-2 웹 사이트의 개발 과정 6단계를 먼저 알아야 해요   16
01-3 디자인에도 기획이 필요하다! — 웹 디자인 5단계   20
01-4 웹 사이트 제작을 위한 어벤저스 — 기획자, 디자이너, 개발자   22

02 웹 디자인의 기본기를 탄탄하게!   25
02-1 웹 디자인은 어떻게 해야 하나요?   26
02-2 잘 만든 웹 사이트는 다 갖췄다! — 웹 디자인의 6가지 요소   29
02-3 사용자의 마음을 읽는 4가지 디자인 원리   39
02-4 UI/UX란 무엇인가요?   51
실전 과제   54

03 웹 디자인 감각 깨우기 — 디자인 리서치   55
03-1 아는 만큼 보인다! — 최신 웹 디자인의 트렌드와 기술   56
03-2 보는 눈을 키우자! — 유용한 7가지 벤치마킹 웹 사이트   68
실전 과제   74

둘째마당

오래 머무는 웹 사이트는 이것이 다르다

04 정보 전달은 구성이 8할이다! — 레이아웃   76
04-1 웹 디자인 레이아웃이란 무엇인가요?   77
04-2 웹 디자인 레이아웃의 변화   81
04-3 좋은 레이아웃을 위한 3가지 디자인 원리   85
실전 과제   88

05 레이아웃 구성 도우미 — 웹 그리드 시스템   90
05-1 웹 그리드 시스템이란 무엇인가요?   91
05-2 초보자는 놓치기 쉬워요 — 웹 그리드 시스템 최적화   96
05-3 포토샵으로 웹 그리드 시스템 활용하기   103
실전 과제   122

차례

셋째마당

**웹 사이트를 아름답게!
웹 디자인의 요소**

06 한 장의 마법 — 이미지   124
06-1 이미지에는 어떤 것이 있나요?   125
06-2 그래픽 요소에는 어떤 것이 있나요?   130
실전 과제   134

07 각각의 색에는 의미가 있다! — 색상   135
07-1 웹 디자인에서 색상은 어떻게 표현할까요?   136
07-2 병원 웹 사이트는 왜 파란색을 많이 쓸까요? — 색상 활용법   140
07-3 색상 선택에 도움을 주는 8가지 레퍼런스 웹 사이트   149
실전 과제   154

08 크기, 간격, 정렬 — 타이포그래피   155
08-1 폰트의 유형 — 세리프체와 산세리프체   156
08-2 웹 폰트와 가독성   158
08-3 가독성을 끌어올리는 3가지 방법   163
08-4 무료 폰트를 제공하는 4가지 웹 사이트   166
08-5 웹 사이트에 아이콘 폰트 적용하기   175
실전 과제   184

넷째마당

**실전
웹 디자인을 위한
화면 설계**

09 화면 설계를 위한 첫 단추 — 웹 디자인 콘셉트   186
09-1 웹 디자인 콘셉트란 무엇인가요?   187
09-2 웹 디자인 콘셉트 정의하기   191
09-3 무료 스톡을 제공하는 9가지 웹 사이트   198
실전 과제   205

10 웹 디자인 실무를 위한 화면 설계   206
10-1 화면 정의서란 무엇인가요?   207
10-2 UI 스타일 가이드라인 설계하기   216
10-3 피그마와 디자인 시스템   218
실전 과제   221

11 실전! 피그마로 디자인 시스템 제작하기   223
11-1 컬러 시스템 만들기   224
11-2 타이포그래피 시스템 만들기   246
11-3 버튼 시스템 만들기   256
11-4 인풋 시스템 만들기   278
실전 과제   286

찾아보기   287

첫째마당

기본기가 탄탄해야 응용할 수 있다

웹 디자인은 웹 사이트 개발의 핵심으로
시각적 디자인과 웹 환경의 독특한 요소를
고려해야 하는 복잡한 작업입니다.
사용자의 시선을 끄는 매력적인 디자인을 만들려면
웹 디자인의 기본기뿐만 아니라 시각적 안목과
최신 기술을 활용하는 능력이 필요합니다.
또한 웹 전체 개발 과정을 이해해
효율적으로 협업해야 합니다.

01 웹 디자인이 뭐예요?

02 웹 디자인의 기본기를 탄탄하게!

03 웹 디자인 감각 깨우기 — 디자인 리서치

01

웹 디자인이 뭐예요?

● ○ ○

웹 디자인은 웹 환경에서 시각적인 요소를 디자인하는 작업으로 웹 환경에 따른 다양한 제약과 고려사항을 이해해야 합니다. 01장에서는 웹 환경과 함께 웹 사이트 개발 전체 과정과 실제 제작 단계를 살펴봅니다. 더불어 웹 사이트 개발에 참여하는 여러 전문가의 역할과 필요 요건도 알아보겠습니다.

01-1   웹이란 무엇인가요?
01-2   웹 사이트의 개발 과정 6단계를 먼저 알아야 해요
01-3   디자인에도 기획이 필요하다! — 웹 디자인 5단계
01-4   웹 사이트 제작을 위한 어벤저스 — 기획자, 디자이너, 개발자

학습 목표

1. 웹 환경과 웹 사이트를 이해합니다.
2. 웹 사이트 개발 과정과 웹 디자인 개발 과정을 이해합니다.
3. 웹 사이트 개발 인력을 알아봅니다.

01-1 웹이란 무엇인가요?

웹^{web}은 인터넷에서 동작하는 하나의 서비스를 의미합니다. 인터넷 서비스에는 웹뿐만 아니라 이메일, FTP, 클라우드 컴퓨팅 등 다양한 것들이 포함되지만, 웹이 가장 유명하고 널리 사용되는 기술입니다. 웹 디자인을 공부하기에 앞서 우리가 디자인할 웹과 웹 사이트가 무엇인지 알아보겠습니다.

웹은 어떻게 동작할까?

웹은 하나의 애플리케이션입니다. 일반적으로 웹이 동작하려면 2대의 컴퓨터가 필요합니다. 바로 **웹 브라우저**^{web browser}가 설치된 **클라이언트 컴퓨터**^{client computer}와 **웹 서버**^{web server}가 설치된 **서버 컴퓨터**^{server computer}입니다. 클라이언트 컴퓨터는 사용자가 이용하는 컴퓨터로 웹에 접속하기 위한 **웹 브라우저**가 설치되어 있습니다. 우리가 인터넷으로 무언가를 검색하거나 웹 페이지를 방문하여 쇼핑을 하려면 이 웹 브라우저를 열어야 합니다.

▶ 대표적인 웹 브라우저로는 전 세계에서 가장 많이 사용되는 구글의 크롬^{Chrome}과 마이크로소프트의 엣지^{Edge}, 모질라 재단의 파이어폭스^{Firefox}, 애플 기기에 최적화된 사파리^{Safari}, 국산 웹 브라우저인 스윙 브라우저^{Swing Browser}, 그리고 네이버에서 자체 개발한 웨일^{Whale} 등이 있습니다.

웹 브라우저는 HTML로 작성된 코드를 사용자가 이해하기 쉬운 **그래픽 사용자 인터페이스**^{GUI}로 변환하는 역할을 합니다. 웹 브라우저가 설치되어 있지 않다면 영어와 숫자로만 이루어진 HTML 코드 화면을 볼 수밖에 없습니다. 그럼 일반 사용자가 정보를 이해하는 데 어려움을 겪겠죠?

HTML 문서에 코드를 입력합니다.　　웹 브라우저가 번역합니다.　　결과 화면이 출력됩니다.

사용자가 웹 사이트 화면을 보는 과정

웹이 동작하는 원리를 자세히 살펴볼까요? 우선 사용자가 웹 브라우저에 웹 주소를 입력하면 해당 정보를 서버에 보내는데, 이것을 '**요청한다**'고 합니다. 사용자의 요청을 받은 서버는 저장된 수많은 웹 페이지 문서 중에서 요청된 페이지를 찾아 클라이언트 컴퓨터에게 보냅니다. 이것을 '**응답한다**'고 합니다. 이렇게 웹 애플리케이션은 **요청(클라이언트)**과 **응답(서버)** 프로세스를 반복하는 것으로 동작합니다. 이때 서버가 클라이언트에게 보내는 문서가 HTML 문서이며, 이 HTML 문서를 디자인하는 것이 바로 **웹 디자인**입니다.

웹 애플리케이션의 동작 원리

웹 사이트는 어떻게 디자인하면 좋을까?

우리가 평소에 자주 접속하는 **웹 사이트**는 사용자가 원하는 정보를 언제 어디에서든 볼 수 있도록 웹 서버에 저장된 자료(정보)들을 완전체로 제공하는 것을 말합니다. 웹 사이트는 수많은 웹 페이지들로 이루어지며, 각 웹 페이지는 앞서 설명한 HTML 문서로 만들어집니다.

스마트폰이 등장하기 전에는 주로 데스크톱 컴퓨터를 통해 웹 사이트에 접속했습니다. 그러나 다양한 디바이스가 발전하며 PC뿐만 아니라 모바일 기기, 태블릿, 대형 스크린, 전광판 등 다양한 기기와 화면을 활용하여 웹 사이트를 이용하는 시대가 도래했습니다.

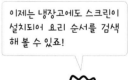
이제는 냉장고에도 스크린이 설치되어 요리 순서를 검색해 볼 수 있죠!

이제는 데스크톱 화면보다 모바일 화면으로 웹 사이트에 접속하는 비율이 더 높아졌기 때문에 웹 사이트를 만들 때도 모바일 사용자를 고려해야 합니다. 모바일 사용자의 수가 계속해서 증가하고 있는 만큼 웹 디자이너는 모바일 사용자에게 최적화된 경험을 제공하는 것이 중요하며, 이를 위해 **반응형 디자인**과 **모바일 친화적인 기능 및 레이아웃**을 생각해야 합니다.

▶ 반응형 디자인은 03장에서 자세히 배웁니다.

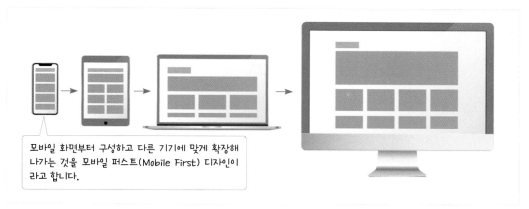

모바일 화면부터 구성하고 다른 기기에 맞게 확장해
나가는 것을 모바일 퍼스트(Mobile First) 디자인이
라고 합니다.

모바일 퍼스트 디자인

웹 사이트에서는 굉장히 많은 일을 할 수 있습니다. 정보 검색은 물론 쇼핑, 은행 업무, 예약,
스트리밍, 음악 감상, 교육, 민원 처리 등 생활에 필요한 거의 모든 업무 처리가 가능합니다.
그러므로 웹 디자인을 할 때는 사용자가 쉽고 편리하게   ▶ 사용자 인터페이스는 02-4절에서 자세히 배
이용할 수 있도록 직관적이고 유용하게 설계하는 것, 즉   웁니다.
사용자 인터페이스^{user interface}가 중요합니다.

01-2 | 웹 사이트의 개발 과정 6단계를 먼저 알아야 해요

웹 사이트 제작을 위해서는 먼저 개발 팀을 구성하고 체계적인 순서에 따라 신속하게 프로젝트를 진행합니다. 이 과정에서 웹 마스터(웹 기획자)가 주축이 되어 각 파트가 긴밀히 협업해야 합니다. 웹 디자이너라고 해서 단순히 디자인만 하는 것은 아닙니다. 웹 사이트의 전체 개발 과정을 이해해야만 다른 팀원들과 원활하게 소통하고 조율하여 디자인을 성공적으로 완성할 수 있습니다.

웹 사이트의 개발 과정은 크게 6단계로 나눌 수 있습니다. 하나씩 살펴볼까요?

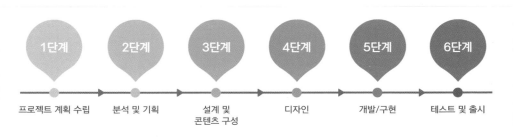

웹 사이트의 개발 과정

1단계: 프로젝트 계획 수립하기

'기획이 절반이다'라는 말이 있습니다. 이는 모든 프로젝트에서 기획이 얼마나 중요한지를 강조합니다. 웹 사이트는 방문한 사용자가 제품과 서비스를 이해하고 체험하도록 도움을 줍니다. 이를 위해 제작에 앞서 계획을 세워야 합니다. 만약 클라이언트가 있다면 '제안 요청서request for proposal, RFP'나 '사업 계획서business plan'를 받아 대략적인 웹 사이트의 규모를 파악하게 됩니다. 이후 인력 구조와 비용을 산출하고 구체적인 일정을 수립하면 프로젝트가 시작됩니다.

2단계: 분석과 기획하기

웹 사이트의 목표와 타깃에 근거해 프로젝트를 기획합니다. 웹 사이트 제작에서 가장 중요한 부분은 **목표** 설정입니다. 기획 단계에서 웹 사이트를 제작하는 이유와 달성하려는 목적을 분명히 인지할 수 있도록 목표를 설정합니다. 다음으로 **타깃**^{target}을 설정합니다. 타깃 설정은 웹 사이트의 '주요 사용자층'을 정하는 것으로, 연령대처럼 단순히 인구통계학적 요소로만 설정하는 것이 아니라 데이터 분석과 시장 조사를 통해 구체적이고 근거 있는 타깃을 정하는 것이 중요합니다.

타깃을 구체적으로 설정해야 정확한 마케팅과 서비스를 제공할 수 있어요.

3단계: 설계하고 콘텐츠 구성하기

목표와 타깃을 설정하면 웹 사이트에 필요한 세부 콘텐츠를 구성하고 기능, 정책 등 전반적인 **구현** 설계를 진행합니다. 이 과정은 수집한 자료와 기획 내용을 문서화하는 단계입니다. 이 문서는 프로젝트에 참여하는 모든 인력이 참고하는 기초 자료가 됩니다. 주요 문서로는 개발 가이드, 벤치마킹 보고서, 기능 정의서, 정책 정의서, 테이블 정의서, 사이트 구조도, 일정표 등이 있는데 그중에서도 가장 중요한 것은 스토리보드라고 부르는 **화면 정의서**입니다.

화면 정의서는 건축으로 비유하자면 설계도면과 같습니다. 웹 페이지 하나하나를 어떻게 구성할 것인지를 명확하게 설계하는 작업이기 때문입니다. 화면 정의서는 프로젝트에 따라 수십 페이지에 달할 수 있으므로 처음부터 틀을 제대로 잡아야 일관성 있는 문서로 정리할 수 있습니다.

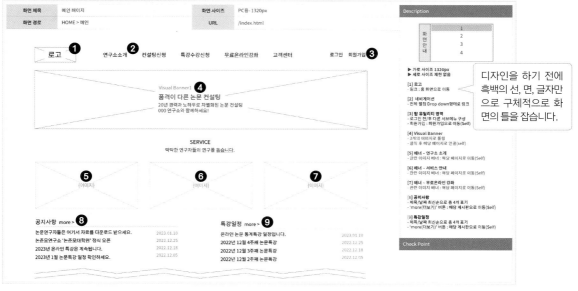

화면 정의서 예

정쌤이 알려주는
초보 탈출
Tip!

화면 정의서를 어떻게 만들어야 할지 막막해요

화면 정의서는 정해진 형식이 없습니다. 단, 작성자는 함께 프로젝트를 진행하는 다른 사람들도 쉽게 알아볼 수 있도록 문서를 일관되게 작성해야 합니다. 이미 많은 회사들이 자체 템플릿을 가지고 있으므로 이를 참고하여 화면 정의서를 일관성 있고 체계적으로 정리해 보세요!

▶ 웹 사이트를 기획하고 화면 정의서를 작성하는 방법을 더 자세히 공부하고 싶다면 《Do it! 웹 사이트 기획 입문》 책을 참고하면 좋습니다.

4단계: 디자인하기

웹 디자이너의 실력을 발휘하는 단계입니다. 화면 정의서가 완성되면 이를 바탕으로 웹 페이지의 디자인 시안 작업을 진행합니다. 이 단계에서는 운영 중인 웹 페이지 화면을 캡처한 것처럼 GUI 화면을 디자인합니다. 전반적인 스타일은 물론 회사나 브랜드의 이미지를 반영하는 청사진도 고려해야 합니다.

▶ GUI란 그래픽 사용자 인터페이스(graphical user interface)의 약자로, 사용자가 입출력 등의 기능을 편리하게 이용할 수 있도록 버튼, 링크, 아이콘과 같은 직관적인 그래픽 요소를 클릭하여 상호작용하는 방식을 말합니다.

웹 페이지의 디자인 시안이 완성된 후 클라이언트의 확인까지 마치고 나면 **화면 템플릿** 작업을 하게 됩니다. 이때 **UI 스타일 가이드라인**^{UI style guide line}을 제작합니다. 큰 프로젝트에서 개성이 뚜렷한 여러 웹 디자이너가 함께 디자인에 참여할 때 일관된 디자인이 가능한 이유는 바로 이 스타일 가이드라인이 있기 때문입니다.

> UI 스타일 가이드라인에는 레이아웃, 색깔, 폰트, 그리드 등을 최대한 상세하게 정리해야 웹 사이트를 일관성 있게 구축할 수 있습니다.

01. Colors

02. Typography

03. Iconography

06. Textfields

UI 스타일 가이드라인 사례
(출처: dribbble.com/shots/11627245-UI-Style-Guidelines)

5단계: 개발하여 구현하기

5단계는 웹 사이트 개발 단계입니다. 프로젝트가 시작되면 개발자는 **데이터베이스**^{database, DB}를 구축합니다. 데이터베이스는 데이터를 통합하여 관리하는 집합체로, 자료를 구조화하고 효율적으로 관리하고 처리할 수 있도록 도와주는 도구입니다. 웹 사이트 제작은 일직선으로 진행되는 것이 아니라 각 분야별로 사전 준비를 진행해 병렬적으로 진행됩니다.

디자인 시안이 완성되면 HTML, CSS, 자바스크립트 언어로 웹 페이지를 구현하는 프런트엔드^{front-end} 개발이 진행되고, 이어서 본격적인 기능 개발 프로그래밍인 백엔드^{back-end} 작업이 시작됩니다. 기능 구현까지 모두 완료하면 처음 설계했던 웹 사이트 기능들을 테스트해 볼 수 있습니다.

한 걸음 더! | **프로그래밍 언어와 프로그래머**

프로그래밍 언어는 사람과 컴퓨터가 의사소통하기 위한 언어입니다. 일반적으로 컴퓨터는 0과 1의 2진수 형태로 표현되는 기계어를 사용하는데, 이는 사람이 이해할 수 없습니다. 반면에 사람이 사용하는 언어인 자연어는 컴퓨터가 이해하지 못합니다. 따라서 사람과 컴퓨터가 동시에 이해할 수 있도록 만들어진 언어가 프로그래밍 언어입니다. 프로그래밍 언어를 사용하면 컴퓨터를 이용해 특정 문제를 해결하기 위한 프로그램을 작성할 수 있습니다. 이를 코드^{code}라고 합니다. 코드는 사람이 작성하는 컴퓨터의 설계도입니다. 코드를 작성하는 행위를 코딩^{coding}이라 하고, 코드를 작성하는 사람을 코더^{coder} 또는 프로그래머^{programmer}라고 합니다.

6단계: 테스트 및 출시하기

웹 사이트의 기능 구현까지 마무리되면 마지막으로 테스트를 진행합니다. 대표적인 방법으로 **사용성 평가**가 있습니다. 보통 전문 인프라가 구축된 기관에 의뢰해 진행하며, 사용성 평가를 통해 얻은 데이터를 기반으로 웹 사이트의 오류나 문제점을 파악하고 수정한 후 임시로 오픈합니다. 임시 오픈 상태에서도 꼼꼼한 모니터링을 거쳐 문제점이 없는지 확인하고, 문제가 없다면 공식적으로 웹 사이트를 출시합니다.

완성된 웹 사이트를 공개한다고 해서 완전히 끝나는 것은 아닙니다. 웹 사이트는 웹상에서 살아 숨쉬는 존재이며, 지속적으로 관리 및 업데이트를 해줘야 합니다. 따라서 최소 1년 정도는 유지보수 기간을 두고 꾸준히 관리해야 합니다.

01-3 | 디자인에도 기획이 필요하다!
— 웹 디자인 5단계

웹 디자인도 하나의 작은 프로젝트라고 생각하면 쉽습니다. 웹 디자인은 단순히 예쁘게 만드는 것이 아닙니다. 웹 사이트에 들어온 사용자가 원하는 정보를 빠르게 찾고 효율적으로 상호작용할 수 있도록 모든 시각 요소를 목표에 맞게 전략적으로 설계하고 디자인해야 합니다. 이를 위해 디자인 기획이 중요합니다.

웹 디자인의 과정

1단계: 디자인 기획하기

기획안에서 웹 사이트의 목적과 타깃을 파악하면 전체적인 디자인 방향을 잡기 좋습니다. 목적에 맞는 정보를 수집하고 브레인스토밍을 통해 아이디어를 창출합니다.

2단계: 디자인 콘셉트 정의하기

디자인 기획이 어느 정도 정리되면 그에 맞는 시각적, 기능적 **콘셉트**를 정하기 위한 디자인 리서치를 진행합니다. 디자인은 무에서 유를 창출하기 쉽지 않습니다. 따라서 다양한 레퍼런스를 조사하며 정해진 시간 내에 나만의 아이디어를 얻을 수 있도록 합니다. 디자인은 많이 볼수록 감각을 키울 수 있습니다.

웹 사이트 개발에서 디자인 및 콘텐츠 레퍼런스 조사 활동을 **벤치마킹**benchmarking이라 부릅니다. 이는 다른 조직이나 기업의 작업, 성과, 또는 프로세스를 비교하고 평가하여 장단점을 파악한 후 개선하는 작업을 말합니다. 벤치마킹을 할 때는 웹 사이트 전체만이 아니라 웹 페이지 하나하나를 자세히 봐야 합니다. 기존 디자인에서 문제점은 없는지, 디자인 트렌드가 어디까지 적용되었는지 등을 분석하면서 보다 발전된 디자인 콘셉트를 수립하고 방향성을 제시해야 합니다.

3단계: 디자인 시안 작업하기

디자인 콘셉트가 정의되면 본격적으로 디자인 시안 작업을 진행합니다. 이 단계는 웹 디자이너의 능력이 발휘되는 중요한 시점입니다. 웹 페이지 시안 작업은 일반적으로 1안, 2안, 3안 등으로 다양한 베리에이션variation을 진행합니다.

4단계: 디자인 시안 공유하기

3단계에서 작성한 여러 시안을 클라이언트에게 공유하여 선택하게 합니다. 시안이 너무 많으면 오히려 선택하기 어려울 수 있으므로 내부적으로 2~3안 정도로 축소한 후 클라이언트에게 선택권을 주는 편이 좋습니다. 이 과정에서 여러 번의 수정과 보완 과정을 거치므로 인내와 노력이 필요합니다. 따라서 기획자는 클라이언트와의 커뮤니케이션을 통해 정확한 요구 사항과 데이터를 바탕으로 합의점을 잘 찾는 것이 중요합니다. 이 과정을 거치면 최종 시안이 결정됩니다.

5단계: 디자인 완료하기

디자인 최종안이 결정되면 웹 페이지의 세부 영역을 제작합니다. 이를 위해 메인 웹 디자이너는 UI 스타일 가이드라인과 템플릿을 만들어 공유합니다.

이로써 모든 웹 페이지 디자인이 완료되면 퍼블리싱 작업을 진행합니다. 퍼블리싱 단계에서는 웹 사이트가 실제로 웹 브라우저에서 동작하는 모습을 확인하며 수정해 나갑니다.

01-4 웹 사이트 제작을 위한 어벤저스 — 기획자, 디자이너, 개발자

웹 사이트를 개발하려면 어떤 사람들이 필요할까요? 주로 프로젝트 규모에 맞춰 인력 인프라가 구성되는데, 큰 프로젝트의 경우 웹 개발 인력만 20~30명 넘게 투입되기도 합니다. 웹 사이트 제작 비용 역시 얼마나 많은 경력자와 인력이 투입되느냐에 따라 크게 좌우됩니다. 경력이 풍부한 인력이 많이 투입될수록 당연히 비용이 증가하는 경향이 있습니다.

웹 사이트 개발 인력은 크게 네 분야로 구성됩니다. 분야별 역할과 요구되는 능력에 대해 알아보겠습니다.

웹 사이트 개발 인력

웹 기획자

웹 기획자 web planner는 프로젝트를 총괄하고 이끄는 역할을 담당합니다. 일반적으로 웹 마스터라고도 불리며, 조직에 따라 웹 마스터와 웹 기획자를 세분화하는 경우도 있습니다.

웹 기획자는 클라이언트와의 미팅을 시작으로 웹 사이트의 콘셉트와 방향을 구체화하며, 콘텐츠를 설계하고 구성하여 최종 결과물을 도출하는 전 과정을 책임지고 진행합니다. 따라서 기획, 디자인, 개발 전반에 대한 지식을 이해하는 능력이 필수입니다. 웹 사이트 제작 프로세스 중 기획, 분석, 설계 단계에서 작성되는 모든 문서를 제작하는 역할을 담당하기 때문에 웹 전반에 걸친 폭넓은 지식이 요구됩니다. 또한 커뮤니케이션 능력을 갖추어 다양한 인력들과 원활하게 소통 및 협업하면서 웹 프로젝트를 성공적으로 이끌어야 합니다.

웹 디자이너

웹 디자이너^{web designer}는 사용자 인터페이스, 레이아웃, 색깔, 폰트, 이미지, 그래픽 요소 등을 고려하여 웹 사이트의 디자인을 구축하는 사람입니다. 화면 정의서(스토리보드)를 기반으로 GUI 요소를 활용하여 실제 웹 페이지를 디자인합니다. 이 과정에서는 목적에 맞는 디자인 콘셉트를 반영하여 심미적이고 사용성 높은 웹 디자인을 해야 합니다.

웹 디자이너에게는 디자인 감각뿐만 아니라 새로운 기술을 익히고 활용할 수 있는 능력도 요구됩니다. 빠르게 변화하는 트렌드를 이해하고 예측하여 디자인에 적용하는 능력도 필요합니다. 감각적인 디자인을 위해 끊임없이 노력하고 사용자를 이해하는 능력을 갖추는 것도 중요합니다. 디자인 기획력과 사용자 중심적인 접근을 갖춘 웹 디자이너가 성공적인 웹 사이트 제작에 기여할 수 있습니다.

웹 디자이너는 주로 포토샵, 피그마, 스케치, 어도비 XD 등의 도구를 활용합니다. 최근에는 프로토타이핑과 협업 기능을 갖춘 피그마, 어도비 XD 등의 툴이 실무 현장에서 더욱 많이 사용되고 있습니다. 웹 디자인 분야에서도 시대의 변화와 함께 효율적이고 향상성 높은 툴이 늘어나고 있습니다.

▶ 프로토타이핑이란 실제 제품이나 웹 페이지 개발에 앞서 동작과 외관을 시뮬레이션하기 위해 제작하는 과정을 말합니다.

프런트엔드 개발자

웹 디자인이 완료되면 웹 퍼블리싱이 시작됩니다. 웹 퍼블리싱은 HTML, CSS, 자바스크립트와 같은 프런트엔드 언어를 사용하여 웹 브라우저에서 해석 가능한 화면으로 구현하는 작업입니다. 규모가 크거나 세분화된 회사에서는 웹 프런트엔드 개발자와 웹 퍼블리셔가 작업을 분리하기도 합니다.

프런트엔드 개발자^{front-end developer}는 주로 웹 사이트나 애플리케이션의 UI 및 UX를 개발하는 전문가로 HTML, CSS, 자바스크립트를 사용하여 페이지의 레이아웃, 디자인, 상호작용을 구현하고 동적 요소를 개발합니다.

반면 웹 퍼블리셔는 주로 디자이너나 프런트엔드 개발자와 협력하여 웹 사이트의 시각적인 부분을 구현하는 역할을 맡습니다. 디자인된 웹 페이지를 만들고, 웹 표준을 준수하여 검색 엔진 최적화(SEO)를 향상시키며, 다양한 화면 크기와 기기에서 일관된 디자인을 유지합니다. 주로 정적인 콘텐츠와 디자인을 담당하며, 상호작용하는 부분은 프런트엔드 개발자에게 위임합니다.

작은 회사에서는 웹 디자이너가 이 작업을 함께 수행하기도 합니다. 프런트엔드 개발자와 웹 퍼블리셔가 디자인과 개발에 대한 지식과 이해를 공유하면 작업 효율이 크게 향상됩니다.

백엔드 개발자

백엔드 개발자back-end developer는 웹 사이트를 실제로 서버와 연동하여 기능을 동작하도록 만드는 전문가로, 웹 서버를 구축하고 사용자 데이터베이스를 웹과 효율적으로 연동하는 기술뿐만 아니라 데이터베이스 관리 시스템database management system, DBMS 환경도 잘 이해해야 합니다.

웹 사이트는 지금까지 살펴본 네 분야의 구성원이 서로 협업하여 제작합니다. 각 분야에서는 경력에 따라 주축이 되는 메인 인력과 많은 보조 인력들이 협력하여 업무를 진행합니다. 때로는 한 웹 사이트 개발에 수십 명이 투입되기도 합니다.

웹 사이트 개발 인력들 간에는 상하관계가 아닌 협력과 조율이 중요합니다. 조직 내에서는 직급체계가 있을 수 있어도 웹 사이트를 개발하는 각 파트는 서로 원활히 소통하면서 목적을 달성하기 위해 노력해야 합니다.

정쌤이 알려주는
초보 탈출
Tip!

웹 디자이너도 개발 언어를 배워야 하나요?

웹 디자인을 공부할 때 개발 언어를 배워야 하는지, 그리고 배운다면 어느 수준까지 배워야 하는지 종종 질문을 받습니다.

당연히 프런트엔드 영역의 개발 언어를 이해하고 사용할 수 있다면 유리합니다. 먼저 HTML은 문서 구조를 작성하는 마크업 언어로, 정적인 부분을 담당합니다. 하지만 웹 페이지가 게임처럼 동작하거나 상호작용하기를 원하는 경우도 많습니다. 이를 위해 필요한 것이 자바스크립트입니다. HTML로 먼저 구조를 만든 후 자바스크립트를 사용하여 사용자와 상호작용할 수 있는 기능을 추가하면 HTML 정보를 동적으로 표현할 수 있습니다. 자바스크립트는 HTML 위에서 동작하는 프로그래밍 언어로, 사용자의 시선을 사로잡는 매력적이고 인터랙티브한 화면을 구현할 수 있습니다.

요즘에는 대부분의 웹 사이트가 반응형으로 이루어지며, 동적이고 인터랙티브한 웹 디자인을 요구합니다. 그러므로 웹 디자인을 하려면 백엔드 영역까지는 아니더라도 프런트엔드 영역의 개발 언어 정도는 알아 두는 것이 좋습니다.

02

웹 디자인의 기본기를 탄탄하게!

● ○ ○

웹 디자인은 웹이라는 특수한 환경을 반영하여 디자인하는 분야입니다.
웹 페이지를 아름답게 꾸미는 것뿐만 아니라, 웹의 특성을 고려하여 사용자가
효율적으로 이용할 수 있는 페이지로 디자인해야 합니다. 성공적인 웹 디자인
을 위해 필요한 기본 사항들을 살펴보겠습니다.

02-1   웹 디자인은 어떻게 해야 하나요?

02-2   잘 만든 웹 사이트는 다 갖췄다! — 웹 디자인의 6가지 요소

02-3   사용자의 마음을 읽는 4가지 디자인 원리

02-4   UI/UX란 무엇인가요?

학습 목표

1. 웹 디자인이 무엇인지 이해합니다.
2. 성공적인 웹 디자인을 위한 요소가 무엇인지 이해합니다.
3. 웹 디자인의 원리를 이해합니다.

02-1 | 웹 디자인은 어떻게 해야 하나요?

웹 디자인^{web design}은 웹 사이트 또는 웹 애플리케이션을 디자인하고 개발하는 과정으로 사용자 경험^{UX}, 사용자 인터페이스^{UI}, 시각 디자인, 정보 구조 등의 설계와 구현을 모두 포함합니다. 이 과정에서 고려해야 할 웹 디자인의 목적과 좋은 웹 디자인이란 무엇인지 알아보겠습니다.

웹 디자인의 목표

디자인^{design}이란 용어에는 기본적으로 2가지 목표가 포함되어 있습니다. 바로 '아름다움'과 '기능'입니다. 웹 디자인을 할 때도 심미성과 사용성^{usability}이 모두 반영되어야 합니다. 즉, 웹 디자인의 최종 목표는 사용자가 웹 사이트에서 볼 수 있는 모든 요소를 GUI로 아름답게 디자인하여 사용성 높은 웹 사이트를 만드는 것입니다.

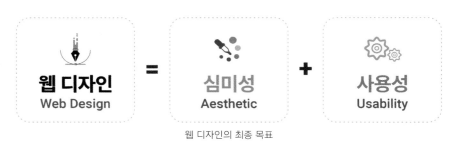

웹 디자인의 최종 목표

웹 사이트는 사용자가 요청한 콘텐츠와 상호작용 기능, 그리고 인터페이스를 제공합니다. 웹 사이트의 정보를 효과적으로 전달하기 위해서는 콘텐츠를 버튼, 아이콘, 이미지, 링크 등의 GUI 요소로 구성해야 합니다. 이를 통해 사용자는 원하는 콘텐츠를 쉽게 찾고 버튼을 누르는 등의 상호작용을 하며 웹 사이트를 직관적으로 경험할 수 있습니다. 따라서 GUI 요소는 웹 디자인의 특성을 고려한 디자인 원리에 따라 배치해야 합니다. 웹 디자인에서 고려해야 할 특성과 디자인 원리는 다음 절에서 자세히 살펴보겠습니다.

이미지

버튼

링크

아이콘

GUI 요소를 사용한 웹 디자인 사례(메가박스: megabox.co.kr)

좋은 웹 디자인이란 무엇일까?

무언가를 처음 만났을 때 첫인상이 미치는 효과를 초두 효과[primary effect] 또는 첫인상 효과라고 합니다. 사람을 만날 때 첫인상이 중요하듯이 웹 사이트도 마찬가지입니다. 처음 마주하는 웹 페이지가 혼란스럽고 메시지를 제대로 전달하지 못한다면 방문자는 몇 초 만에 흥미를 잃고 떠나거나 다시는 방문하지 않을 것입니다.

좋은 웹 디자인이란 웹 페이지가 잘 구성되어 정보가 뚜렷하게 전달되는 디자인을 의미합니다. 웹 사이트의 목적이 명확히 드러나 사용자가 최종 목적을 이루기까지 수월하게 탐색할 수 있어야 합니다. 훌륭한 웹 디자인은 단순한 미학 이상입니다. 직관적이고 유용하며 매력적으로 보여야 하고, 이 모든 목표를 동시에 달성하는 데는 많은 노력이 필요합니다.

웹 디자인은 웹이라는 특수한 환경에서 정보를 심미성과 사용성을 조합하여 사용자에게 잘 전달해야 합니다. 이를 위해 웹 디자인의 탄탄한 기본기와 다양한 경험이 필요합니다. 웹 디자인은 비전공자나 타고난 재능이나 감각이 없는 사람도 성취가 가능한 분야입니다. 전공자이거나 재능이 있다면 유리하겠지만, 그렇지 않다고 해서 불가능하거나 불리하지도 않습니다. 웹 디자인의 기본기에 충실하고 꾸준히 노력한다면 충분히 좋은 웹 디자인을 할 수 있습니다.

정쌤이 알려주는
초보 탈출
Tip!

디자인 벤치마킹으로 디자인 감각을 깨워 보세요

디자인 감각을 깨우려면 평소에 디자인 벤치마킹을 많이 하는 것이 중요합니다. 디자인 벤치마킹이란 어떤 제품을 분석하여 그 장점을 보고 배우는 전략입니다. 벤치마킹할 때는 무작정 보는 것이 아니라 카테고리를 정해 깊게 분석해야 합니다. 예를 들면 UI 요소, 색상, 레이아웃, 그리드, 타이포그래피, 인터랙티브 효과, 기능 페이지 등으로 구분하여 리서치를 진행합니다.

UI 컴포넌트별로 상세하게 구분하여 벤치마킹하는 것도 도움이 됩니다. 로그인, 회원가입 폼, 게시판, 아이콘, 체크박스, 팝업, 검색, 배너, 상품 페이지 등과 같이 UI 컴포넌트를 상세히 분류한 뒤 폴더를 따로 만들어 저장합니다. 그리고 벤치마킹할 웹 페이지는 화면 캡처와 URL, 해당 페이지에 대한 참조 내용을 메모장에 기록하여 폴더에 모두 저장합니다. URL만 즐겨찾기로 저장해 두면 리뉴얼되거나 심지어 없어지는 페이지도 생길 수 있으므로 화면을 캡처하고 기록하는 것이 좋습니다. 떠오르는 아이디어가 있다면 바로 메모나 스케치를 해서 기록합니다. 이렇게 만든 방대한 레퍼런스 데이터베이스는 자신만의 소중한 자산이 될 것입니다.

벤치마킹 소스 폴더 정리의 예

02-2 | 잘 만든 웹 사이트는 다 갖췄다! ― 웹 디자인의 6가지 요소

잘 만든 웹 사이트는 사용자에게 특정 메시지를 전달하며 사용자가 의도된 기능을 수행하도록 유도합니다. 이때 사용자가 얼마나 쉽고 편리하게 기능을 수행할 수 있는지가 성공의 열쇠입니다. 이를 위해서는 **사용자 인터페이스**user interface, UI를 고려하는 것이 중요합니다. 성공적인 웹 디자인에는 일관성 있는 디자인, 적절한 색상 사용, 효과적인 타이포그래피, 고화질 이미지, 단순하면서도 직관적인 기능 등 다양한 요소가 있습니다. 웹 디자인에서 고려해야 하는 6가지 요소를 자세히 살펴보겠습니다.

1. 명확한 목적

웹 사이트를 제작할 때는 해당 사이트의 목적을 명확하게 설정하고, 그 목적에 맞는 디자인을 구현하는 것이 중요합니다. 또한 목적에 부합하는 타깃의 요구사항, 기대, 행동 패턴 등을 철저히 분석하여 디자인에 반영해야 합니다.

웹 사이트는 목적에 따라 다양한 종류가 있으며 서로 다른 기능과 상호작용을 요구합니다. 회사 정보 제공, 쇼핑몰, 홍보 및 프로모션, 미디어, 커뮤니티 등의 목적에 따라 제공되는 콘텐츠, 기능, 사용자와의 상호작용이 달라집니다. 가장 먼저 어떤 목적으로 제작할 것인지를 명확하게 설정하는 것이 웹 사이트 제작의 첫걸음입니다. 대표적인 웹 사이트로 4종류를 살펴보겠습니다.

기업 홍보용 웹 사이트

기업 홍보용 웹 사이트는 기업을 소개하는 것을 주 목적으로 하는 비교적 단순한 유형의 웹 사이트입니다. 주로 사업 소개, 홍보 영상, 사진 및 이미지, 뉴스 및 채용 정보 등으로 간단히 구성되어 제작하는 것도 어렵지 않습니다. 제작할 때는 기업의 긍정적인 이미지를 강조할 수 있는 콘텐츠와 **인터랙티브**interactive 디자인을 넣어 단순해 보이기 쉬운 부분을 극복하는 것이 좋습니다. 이를 잘 수행하면 다른 사이트와는 차별화된 매력을 선보일 수 있습니다. 디자인과 사용자 경험 모두를 신중하게 고려하여 기업의 가치와 브랜드를 효과적으로 전달하는 것이 웹 사이트 제작의 핵심입니다.

▶ 인터랙티브 디자인이란 사용자와 상호작용하는 콘텐츠나 디지털 미디어를 사용하여 디자인하는 것입니다. 주로 버튼, 폼, 애니메이션, 게임 요소, 그래픽 요소, 미디어 컨트롤 등이 있습니다.

한화 그룹(hanwha.co.kr)

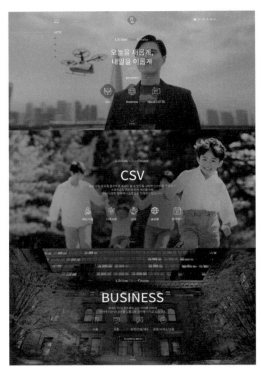

롯데 그룹(lotte.co.kr)

쇼핑몰 웹 사이트

쇼핑몰 웹 사이트는 온라인에서 상품을 판매하는 플랫폼으로, 상품 등록부터 결제까지 복잡한 과정을 거쳐야 하는 웹 사이트입니다. 사용자가 상품을 쉽게 찾고 원활히 결제 과정까지 마칠 수 있도록 유도해야 하기 때문에 기능 설계가 중요합니다. 단 하나의 물건만 판매하더라도 모든 기능이 완벽히 탑재되어 있어야 합니다. 사용자가 원하는 상품을 쉽게 찾을 수 있도록 직관적인 디자인과 기능을 구현하는 것이 쇼핑몰 웹 사이트의 핵심 과제입니다. 많은 사용자가 방문하고 상품을 구매하는 곳이므로 안정성과 보안도 중요합니다. 사용자의 개인 정보와 결제 정보를 철저히 보호하면서 원활한 서비스를 제공해야 합니다. 또한 사용자의 만족도를 높이기 위해 페이지 로딩 속도와 모바일 호환성을 고려하는 것이 좋습니다. 결제 시스템이 포함된 예약 웹 사이트도 이와 유사합니다.

쿠팡(coupang.com)　　　　　　　　롯데시네마(lottecinema.co.kr)

커뮤니티 웹 사이트

커뮤니티 웹 사이트는 주로 게시판 기능을 이용하여 정보를 빠르고 편리하게 등록하는 웹 사이트입니다. 블로그나 카페도 커뮤니티 웹 사이트의 일종입니다. 특정 주제나 관심사를 가진 사람들이 모여 활발하게 서로 소통하고 의견을 나누며 지식과 정보를 공유하는 공간으로 활용됩니다. 따라서 사용자의 참여와 상호작용을 유도하는 디자인과 기능이 중요합니다. 직관적이고 쉬운 사용자 인터페이스를 구성하여 정보 등록과 탐색이 원활하게 이루어지도록 합니다.

디시인사이드(dcinside.com)　　　　　　　보배드림(bobaedream.co.kr)

소셜 네트워크 서비스

최근에는 사용자와 실시간으로 소통할 수 있는 소셜 네트워크 서비스^{social network service, SNS}가 급격히 성장했습니다. 특히 모바일 플랫폼에서 주로 활용되며 사진, 이미지, 숏폼 영상, 짧은 글 등을 어느 때나 자유롭게 올릴 수 있는 것이 SNS의 특징입니다.

SNS 공간에서는 쇼핑, 홍보, 커뮤니티 활동, 놀이 등이 다양하게 이루어집니다. 이러한 다양성과 사용자와의 직접적인 상호작용은 기업과 개인 모두에게 강력한 마케팅 도구 역할을 하고 있습니다. SNS는 계속해서 발전하며 새로운 기능과 서비스가 도입되고 있으므로, 변화하는 사용자의 요구와 트렌드를 파악해 적극적으로 대응하는 것이 중요합니다.

인스타그램(instagram.com)   페이스북(facebook.com)

2. 단순성

웹 사이트는 사용자가 직관적으로 이해하고 쉽게 사용할 수 있어야 합니다. 단순성^{simplicity}은 사용자 경험을 향상시키는 좋은 웹 디자인 방법입니다. 사용자가 웹 사이트를 방문하여 최종 목표 지점까지 쉽게 도달할 수 있도록 직관적인 레이아웃과 시각 요소, 텍스트를 효과적으로 활용하여 단순하고 명확한 가이드를 제공합니다.

단순성을 강조하려면 많은 정보를 복잡하게 펼치지 않는 것이 중요합니다. 일관성 있는 타이포그래피, 색상, 이미지 등의 디자인 요소를 활용하면 많은 정보를 펼쳐 놓지 않고 단순성을 높일 수 있습니다.

단순성은 불필요한 요소를 배제하고 중요한 내용에 집중해 사용자가 원하는 정보를 쉽게 찾을 수 있도록 도와줍니다. 또한 일관된 디자인 스타일과 구성을 유지함으로써 사용자에게 안정적인 경험을 제공합니다. 디자인 요소와 텍스트를 적절하게 활용하여 사용자의 눈길을 사로잡고 목적지까지 원활하게 안내하는 것이 중요합니다.

카카오뱅크(kakaobank.com)

배달의 민족(baemin.com)

3. 내비게이션

웹 사이트에서 **내비게이션**^{navigation}은 사용자가 원하는 정보를 쉽게 찾을 수 있도록 길잡이 역할을 하는 요소입니다. 바다를 항해할 때 길잡이가 되는 등대처럼 사용자에게 웹 사이트의 구조와 콘텐츠를 안내하는 역할을 합니다. 웹 사이트는 많은 정보와 페이지로 구성되어 있어 메인 페이지만으로는 모든 내용을 파악하기 어렵습니다. 따라서 사용자는 내비게이션을 활용하여 원하는 정보를 탐색합니다.

내비게이션은 웹 사이트의 사용성과 편의성을 크게 좌우하는 요소이므로 디자인 단계부터 신중하게 고려해야 합니다. 내비게이션이 제대로 설계되지 않으면 사용자가 길을 잃어버릴 수 있으므로 모든 페이지에서 일관성을 유지하도록 단순하고 직관적으로 디자인합니다. 사용자가 원하는 정보를 언제나 쉽게 찾을 수 있도록 적절한 위치에 배치되어야 하며, 메뉴 항목은 명확하고 간결해야 합니다. 역할에 따른 내비게이션 종류를 살펴보겠습니다.

GNB: 글로벌 내비게이션 바

GNB^{global navigation bar}는 웹 사이트의 최상위 메뉴로 구성되는 메인 내비게이션을 의미합니다. 보통 웹 사이트의 상단에 위치하며 사용자가 어떤 페이지로 이동하더라도 동일한 스타일로 같은 위치에 제공됩니다.

GNB는 사용자가 웹 사이트의 구조와 메뉴 항목을 쉽고 빠르게 인식하도록 도와줍니다. 주요 카테고리나 섹션에 대한 링크들이 포함되어 있어 사용자가 원하는 정보로 빠르게 이동할 수 있습니다.

KCH(kchglobal.com)

LNB: 로컬 내비게이션 바

LNB^{local navigation bar}는 GNB를 클릭하거나 마우스를 올리면 펼쳐지는 하위 카테고리 리스트를 의미합니다. 최상위 메뉴의 하위 카테고리 리스트를 한눈에 볼 수 있으며, 서브 메뉴라고도 합니다. 특정 페이지로 연결하는 역할을 하므로 웹 사이트의 특정 지역을 의미하는 로컬^{local}이라는 이름이 붙었습니다. 최근에는 전체 하위 카테고리 리스트를 모두 보여주는 형태가 많은데, 언제든지 원하는 페이지로 바로 이동할 수 있다는 장점이 있습니다.

효성 ITX(hyosungitx.com)

해피포인트(happypointcard.com)

SNB: 사이드 내비게이션 바

SNB^side navigation bar^는 이름에서 알 수 있듯이 주로 웹 사이트의 왼쪽이나 오른쪽 사이드^side^에 위치하여 서브 메뉴를 제공하는 역할을 합니다. 예전에는 하위 메뉴가 주로 왼쪽 사이드에 구성되어 LNB와 유사하게 사용되기도 했지만 최근에는 구분하여 사용하며, 메인 메뉴와 서브 메뉴를 제외한 나머지 사이드 메뉴를 포함합니다.

나이키(nike.com/kr/w/women-shoes-5e1x6zy7ok)

FNB: 풋 내비게이션 바

FNB^foot navigation bar^는 웹 사이트의 최하단 영역인 푸터^footer^에 위치한 메뉴를 의미합니다. 주로 개인 정보 보호 정책, 이용 약관, 회사 소개 등 GNB만큼 자주 사용하진 않지만 사용자에게 제공되어야 하는 페이지 메뉴들로 구성됩니다. 특히 웹 사이트의 이용 방법과 개인 정보 보호 등의 중요한 사항을 안내하여 웹 사이트의 완성도와 신뢰도를 높이는 역할을 합니다.

FNB 디자인은 눈에 띄지 않도록 깔끔하게 구성하는 것이 좋습니다. 불필요한 메뉴를 배제하고 꼭 필요한 항목으로만 짧고 간결하게 구성하여 사용자가 혼란 없이 웹 사이트를 탐색할 수 있도록 합니다.

대전시립미술관(daejeon.go.kr)

SK플래닛(skplanet.com)

4. 반응형 디자인

웹 사이트를 보는 디바이스는 오랜 시간 동안 데스크톱 컴퓨터가 주를 이뤘지만 이제는 모바일이 가장 널리 사용되는 기기로 자리 잡았습니다. 그러므로 웹 사이트 제작 시 모바일 환경을 고려하지 않으면 사용자에게 불편함을 줄 수 있습니다. 또한 다양한 화면 크기와 해상도를 갖춘 디바이스가 계속 등장하고 있어 그에 따른 환경도 고려해야 합니다.

환경 변화에 대응하기 위해서는 **반응형 디자인**^{responsive design}으로 웹 사이트를 구축하는 것이 중요합니다. 반응형 디자인은 하나의 웹 사이트를 다양한 디바이스에 최적화된 상태로 보여주는 기술입니다. 이를 통해 사용자는 모바일 폰, 태블릿, 데스크톱 등 어떤 환경에서도 편리하게 웹 사이트를 이용할 수 있습니다.　　　　　▶ 반응형 웹 디자인은 03장에서 자세히 다룹니다.

반응형 웹으로 제작된 사례(한양사이버대학교: go.hycu.ac.kr)

5. 접근성

접근성^{accessibility}이란 웹 사이트에서 제공하는 정보를 모든 사용자가 차별 없이 동등하게 이용할 수 있도록 보장하는 것을 의미합니다. 장애인이나 고령자, 모바일 기기 사용자 등 다양한 사용자를 고려하여 웹 사이트가 모든 경우에서 적합하게 작동하는 것을 목표로 합니다.

웹 사이트를 누구나 쉽게 사용할 수 있도록 보장하는 접근성(NULI: nuli.navercorp.com/education/accessibility)

접근성은 웹 사이트의 콘텐츠와 기능, 그래픽 요소 등 모든 측면에서 적절한 기술을 사용하여 구현되어야 합니다. 웹 디자인에서는 HTML 작성 시 의미 있는 태그 사용, 명료하고 간결한 마크업, 이미지에 대체 텍스트 제공, 링크 설명 등의 지침을 준수합니다. 또한 스크린 리더 사용자를 위한 정보를 제공하거나 키보드나 마우스 등의 다양한 입력 방식을 지원하여 모든 사용자가 웹 사이트를 쉽게 이용할 수 있도록 합니다.

색상과 그래픽 요소를 사용할 때는 시각 장애인을 고려해야 합니다. 시력 저하나 색약자를 위해 폰트 색상과 배경의 명도 대비는 최소한 4.5:1을 지켜 대비가 잘 드러나도록 하는 것이 중요합니다.

▶ 어도비 프로그램의 컬러 접근성 도구를 활용하면 웹 디자인을 위해 선정한 컬러 팔레트가 색각 이상자에게 어떻게 보이는지 미리 확인할 수 있습니다.

어도비 컬러 접근성 도구의 대비 검사기(color.adobe.com/ko/create/color-contrast-analyzer)

6. 시각적 아름다움

웹 디자인은 색상, 이미지, 폰트 등의 그래픽 요소를 통해 사용자의 시선을 사로잡아야 합니다. 하루에도 수많은 웹 사이트들이 온라인에 공개되는 상황에서 동일한 디자인으로는 사용자의 관심을 끌기 어렵습니다. 사용자가 최대한 오래 웹 사이트에 머무르도록 유도하려면 시각적으로 아름다운 요소를 활용하여 흥미와 재미를 자아내는 디자인은 필수입니다.

시각적인 아름다움은 사용자 경험을 크게 향상시킵니다. 잘 구성된 디자인은 사용자에게 즐거움과 만족감을 주며 웹 사이트에 대한 긍정적인 인상을 심어 줍니다. 그러면 사용자가 웹 사이트와 상호작용할 기회가 늘어나면서 웹 사이트의 목표를 달성하는 데 도움이 됩니다. 뿐만 아니라 시각적 아름다움은 브랜드 이미지를 강화하고 사용자와 감정적으로 연결되는 효과를 가져옵니다. 디자인은 웹 사이트의 특성을 더욱 돋보이게 하고, 사용자가 웹 사이트를 인지하는 데 도움을 주는 강력한 도구입니다.

따라서 시각적 아름다움을 고려한 웹 디자인은 사용자의 관심을 사로잡고 웹 사이트의 목표를 성공적으로 달성하는 데 큰 역할을 합니다.

독특한 일러스트를 활용한 미국의 영화제작사
(long shot: longshotfeatures.com)

실사 이미지와 영상을 활용하여
인터랙티브함을 살린 크리에이터 전문 회사(DFY: dfy.co.kr)

영상과 오디오를 활용하여
실제 바다를 탐험하는 효과를 주는 영국 자선 단체
(블루 마린 파운데이션: bluemarinefoundation.com/
the-sea-we-breathe)

패럴랙스 시각 효과로 제임스 본드의
자동차 역사를 소개하는 웹 사이트
(Bondcars: www.evanshalshaw.com/more/bondcars/
c1.html)

▶ 패럴랙스 스크롤링 기법은 '03-1 아는 만큼 보인다! - 최신 웹 디자인의 트렌드와 기술'에서 자세히 다룹니다.

02-3 | 사용자의 마음을 읽는 4가지 디자인 원리

웹 디자인은 사용성을 최우선으로 고려해야 합니다. 웹 사이트를 방문하는 사용자가 내용을 쉽고 빠르게 이해하며 필요한 정보를 파악할 수 있도록 단순하고 직관적인 디자인이 필수입니다. 정보를 효율적으로 구성하고 결과물의 품질을 높일 수 있는 기초적인 디자인 원리 4가지를 살펴보겠습니다.

1. 일관성

웹 디자인에서의 **일관성**^{consistency}은 웹 사이트 내에서 기획, 디자인, 기능, 콘텐츠 등을 일정하게 유지하는 것을 말합니다. 이는 사용자에게 안정적인 경험을 제공하여 웹 사이트 사용성을 높이고 브랜드 이미지를 강화하는 데에도 기여합니다. 일관성을 유지하기 위한 요소에는 타이포그래피, 색상, 아이콘, 레이아웃 등이 있습니다.

웹 사이트에서 일관성을 유지한 사례(대전시립미술관: daejeon.go.kr/dma/index.do)

일관성은 크게 2가지 유형으로 나눌 수 있습니다. 첫 번째 유형은 앞의 그림과 같이 동일한 웹 사이트 안에서 유지되는 일관성으로, **내부 일관성**이라고 합니다. 두 번째 유형은 다른 웹 사이트들 간에 기능이나 디자인을 유사하게 구성하는 것으로, **외부 일관성**이라고 합니다.

요즘 대형 쇼핑몰 웹 사이트들은 유사한 구조를 가지고 있어 마치 하나의 웹 사이트인 것 같은 착각이 들기도 합니다. 여기에는 그럴만한 이유가 있습니다. 쇼핑몰 웹 사이트의 주요 목표는 많은 사용자가 물건을 구매하게 하여 매출을 올리는 것입니다. 그래서 웬만한 쇼핑몰 웹 사이트들은 독창성보다는 이미 익숙한 다른 쇼핑몰의 디자인과 기능을 주로 따릅니다. 이렇게 외부 일관성을 유지함으로써 사용자는 처음 접속하는 사이트라도 빠르고 쉽게 이용할 수 있습니다. 이처럼 일관성은 사용자의 쇼핑 경험을 향상시키기 위한 중요한 전략 중 하나입니다.

다음 그림은 국내 유명 쇼핑몰 웹 사이트의 메인 페이지를 비교한 것입니다. 이 두 쇼핑몰 사이트의 메인 페이지를 살펴보면 페이지 상단에는 상품 검색을 위한 검색 창과 다양한 상품 카테고리를 수직으로 나열한 내비게이션이 동일하게 배치되어 있습니다. 또한 특가 상품 및 이벤트를 소개하기 위해 캐러셀^{carousel} 배너를 활용한 메인 비주얼 이미지를 비슷하게 사용해 외부 일관성을 유지했습니다.

> 캐러셀 배너란 콘텐츠를 슬라이드 형식으로 표시하는 UI 요소로 제한된 공간에 여러 항목을 표시할 수 있어 쇼핑몰 웹 사이트에서 많이 활용됩니다.

일관성있게 디자인한 쇼핑몰 사례(위메프: front.wemakeprice.com, 마켓컬리: kurly.com/main)

2. 편리성

편리성^{usability}은 사용자가 웹 사이트를 쉽고 편하게 사용하는 것에 중점을 둔 디자인 원리입니다. 사용자의 행동 패턴을 고려하여 원하는 정보를 손쉽게 찾을 수 있도록 웹 사이트를 제작해 만족도를 높이는 것이 목적입니다.

최근에는 많은 웹 사이트에서 **개인화 서비스**를 강조하고 있습니다. 개인화 서비스는 사용자에 따라 제공되는 정보와 콘텐츠를 최적화하여 사이트 사용을 더욱 편리하게 만드는 것을 말합니다. 이는 사용자의 만족도를 높여 웹 사이트를 더 자주 방문하게 해 참여를 높이고 웹 사이트와 사용자가 더 긴밀하게 상호작용할 수 있도록 합니다. 이처럼 편리성은 사용자와의 긍정적인 상호작용을 유도하여 웹 사이트를 성공적으로 운영하는 데 기여하는 중요한 디자인 원리입니다.

즐겨찾기, 자주 방문한 사이트 등 개인 맞춤 서비스를 제공해 사용성과 편리성을 높인 웹 브라우저의 첫 화면

웨일(whale.naver.com)

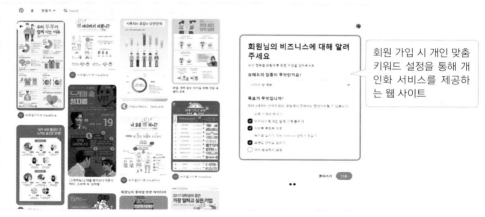

회원 가입 시 개인 맞춤 키워드 설정을 통해 개인화 서비스를 제공하는 웹 사이트

핀터레스트(pinterest.com)

사용자가 관심 있거나 자주 구매하는 상품 위주로 메인 상품을 노출해 구매 편리성을 제공하는 쇼핑몰 웹 사이트

쿠팡(coupang.com)

3. 강조성

웹 페이지의 특정 요소를 다른 요소보다 부각시켜 눈길을 끄는 디자인 원리를 **강조성**^{emphasis}이라고 합니다. 폰트, 크기, 두께, 색상 등의 다양한 시각적 기술을 활용하거나 배경색 반전, 색상 대비, 아이콘 및 그래픽 사용 등도 강조성을 높이는 방법입니다.

강조성은 중요한 정보나 콘텐츠를 사용자 눈에 띄게 하는 역할을 합니다. 이를 통해 사용자는 웹 페이지에서 필요한 정보나 콘텐츠를 빠르게 탐색할 수 있습니다. 또한 웹 페이지의 시각적 계층 구조를 더욱 명확하게 하여 웹 페이지의 목적을 달성하는 데에 큰 도움을 줍니다. 적절하게 사용된 강조성은 사용자와의 긍정적인 상호작용을 유도하는 중요한 역할을 합니다.

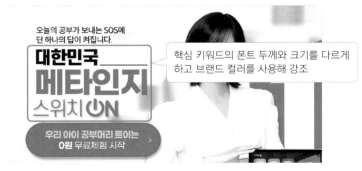

핵심 키워드의 폰트 두께와 크기를 다르게 하고 브랜드 컬러를 사용해 강조

Only1(only1.co.kr)

생명보험협회(www.klia.or.kr)

4. 그룹화

그룹화grouping는 콘텐츠를 구조화하여 사용자가 더 쉽게 이해하고 정보를 탐색할 수 있도록 도와줍니다. 또한 페이지의 계층 구조는 웹 사이트를 체계적으로 보이도록 합니다. 그룹화를 알아보기에 앞서 개념을 이해하는 데 도움이 되는 심리학 이론을 먼저 살펴보겠습니다.

디자인에서 활용되는 게슈탈트 심리학 이론

그룹화를 이해하려면 디자인 영역에서 활용되는 '게슈탈트Gestalt 심리학 이론'을 살펴보는 것이 도움이 됩니다. 이는 사람이 시각 정보를 인식하고 조직할 때 수동적으로 정보를 수신하고 처리하는 것이 아니라 능동적으로 정보를 '의미 있는 전체(whole)'로 조직한다는 이론입니다. 디자인, 건축, 광고 등 다양한 분야에 적용하면 시각적으로 매력적이고 효과적인 디자인을 만드는 데 도움을 줍니다. 디자인에서 활용되는 5가지 요소를 살펴보겠습니다.

첫 번째는 근접성입니다. 2개 혹은 그 이상의 시각적 구성 요소가 서로 가까워질수록 그 요소들이 한데 묶인 것처럼 인식하는 속성을 말합니다. 웹 디자인에서는 관련된 콘텐츠나 요소들을 근접하게 배치하면 사용자가 함께 묶여 있음을 인지하게 할 수 있습니다.

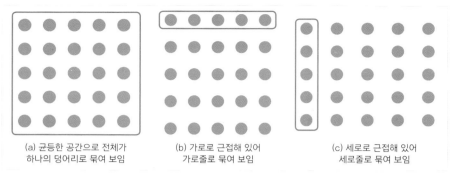

(a) 균등한 공간으로 전체가
하나의 덩어리로 묶여 보임

(b) 가로로 근접해 있어
가로줄로 묶여 보임

(c) 세로로 근접해 있어
세로줄로 묶여 보임

근접성

두 번째는 **유사성**입니다. 색상, 형태, 크기, 질감 측면에서 서로 유사한 요소는 동일한 그룹의 일부로 인식하는 속성을 의미합니다. 웹 디자인에서 유사한 디자인 요소들을 사용하여 일관성 있는 그룹을 형성하면 사용자가 콘텐츠를 더 쉽게 이해하고 파악할 수 있습니다.

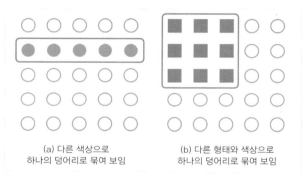

(a) 다른 색상으로
하나의 덩어리로 묶여 보임

(b) 다른 형태와 색상으로
하나의 덩어리로 묶여 보임

유사성

세 번째는 **폐쇄성**입니다. 인간의 마음이 불완전한 모양을 완성하거나 '닫는' 경향을 이용한 속성입니다. 웹 디자인에서는 페이지의 특정 요소로 보는 사람의 시선을 유도하거나 사용자의 주의를 끌 수 있습니다.

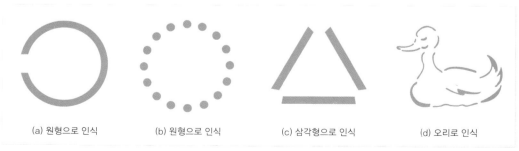

(a) 원형으로 인식

(b) 원형으로 인식

(c) 삼각형으로 인식

(d) 오리로 인식

폐쇄성

네 번째는 **연속성**입니다. 인간의 마음이 연속적인 선과 모양을 관련된 것으로 인식하는 속성으로, 디자이너는 이 원리를 사용하여 자연스럽고 직관적인 방식의 디자인으로 보는 사람의 시선을 안내할 수 있습니다.

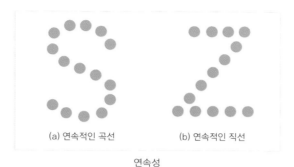

(a) 연속적인 곡선   (b) 연속적인 직선

연속성

마지막으로 **전경과 배경**입니다. 인간의 마음이 상대적으로 강렬한 것을 전경으로, 약한 것을 배경으로 인식하는 속성입니다. 웹 디자인에서는 명확한 시각적 계층 구조를 만들고 특정 요소에 보는 사람의 주의를 집중시킬 수 있습니다.

오른쪽 그림처럼 대상은 그대로인데 우리가 그 대상을 지각하는 방식은 수시로 바뀌어 어떤 때는 가운데의 하얀 컵이 보이고 어떤 때는 양쪽 가장자리의 두 얼굴이 보입니다. 이처럼 어떤 것이 전경이 되는가에 대한 객관적인 기준은 없으며 전경과 배경은 심리 상태에 따라 달라집니다.

전경 및 배경 ― 루빈의 컵

웹 디자인에서 그룹화는 관련된 콘텐츠를 함께 묶고 시각적으로 구분함으로써 사용자가 웹 페이지의 구조를 쉽게 파악할 수 있도록 합니다. 이는 사용자가 웹 페이지를 보다 효율적으로 탐색하며 활용할 수 있도록 도와줍니다. 그럼 본격적으로 요소를 그룹화하는 4가지 방법을 살펴보겠습니다.

여백을 사용한 그룹화

여백이란 단순히 비어 있는 공간이 아닙니다. 여백 자체를 중요한 디자인 요소로 사용할 수 있습니다. 여백을 사용한 그룹화는 콘텐츠 요소 사이에 적절한 여백을 넣어 시각적으로 구분해 그룹화하는 방법입니다. 이렇게 하면 비슷한 요소들은 함께 묶여 보이고 다른 요소들은 분리되어 보입니다. 이는 앞서 살펴본 게슈탈트 심리학 이론의 근접성 원리를 활용한 것입니다. 여백을 활용하면 사용자는 요소들 간의 논리적인 연결성을 빠르게 파악할 수 있습니다.

여백은 디자인 요소들 사이의 간격을 조절하고 공간을 조율하는 데 중요한 역할을 합니다. 여백을 잘 사용하면 콘텐츠들이 숨쉬는 듯한 여유로운 느낌을 줄 수 있습니다. 또한 여백을 사용한 그룹화가 잘 되어 있는 웹 페이지는 주요 콘텐츠를 쉽게 파악하는 데 유리합니다. 그룹화를 통해 정보 구조를 명확히 하고 사용자가 웹 페이지를 더욱 쾌적하게 이용할 수 있도록 여백을 적절히 활용하는 것이 좋습니다.

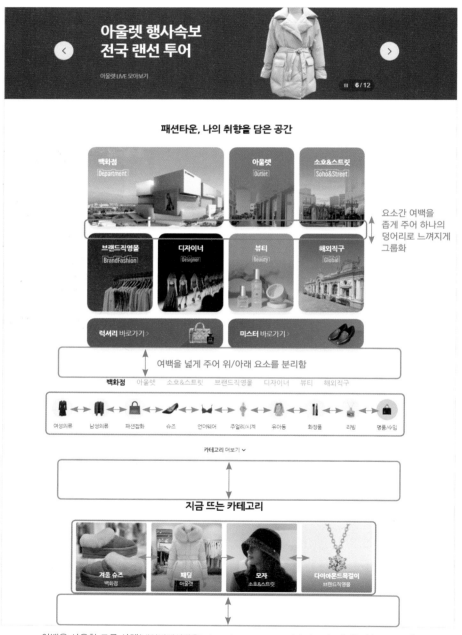

여백을 사용한 그룹 사례(네이버패션타운: shopping.naver.com/window/main/fashion-group)

색상을 사용한 그룹화

같은 색상의 요소들을 묶어 하나의 그룹으로 보이게 하는 방법입니다. 반대로 성격이 다른 요소들을 다른 색상으로 구분하면 각 요소에 대한 주목성을 높일 수 있습니다.

강력한 디자인 요소인 색상은 사용자에게 감정과 인식을 곧바로 전달하는 데 효과적입니다. 색상을 활용하여 그룹화를 하면 웹 페이지 내에서 관련된 콘텐츠나 기능들을 연결하여 직관적인 정보 구조를 제공할 수 있습니다. 또한 동일한 색상은 웹 페이지의 일관성을 유지하며 색상별 특성을 활용해 브랜딩에 기여할 수도 있습니다.

단, 너무 많은 색상을 사용하거나 색상 대비를 너무 강하게 설정하면 오히려 사용자의 시선을 혼란스럽게 만들 수 있습니다. 따라서 적절한 색상을 선택하고 조화롭게 조합하여 사용자가 웹 페이지의 정보를 쉽고 편리하게 탐색할 수 있도록 유도하는 것이 중요합니다.

동해시(dh.go.kr)

삼성영어셀레나(samsungenglish.com)

바운더리를 사용한 그룹화

테두리나 박스로 요소들을 감싸 하나의 덩어리로 보이도록 그룹화하는 방법을 말합니다. 이는 게슈탈트 심리학 이론의 폐쇄성을 활용한 것입니다. 바운더리를 활용하면 서로 연관된 요소들을 시각적으로 묶어 사용자가 웹 페이지의 구조를 빠르게 파악할 수 있도록 도와줍니다. 적절한 바운더리는 웹 페이지의 레이아웃을 깔끔하고 체계적으로 보이도록 만듭니다.

그러나 너무 많은 테두리나 박스를 사용하면 사용자의 주의를 산만하게 만들 수 있습니다. 따라서 바운더리를 사용하여 그룹화할 때는 간결함을 유지하면서 꼭 필요한 부분에만 절제하여 사용해야 합니다.

다음(daum.net)

그리드 및 패턴을 사용한 그룹화

그리드 시스템은 웹 페이지를 일정한 격자 또는 라인으로 분할하여 요소들을 조화롭고 균형 있게 배치하는 기술입니다. 특히 반응형 웹 디자인에서는 그리드 시스템을 활용하여 다양한 기기와 화면 크기에 대응하는 레이아웃을 구성할 수 있습니다.

웹 사이트 디자인에서 패턴 역시 중요한 역할을 합니다. 패턴은 반복적으로 사용되는 디자인 요소를 의미합니다. 예를 들어 일관된 아이콘 디자인, 버튼 스타일, 폰트 선택 등이 모두 패턴에 해당합니다. 패턴을 사용하면 웹 사이트의 일관성과 사용성을 높일 수 있으며, 사용자는 익숙한 디자인 요소들을 통해 웹 사이트를 더 쉽게 이해하고 탐색할 수 있습니다.

그리드와 패턴을 조화롭게 결합하여 웹 사이트를 디자인하면 일관성 있는 레이아웃과 사용자 경험을 제공할 수 있습니다. 디자이너는 웹 사이트의 디자인과 구조를 더욱 체계적이고 효과적으로 구성하여 사용자에게 보다 쾌적하고 유용한 웹 사이트 경험을 제공할 수 있습니다.

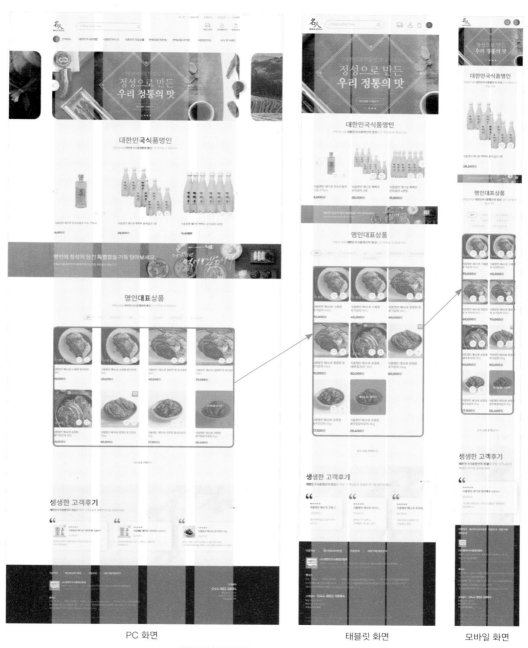

PC 화면   태블릿 화면   모바일 화면

대한민국식품명인(koreagrandmaster.com)

잘 만들어진 웹 사이트 화면을 그대로 재현해 보세요

처음 웹 디자인을 시작할 때는 레이아웃, 화면 폭, 폰트 크기 등을 모두 결정하는 것이 어려울 수 있습니다. 신입 디자이너들이 자주 하는 실수 중 하나는 콘텐츠 요소를 크게 만들어서 빈 공간을 채우는 것입니다. 또한 너무 많은 색을 사용하거나 조화롭지 않은 색을 선택하는 경우도 있습니다. 부족한 여백과 다닥다닥 붙어 있는 요소들, 테두리와 라인의 과한 사용, 크기가 큰 폰트 사용 등이 신입 디자이너의 결과물에서 자주 보이는 문제점들입니다. 이는 전체 디자인의 아름다움과 조화를 해치고, 웹 사이트를 사용하는 데 불편을 초래할 수 있습니다.

이런 실수를 극복하기 위한 가장 좋은 연습 방법은 잘 만들어진 웹 사이트 화면을 캡처해 똑같이 재현해 보는 것입니다. 웹 사이트를 따라 만드는 단순한 과정만으로도 많은 것을 배울 수 있습니다. 여백을 어떻게 활용하는지, 적절한 폰트 크기는 얼마인지, 요소들의 마진과 패딩은 얼마로 설정하는 것이 보기가 좋은지 등의 감각을 익힐 수 있기 때문입니다. 또한 참고할 만한 여러 사이트를 찾아보며 디자인 트렌드도 파악할 수 있습니다.

어떤 화면을 선택해야 할지 잘 모르겠다면 유명한 공기업 사이트나 대형 쇼핑몰 사이트를 활용하는 것이 좋습니다. 단, 디자인 감을 익히기 위한 연습으로만 활용하고 실제 작업에서 그대로 사용하거나 똑같이 제작하지 않도록 주의해야 합니다. 디자이너로서 기본적인 원칙과 도덕성을 지키려는 노력이 필요합니다.

재현하기 좋은 사이트

| 국민건강보험(nhis.or.kr) | 지마켓(gmarket.co.kr) | NH뱅크
(banking.nonghyup.com) |

02-4 | UI/UX란 무엇인가요?

웹 디자인은 심미적인 측면과 기능적인 측면을 동시에 만족시켜야 합니다. 이때 기능적인 측면을 사용성이라고 합니다. 사용성을 높이기 위해서는 UI와 UX를 먼저 이해해야 합니다.

UI: 사용자 인터페이스

UI$^{user\ interface}$는 사용자와 시스템이 상호작용하는 방식으로, UI 디자인은 사용자가 제품을 어떤 방식으로 이용할지를 디자인하는 것을 말합니다. 웹 디자인에서는 사용자가 웹 사이트나 애플리케이션을 편리하게 탐색하고 이용할 수 있도록 시각화하고 사용자 경험을 개선하는 작업을 포함합니다.

| 나가거나 들어올 때 사용하는 문 손잡이 | 우주를 비행할 때 입는 우주복 | 운전할 때 사용하는 자동차 계기판 | 도로 사용을 위한 신호 체계 |

사용자와 시스템이 마주하는 접점인 UI

UI 디자인은 그래픽 요소, 레이아웃, 버튼, 탭, 스크롤링 등 사용자가 실제로 마주하는 요소를 주로 디자인합니다. 사용자가 제품을 쉽게 사용할 수 있도록 유도하기 위한 목적입니다. 예를 들어 버튼은 버튼다워야 하며, 행동 유도 버튼$^{call\ to\ action\ button}$에 해당하는 결제 버튼은 클릭을 유도할 수 있도록 시각적으로 강조하여 다른 요소와 구분되어야 합니다.

머스트잇(mustit.co.kr)

UI는 사용자 경험의 첫인상을 결정하고 웹 사이트나 애플리케이션을 사용하는 동안 사용자와의 상호작용을 형성합니다. 효과적인 UI 디자인은 사용자의 만족도를 높이고 제품 성공에 큰 영향을 미칩니다. 따라서 사용자의 행동과 니즈를 고려하여 사용성과 편의성을 극대화하는 것이 UI 디자인의 핵심 목표입니다.

UX: 사용자 경험

UX^user experience^는 제품을 사용할 때 전체적인 사용자의 경험을 의미하며 UX 디자인은 사용자의 경험을 설계하는 작업을 말합니다. UX는 UI보다 더 포괄적인 개념으로 사용자가 제품과 상호작용하는 과정에서 느끼는 모든 면을 포함합니다.

예를 들어 어떤 카페를 이용한다고 가정해 보겠습니다. 카페 앞에 도착했을 때 입구와 간판을 보는 느낌, 문을 열고 들어섰을 때 느껴지는 커피 향과 음악, 그리고 카페의 인테리어와 분위기, 직원의 유니폼 및 행동 등 모든 요소가 사용자 경험에 영향을 미칩니다. UX 디자인은 이러한 사용자 경험을 체계적으로 고려하여 제품을 사용하는 사용자에게 좋은 경험을 제공하기 위해 노력해야 합니다.

UX 디자인의 목적은 사용자가 웹 사이트나 애플리케이션을 사용하는 과정에서 느끼는 전반적인 경험을 개선하는 것입니다. 사용자의 니즈와 행동을 분석하고 이를 반영하여 최적화된 경험을 제공하는 것이 UX 디자인의 핵심 목표입니다. 다음 그림을 보면 사용자는 경험에 의해 더 짧거나 편한 경로를 선호하는 것을 알 수 있습니다. UX 디자인은 이러한 사용자 경험을 분석하고 반영해야 합니다.

나탈리아 클리시나(Natalia Klishina)의 사용자 경험 및 디자인에 대한 은유로서의 욕망 경로
(출처: uxplanet.org/ux-refactoring-on-the-lawn-38444bbe92c6(왼쪽),
i.pinimg.com/originals/71/6f/e7/716fe7b8fa6edb70a16ad28bac82bd7e.jpg(오른쪽))

UI와 UX

성공적인 웹 디자인은 UI와 UX를 이해하고 이를 디자인, 제품, 서비스에 담아낼 수 있어야 합니다. 그럼 UI와 UX는 어떻게 구분할 수 있을까요? 구글의 첫 페이지를 보면 구글의 핵심 기능인 검색을 가장 빠르고 편리하게 이용할 수 있도록 웹 페이지 중앙에 배치한 것을 볼 수 있습니다. 사용자의 경험에 초점을 맞춘 디자인이죠. 이것이 사용자 경험 디자인(UX 디자인)입니다. 또한 페이지 오른쪽 상단에는 아이콘과 레이블을 결합한 버튼 형태로 메뉴를 제공하는데, 이는 제한된 공간을 효과적으로 활용하고 각 기능에 쉽게 접근할 수 있도록 디자인한 결과입니다. 이 부분이 바로 사용자 인터페이스 디자인(UI 디자인)입니다.

UI와 UX를 잘 구현한 사례(구글: google.com)

현대인의 소비 패턴은 '구매 후 경험'에서 '경험 후 구매'로 변화하고 있습니다. 소비자들은 제품이나 서비스를 구매하기 전에 먼저 SNS나 블로그를 통해 후기와 경험을 충분히 검토합니다. 이처럼 UI/UX 디자인에서는 사용자에 대한 통찰insight이 매우 중요합니다. 사용자의 니즈와 행동을 파악하고 이에 부응할 수 있는 경험을 제공하는 것이 핵심입니다.

UI/UX 디자인의 핵심 키워드는 바로 조화harmony입니다. 제품과 사용자의 조화, 사용자 간의 조화, 그리고 사용자와 사회적인 요소의 조화를 고려하여 디자인해야 합니다. 이는 곧 사용자에게 더 나은 경험을 선사할 수 있습니다.

02장 | 실전 과제

지금까지 배운 내용을 활용해 과제를 해결해 보세요!

01 디자인 원리 중 '일관성'이 적용된 웹 사이트 사례를 찾아보세요.

02 디자인 원리 중 '강조성'이 적용된 웹 사이트 사례를 찾아보세요.

03 디자인 원리 중 게슈탈트 이론의 '그룹화'가 적용된 웹 사이트 사례를 찾아보세요.

03

웹 디자인 감각 깨우기 — 디자인 리서치

● ○ ○

평소 길을 걸을 때나 대중교통을 이용할 때 보이는 표지판의 디자인, 거리 풍경, 상점의 인테리어, 사물의 색상 등도 모두 디자인 소재가 됩니다. 좋은 아이디어가 떠오를 때는 메모하는 습관을 들이고 언제든지 꺼낼 수 있는 휴대폰으로 사진을 찍어 두면 좋은 디자인 영감이 될 수 있습니다. 이번 장에서는 디자인 감각을 깨우는 데 도움이 되는 웹 디자인 트렌드를 살펴보고, 참고할 수 있는 유용한 웹 사이트를 소개하겠습니다.

03-1 아는 만큼 보인다! — 최신 웹 디자인 트렌드와 기술
03-2 보는 눈을 키우자! — 유용한 7가지 벤치마킹 웹 사이트

학습 목표 ⊟ ⧉ ☒

1. 시간의 흐름에 따른 웹 디자인 트렌드와 기술을 이해합니다.
2. 웹 디자인 리서치를 통해 디자인 감각을 깨웁니다.

03-1 아는 만큼 보인다!
— 최신 웹 디자인의 트렌드와 기술

과거의 웹 디자인은 단순하고 정적인 형태를 지녔으며 기술이 부족해 제약이 많았습니다. 하지만 기술의 발전과 함께 웹 디자인은 점차 다양하고 창의적인 방향으로 발전했습니다. 반응형 웹 디자인, 모바일 퍼스트 디자인, 그리고 최근에는 다크 모드와 일러스트레이션 등 새로운 스타일과 기법들이 등장하며 다양성이 풍부해졌습니다. 그럼 웹 디자인 트렌드가 그동안 어떻게 변화되어 왔는지 시간 흐름순으로 살펴보겠습니다.

플랫 디자인

플랫^{flat}이라는 단어는 '평평한'이란 뜻을 갖고 있습니다. 2010년경에 등장한 **플랫 디자인**은 입체감을 주는 그림자, 텍스처, 3D 효과 등과 같은 현실적인 요소를 배제하고 평면적인 디자인을 사용하는 기술입니다. 웹 요소에서 입체감을 제거하여 정보를 빠르게 파악할 수 있도록 돕고, 간결하고 깔끔한 디자인으로 사용자 경험을 개선했습니다.

사용자가 웹 환경에 익숙해진 지금, 최신 웹 표준의 제정과 함께 플랫 디자인은 더욱 빠르게 정보를 이용할 수 있도록 도와줍니다. 꽤 오랜 시간이 지난 지금까지도 웹 사이트뿐만 아니라 모바일 앱이나 프로그램 UI/UX에도 널리 사용되고 있습니다.

윈도우 8.1부터 적용된 플랫 디자인

애플은 iOS7 버전부터 플랫
디자인을 적용했습니다.

iOS6과 iOS7(출처: cultofmac.com)

플랫 디자인은 도안화된 아이콘을 활용해 직관적이고 명확한 인터페이스를 제공합니다. 그
외에도 단순 면 분할, 선명하고 채도가 높은 다양한 색 사용, 가독성 높은 폰트 등이 특징입니
다. 또한 대조를 이용하여 요소를 강조하는 디자인 원칙을 따릅니다. 플랫 디자인은 최근까지
도 많은 UI/UX 디자인 분야에서 사용되며 더 좋은 사용자 경험과 빠른 정보 탐색을 제공하고
있습니다.

한 걸음 더! **플랫 디자인 이전의 디자인 경향, 스큐어모피즘**   ● ○ ○ ○

스큐어모피즘^{skeuomorphism}은 초기 웹 디자인 트렌드입니다. 그리스어 'Skeuo(도구)'와 'Morphe(형
태)'의 합성어로 원래 도구의 형태를 그대로 반영한 것을 의미합니다. 웹이 처음 등장했을 때는 디지털
환경이 익숙하지 않아 어려움을 겪는 사용자가 많았습니다. 따라서 일상생활에서 친숙한 물리적인 형
태나 속성을 모방해 사용자가 디지털 환경에서도 물리적인 경험을 유사하게 느낄 수 있도록 했습니다.
예를 들면 컴퓨터 바탕화면의 휴지통, 폴더, 카메라 렌즈 등과 같은 아이콘은 실제 사물과 유사한 형
태로 디자인한 것입니다. 이처럼 스큐어모피즘은 기존의 물리적인 요소를 모방하여 익숙하면서도 현
실적인 느낌을 줍니다.

스큐어모피즘

그러나 디자인이 지나치게 현실적이면 UI 요소의 크기가 커지고 복잡해져 사용자 경험이 저하될 수 있습니다. 사용자가 점차 웹 환경에 익숙해지면서 복잡한 꾸밈 효과에 지치기 시작하자 스큐어모피즘은 점차 플랫 디자인으로 대체되었습니다.

머티리얼 디자인

머티리얼 디자인^{material design}은 2014년 구글에서 사용자 경험을 하나로 묶기 위해 제시한 디자인 방법입니다. 플랫 디자인 경향을 받아들이면서 구글의 디자인 철학을 더해 현재 구글 서비스나 안드로이드에서 일관되게 사용되고 있습니다. 머티리얼 디자인은 현실 세계의 재질과 동작을 모방한 평면적인 요소와 그림자, 깊이 등을 활용하여 시각적으로 풍부하고 인터랙티브한 디자인 원칙을 보여 줍니다.

머티리얼 디자인은 자연과 현실의 소재로부터 영감을 받습니다. 종이접기와 같은 형식을 차용하거나 그림자와 깊이를 활용하여 입체적인 효과를 더합니다. 이러한 디자인 요소는 사용자에게 직관적으로 다가오며 상호작용을 통해 사용자의 액션에 자연스러운 피드백을 줍니다. 머티리얼 디자인은 미니멀하면서도 유연한 디자인 양식을 가지고 있으며, 다양한 기기와 환경에서 일관성 있는 경험을 제공하는 데 주력합니다. 이로 인해 현대적이고 시각적으로 매력적인 디자인 원칙으로 자리 잡았으며 웹, 모바일 애플리케이션 등 다양한 플랫폼에서 널리 사용되고 있습니다.

  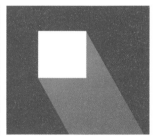

메타포
(Material is the metaphor)

뚜렷한 그래픽
(Bold, graphic, intentional)

의미 있는 움직임
(Motion provides meaning)

구글이 발표한 머티리얼 디자인 원칙(출처: m1.material.io)

한 걸음 더!	머티리얼 디자인 이후에 떠오르는 새로운 디자인 경향, 뉴모피즘	● ○ ○

뉴모피즘^{neumorphism}은 머티리얼 디자인 경향에 이어서 언급되고 있는 최신 디자인 트렌드입니다. 2020년에 드리블과 인스타그램에서 시작되었으며, 이름에서 알 수 있듯이 초창기 스큐어모피즘에 대한 향수로 생겨난 디자인 스타일입니다.

뉴모피즘은 배경 속에서 살짝 돌출되거나 들어가는 입체적인 효과를 사용하는 것이 특징입니다. 머티리얼 디자인의 카드 디자인이 배경 위에 살짝 떠 있는 느낌이었다면, 뉴모피즘 카드 디자인은 배경에 붙은 채로 돌출되거나 안으로 들어가 있는 느낌을 줍니다.

▶ 카드 디자인은 정보를 간결하고 조직적으로 전달하기 위해 사용하는 디자인 패턴입니다. 일반적으로 정사각형 또는 직사각형의 작은 섹션으로 구성하며 각각의 카드는 특정 콘텐츠 정보를 담고 있습니다. 카드 디자인은 주로 타일 형태로 배치되어 여러 정보나 기능을 시각적으로 구분하여 제공합니다.

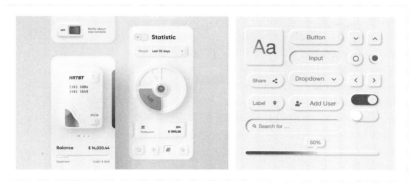

뉴모피즘 디자인 스타일 사례
(출처: uxdesign.cc(왼쪽),
behance.net/gallery/92794325/neomorphism-icons(오른쪽))

뉴모피즘 디자인은 스큐어모피즘의 향수를 불러일으키는 특별한 느낌을 주지만 2020년 이후에 새로운 UI 트렌드로 자리잡을 수 있을지는 아직 불분명합니다. 이 디자인 트렌드의 파급력과 인기는 더 지켜봐야 할 것 같습니다.

반응형 웹 디자인

반응형 웹 디자인^{responsive web design}은 기기의 크기에 상관없이 해당 기기의 화면이나 환경에 맞게 자유롭게 변화하는 웹 디자인을 말합니다. 다양한 기기에 따라 최적화된 구조로 웹 페이지를 변경하여 보여 주는 기술이며, 하나의 소스(HTML)로 모바일부터 데스크톱까지 아우르는 최적화된 화면을 제공합니다.

하나의 소스로 크기가 다양한 기기에 맞게 변화하는 반응형 웹 디자인

모바일 웹의 등장으로 모바일 기기에서도 쾌적한 웹 사용 환경을 경험하게 되었지만 태블릿 등 다양한 크기의 기기들이 등장하면서 PC 버전과 모바일 버전으로 각각 웹 사이트를 만드는 데는 한계가 생겼습니다. 이러한 문제를 해결하기 위해 반응형 웹이라는 기술이 등장했습니다.

반응형 웹은 콘텐츠를 하나의 HTML 소스로만 제작하기 때문에 유지보수가 간편하고 제작 시간과 비용을 절감할 수 있습니다. 또한 미래지향적인 기술로 최신 웹 표준을 따라 화면의 변화에 즉시 반응하므로 기기의 화면 크기나 해상도에 구애받지 않습니다.

우리나라 인터넷 보급률은 98%이고 스마트 기기의 보급률도 98%를 넘어섰습니다(2023년 기준). 반응형 웹 디자인은 이제 선택이 아닌 필수입니다. 반응형 웹 디자인은 기기의 화면 크기에 따라 레이아웃이 변하는 특성으로 인해 일정한 규칙에 따라 디자인됩니다. 최근에는 다양한 시도와 응용이 이루어지고 있지만, 주로 사용되는 반응형 웹 디자인 패턴 5가지를 살펴보겠습니다.

유동형 디자인 패턴

유동형^{mostly fluid} 디자인 패턴은 가장 많이 사용되는 디자인 방식 중 하나로 사이트의 레이아웃은 그대로 유지하면서 브라우저 창의 너비에 따라 콘텐츠의 크기를 조절하는 패턴입니다. 큰 화면에서의 여백만 조정하기 때문에 화면이 작아져도 패턴은 동일한 크기를 유지합니다. 가장 작은 화면에서는 콘텐츠 열이 수직 방향으로 쌓이는 방식으로 재배치됩니다.

유동형 디자인 패턴

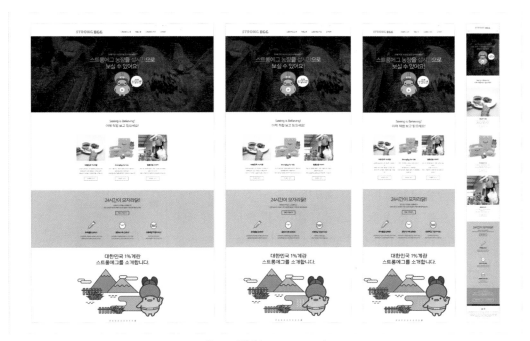

Strong EGG(strongegg.com)

칼럼 드롭 디자인 패턴

칼럼 드롭^{column drop} 디자인 패턴은 화면 폭이 좁아져 콘텐츠를 더 이상 제대로 배치하기 어려운 경우, 내용을 묶어주는 단^{column}을 아래로 떨어뜨려 콘텐츠를 배치하는 방식입니다. 화면의 폭이 좁아지면 칼럼들이 아래로 배치되도록 구성하되 콘텐츠의 순서는 그대로 유지하는 것이 특징입니다.

컬럼 드롭 디자인 패턴

핀터레스트(pinterest.co.kr)

레이아웃 이동 디자인 패턴

레이아웃 이동^{layout shifter} 디자인 패턴은 단순히 단을 아래로 떨어뜨리거나 내용을 생략하는 대신 레이아웃 자체에 변화를 주어 콘텐츠를 새로운 형태로 표현하는 방식입니다. 칼럼 드롭 디자인 패턴과 유사하지만 콘텐츠의 순서에 구애받지 않으며, 필요에 따라 일부 요소를 빼기도 합니다.

레이아웃 이동 디자인 패턴

SaaS 유저 커뮤니티(sofans.io)

미세 조정 디자인 패턴

미세 조정^{tiny tweaks} 디자인 패턴은 화면 크기에 맞춰 내용 크기만 조절하는 방식으로, 콘텐츠 내용이 적고 복잡하지 않을 때 주로 사용됩니다. 이 패턴은 화면의 크기가 변경되더라도 전체 레이아웃은 그대로 유지하며, 단순히 콘텐츠의 크기와 일부 요소의 위치만 조정합니다.

미세 조정 디자인 패턴

A List Apart(alistapart.com/article/responsive-web-design)

캔버스 밖으로 디자인 패턴

캔버스 밖으로^{off canvas} 디자인 패턴은 화면 밖에 콘텐츠를 감추어 두고 사용자가 필요할 때만 해당 콘텐츠를 화면으로 꺼내 오는 방식입니다. 특히 크기가 작은 모바일 화면에서 많은 콘텐츠를 모두 표시하는 것이 어려운 경우에 사용합니다. 기본적으로는 보이지 않는 콘텐츠를 사용자가 접근할 수 있는 메뉴나 사이드바로 이동시켜 필요한 경우에만 콘텐츠를 쉽게 찾을 수 있도록 합니다. 이는 모바일 기기에서 화면의 혼잡함을 최소화하고 복잡한 내용을 사용자 친화적으로 제공합니다.

캔버스 밖으로 디자인 패턴

NIA 한국지능정보사회진흥원(nia.or.kr/site/nia_kor/main.do)

파노라마 배경 디자인

파노라마 배경^{panorama background} **디자인**은 그리스어 'Panhoran(모두가 보인다)'에서 온 것으로 야외 높은 곳에서 사방을 전망하는 느낌을 주는 디자인 스타일입니다. 전체 배경에 큰 이미지나 동영상을 활용해 표현하며, 최근에는 커다란 디바이스 화면과 높은 해상도로 인해 효과가 더욱 두드러지고 있습니다. 마치 영화를 관람하는 것과 같은 넓고 시원한 느낌으로 사용자에게 인상적인 경험을 선사합니다.

특히 동영상을 배경으로 활용하면 더욱 역동적인 분위기를 조성하며 사용자의 시선을 효과적으로 사로잡을 수 있습니다. 이로 인해 웹 사이트나 앱의 시각적인 인상이 강렬해지고 흥미를 유발해 사용자의 참여도가 높아지는 장점이 있습니다. 현대적이고 강렬한 시각 효과를 원하는 프로젝트에서 널리 사용되며, 사용자에게 독창적이고 재미있는 경험을 선사하고자 할 때 추천합니다.

진고춧집(redpepperhouse.com)

패럴랙스 스크롤링 디자인

패럴랙스^{parallax} 스크롤링 디자인은 사용자가 마우스를 스크롤하는 동작에 따라 원거리에 있는 배경 이미지는 느리게, 근거리에 있는 사물 이미지는 빠르게 움직이게 해 입체감을 느끼게 하는 디자인 기법입니다. 패럴랙스는 천문학에서 사용하는 용어로 '시차'라는 뜻입니다. 넓은 우주에서 나와 가까이 있는 천체는 빠르게, 멀리 있는 천체는 천천히 움직이는 것처럼 보이는 현상을 활용하여 사용자에게 감각적인 경험을 제공합니다. 하나의 이미지를 여러 개의 레이어로 분리한 후 스크롤에 반응하는 속도를 다르게 조절하여 구현함으로써 입체감과 실체감을 전달합니다.

| 맨 뒤 배경 레이어 | 중간 요소 레이어 | 맨 앞 요소 레이어 | 3개의 레이어가 합쳐진 모습 |

패럴랙스 스크롤링 디자인 기법

패럴랙스 스크롤링 디자인 효과는 CSS만으로도 간단히 적용할 수 있으며, 일반적으로 뒤의 배경은 고정시키고 그 위의 텍스트나 이미지 요소만 움직이는 방법으로 구현합니다. 실제 코드 작성에는 많은 시간을 투자해야 할 수도 있지만 제이쿼리^{jQuery} 오픈 소스를 이용하면 다양한 스타일 효과를 비교적 쉽게 적용할 수 있어 최근에 많이 활용되고 있습니다. 패럴랙스 스크롤링 디자인의 다양한 스타일은 다음 웹 사이트에서 직접 확인해 볼 수 있습니다.

▶ 오픈 소스는 소프트웨어의 소스 코드를 공개해 누구나 특별한 제한 없이 사용할 수 있도록 한 것입니다.

cyclemon(cyclemon.com)

Dogstudio(dogstudio.co)

Jess & Russ(jessandruss.us)

everylastdrop(everylastdrop.co.uk)

한 걸음 더! 패럴랙스 스크롤링 디자인 효과를 위한 라이브러리, GSAP   ○ ○ ○

실무에서 가장 많이 활용하는 패럴랙스 스크롤링 디자인 효과를 위한 강력한 자바스크립트 라이브러리를 소개합니다.

GSAP는 'GreenSock Animation Platform'의 약자로 HTML5 기반 웹 애니메이션을 제작하고 제어하기 위한 자바스크립트 라이브러리입니다. 모션 그래픽, 인터랙티브 웹 사이트, 게임 및 기타 다양한 웹 애플리케이션에 사용됩니다. 또한 웹 요소의 위치, 크기,

GSAP(gsap.com/gasp)

회전, 투명도 등을 부드럽게 변화시키거나 효과적으로 애니메이션화할 수 있습니다.

GSAP는 성능이 우수하고 사용하기 쉬운 API를 제공하여 많은 웹 관련 개발자들과 디자이너들에게 인기가 있습니다. 라이선스 버전과 무료 버전이 있으며, 무료 버전만으로도 멋진 효과를 경험할 수 있습니다.

03-2 | 보는 눈을 키우자! — 유용한 7가지 벤치마킹 웹 사이트

우리는 하루의 많은 시간을 웹 사이트에서 정보를 검색하고 상품을 구매하거나 SNS를 이용하며 보냅니다. 이때 무심코 사이트를 둘러보는 것이 아니라 꼼꼼하게 살펴보는 습관을 가지면 그 시간을 활용해 디자인 감각을 키울 수 있습니다.

웹 사이트 안에는 많은 구성 요소들이 존재합니다. 색상 조합, 배치, 레이아웃 구성 등을 세분화하여 분석하고 기록해 두면서 자신만의 디자인 데이터베이스를 만드는 것이 좋습니다.

먼저 디자인 리서치를 돕는 유용한 웹 사이트를 소개하겠습니다. 우연히 알게 된 사이트를 방문해도 좋지만, 디자인 리서치를 돕는 관련 사이트가 한군데 모여 있는 곳을 이용하면 벤치마킹하는 시간을 줄이는 데 도움이 됩니다.

1. 디비딕

디비딕^{dbdic}은 웹 디자인 벤치마킹 사전으로 유명한 국내 웹 사이트입니다. 빠른 업데이트로 최신 웹 사이트 트렌드를 파악하기에 유용합니다. 메인 페이지 콘셉트별, GNB 영역별, 구조, 색상, 비주얼 스타일 등 다양한 카테고리로 세분화되어 있어 벤치마킹 시 각 요소들을 효율적으로 비교 분석할 수 있습니다. 이렇게 구분된 카테고리들은 웹 사이트의 다양한 디자인 요소들을 보다 쉽게 파악하고 이해하는 데 도움이 됩니다.

디비딕(dbdic.co.kr)

2. 지디웹

지디웹GDWEB은 웹 사이트와 모바일 애플리케이션을 대상으로 우수한 디자인 작품들을 선정하는 국내 디지털 디자인 웹 사이트입니다. 지디웹에서 자체 선정한 작품들을 연도별로 확인할 수 있을 뿐만 아니라 해외 웹 사이트의 우수한 디자인도 살펴볼 수 있습니다. 또한 디지털 에이전시의 순위와 검색 기능도 제공해 다양한 디자인 작품과 에이전시 정보를 손쉽게 찾을 수 있으며, 다채로운 포트폴리오를 확인하며 감각을 키우는 데 도움이 됩니다.

지디웹(gdweb.co.kr)

3. 핀터레스트

핀터레스트Pinterest는 웹 기반의 이미지 검색 및 소셜 미디어 서비스로, 사용자가 이미지나 동영상 등 다양한 콘텐츠를 시각적인 형태로 탐색하고 저장할 수 있는 플랫폼입니다. 종이를 꽂을 수 있는 '핀pin'과 '흥미interest'의 합성어로 디자인 영역뿐만 아니라 일상생활 전반에서 영감이나 아이디어를 얻고자 할 때 유용하게 활용됩니다. 이미지나 동영상 등의 콘텐츠를 검색해 자신의 보드board라는 공간에 저장하거나 다른 사람들의 보드를 팔로우할 수도 있습니다. 이를 통해 사용자는 자신의 관심사에 맞는 다양한 콘텐츠를 찾고 관리할 수 있습니다. 원하는 아이디어를 찾아 끊임없이 들어가다 보면 콘텐츠의 늪에 빠질 수 있으니 조심하기 바랍니다.

핀터레스트(pinterest.co.kr)

4. 드리블

드리블^{Dribbble}은 디자이너와 크리에이터를 위한 온라인 포트폴리오 및 소셜 네트워크 웹 사이트로, 디자이너들이 자신의 작업물을 공유하고 커뮤니티에서 피드백과 자문을 받을 수 있는 플랫폼입니다. 이곳은 디자이너들이 자신의 작업물을 널리 알리고 다양한 의견과 평가를 받아 성장할 수 있는 기회를 제공합니다. 그뿐만 아니라 구인 구직 서비스로 디자이너와 회사 간의 연결도 돕습니다. 드리블을 통해 실력 있는 디자이너와 크리에이터의 포트폴리오를 살펴보면서 디자인 영감을 얻어 보길 바랍니다.

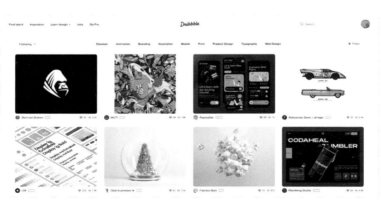

드리블(dribbble.com)

5. 비헨스

비헨스^{Behance}는 어도비^{Adobe}가 운영하는 디자인 포트폴리오 플랫폼으로 그래픽 디자인, 웹 디자인, UI/UX 디자인, 산업 디자인 등 다양한 크리에이터 분야의 디자인 작업물을 찾아볼 수 있습니다. 특히 검색과 분류에 특화되어 있어 관심 분야의 키워드나 분야별로 작품을 쉽게 검색할 수 있습니다. 또한 한글을 지원하므로 국내 사용자도 편리하게 이용할 수 있습니다. 비헨스를 통해 다양한 분야의 창작물들을 살펴보며 디자인 영감을 얻어 보세요.

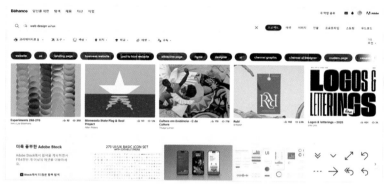

비헨스(behance.net)

6. 어워즈

어워즈^{Awwwards}는 웹 사이트 디자인을 평가하고 상장하는 곳으로 다양한 디자인 트렌드를 살펴볼 수 있습니다. 이곳에서는 매주 최신 웹 사이트 디자인의 예술성과 기술력을 평가하여 우수한 작품에 상을 수여합니다. 최신 기술이나 디자인 트렌드를 확인하고 싶을 때 매우 유용하며, 전 세계 디자이너들이 올리는 다양한 작품들을 살펴보며 창의적인 영감을 얻을 수 있습니다. 또한 상장된 다양한 웹 사이트들을 통해 우수한 디자인 작품들을 모아볼 수 있어 자신의 디자인 스킬을 향상시키는 데도 도움이 됩니다. 디자인 커뮤니티에서 창작의 경험을 공유하거나 새로운 아이디어를 발견하는 데 좋은 자원이 될 것입니다.

어워즈(awwwards.com)

7. CSS 디자인 어워즈

CSS 디자인 어워즈^{CSS Design Awards}는 웹 사이트 디자인을 평가하고 품질이 뛰어난 디자인 결과물을 선정하여 상을 수여하는 사이트로, 웹 디자이너들에게 큰 인기를 얻고 있습니다. 수상작들을 벤치마킹하면 최신 디자인 트렌드와 기술적인 발전을 눈으로 확인하고 디자인 영감을 얻을 수 있습니다. 다양한 분야와 스타일의 웹 사이트들이 포함되어 있으며, 우수한 작품들이 매주 업데이트됩니다. CSS 디자인 어워즈를 통해 디자인 트렌드를 파악하고 전 세계 디자이너들의 역량과 창의성을 확인하면 디자인 스킬을 향상하는 데 도움이 될 것입니다.

CSS 디자인 어워즈(cssdesignawards.com)

정쌤이 알려주는
초보 탈출
Tip!

웹/디자인 관련 뉴스레터나 잡지를 구독하세요

디자인 감각을 키우려면 국내외 최신 경향을 파악할 수 있는 웹/디자인 관련 뉴스레터와 잡지를 구독하는 것을 추천합니다. 웹 디자인 분야뿐만 아니라 웹에 대한 전반적인 정보를 얻을 수 있어 기획 능력도 키울 수 있습니다. 필자도 초창기에 〈월간 W.E.B〉이란 잡지를 오랫동안 구독하며 현업에서 많은 도움을 받았던 기억이 있습니다. 지금은 아쉽게도 발행되지 않지만, 최근에는 오프라인 잡지보다는 각종 온라인 뉴스를 통해 더 빠르고 쉽게 정보를 얻을 수 있습니다.

웹 및 UI/UX 디자인 관련 정보를 참고하기 좋은 사이트 3개를 소개하겠습니다.

1. 디지털 인사이트: ditoday.com

디지털 인사이트는 예전 〈월간 W.E.B〉 잡지를 발간했던 '웹스미디어'의 온라인 잡지 사이트입니다. UI/UX 디자인을 비롯한 다양한 정보들이 지속적으로 업데이트되고 있어 디자인에 관심 있는 사람에게 매우 유용한 자료를 제공합니다. 웹 디자인뿐만 아니라 디지털과 관련된 다양한 인사이트를 얻을 수 있는 가치 있는 웹 사이트입니다.

디지털 인사이트

2. 서핏: surfit.io

서핏은 디자인뿐만 아니라 개발, 기획, 마케팅 등 다양한 분야의 정보를 제공하는 웹 사이트입니다. 회원 가입 시 관심 있는 키워드를 등록하면 해당 키워드에 맞는 정보를 주기적으로 제공해 줍니다. 이를 활용하여 관심 있는 주제의 최신 정보를 쉽게 접해 보세요.

서핏

3. WDN: webdesignernews.com

WDN은 웹 디자이너와 개발자들을 위한 해외 사이트로, 최신 뉴스 기사들을 모아 제공합니다. 업계의 최신 동향 및 다양한 정보를 얻을 수 있으며, 다음 프로젝트를 위한 영감을 얻고자 할 때 활용하기에도 좋습니다. 웹 디자인과 개발 분야의 소식과 트렌드를 주시하는 사람에게 유용한 사이트입니다.

WDN

지금까지 배운 내용을 활용해
과제를 해결해 보세요!

01 반응형 웹 디자인 패턴 중 유동형 디자인 패턴이 적용된 웹 사이트 사례를 찾아보세요.

02 반응형 웹 디자인 패턴 중 칼럼 드롭 디자인 패턴이 적용된 웹 사이트 사례를 찾아보세요.

03 반응형 웹 디자인 패턴 중 레이아웃 이동 디자인 패턴이 적용된 웹 사이트 사례를 찾아보세요.

04 반응형 웹 디자인 패턴 중 미세 조정 디자인 패턴이 적용된 웹 사이트 사례를 찾아보세요.

05 반응형 웹 디자인 패턴 중 캔버스 밖으로 디자인 패턴이 적용된 웹 사이트 사례를 찾아보세요.

오래 머무는 웹 사이트는 이것이 다르다

둘째마당에서는 사용자에게
정보를 효과적으로 전달하기 위한
웹 페이지 레이아웃 설계 방법을 알아보겠습니다.
웹 페이지가 보기 좋고 인상적으로 느껴지도록
레이아웃을 최적화하는 방법을 살펴본 다음,
일관된 레이아웃과 사용자 친화적인 인터페이스로
웹 사이트의 사용성을 높이는 웹 그리드 시스템도
자세히 배워 보겠습니다.

04 정보 전달은 구성이 8할이다! — 레이아웃

05 레이아웃 구성 도우미 — 웹 그리드 시스템

04

정보 전달은 구성이 8할이다!
─ 레이아웃

● ○ ○ ○

웹 사이트의 레이아웃은 이해하기 쉽고 사용자에게 정보가 명확하게 전달될수 있도록 구성하는 것이 중요합니다. 최근에는 심미적인 측면이 강조된 창의적인 레이아웃도 많이 등장했습니다. 04장에서는 웹 디자인에서 사용하는 레이아웃과 그 변화를 알아보겠습니다. 이어서 좋은 레이아웃을 위한 3가지 원리와 웹 페이지 레이아웃의 구조까지 살펴보겠습니다.

04-1 웹 디자인 레이아웃이란 무엇인가요?
04-2 웹 디자인 레이아웃의 변화
04-3 좋은 레이아웃을 위한 3가지 디자인 원리

학습 목표

1. 웹 디자인 레이아웃이 무엇인지 이해합니다.
2. 웹 페이지 레이아웃의 변화를 알아봅니다.
3. 좋은 레이아웃을 위한 디자인 원리 3가지를 이해합니다.

04-1 웹 디자인 레이아웃이란 무엇인가요?

레이아웃^{layout}이란 디자인, 광고, 편집 영역에서 각 구성 요소를 효율적으로 조직하고 배치하는 방식이나 기술을 의미합니다. 웹 디자인에서 활용되는 레이아웃과 구조를 알아보겠습니다.

웹 디자인 레이아웃

웹 디자인의 레이아웃은 디자인 과정의 핵심 개념으로, 시각 요소들을 조직하여 보기 좋고 효과적인 결과물을 만들기 위해 사용합니다. 이는 웹 페이지 안에 포함될 콘텐츠의 위치, 즉 내비게이션, 사이드바, 푸터 등 각종 요소의 위치와 크기, 비율을 결정하는 모든 작업을 아우릅니다.

좋은 레이아웃은 콘텐츠의 계층 구조를 쉽고 명확하게 보여 주고 중요한 요소를 강조하며 일관성을 유지합니다. 이는 사용자 경험을 개선하고 정보의 구조를 시각적으로 전달합니다. 반응형 웹 디자인을 위해 다양한 디바이스와 화면 크기에 대응하는 레이아웃을 생성하는 것도 매우 중요합니다.

웹 디자인 레이아웃

웹 페이지는 UI를 이루는 구성 요소와 콘텐츠를 배치하는 기본 레이아웃으로 구성됩니다. 기본 레이아웃 구조는 웹 페이지의 구성 요소를 구분하여 사용자가 웹 페이지를 쉽고 빠르게 탐색할 수 있도록 합니다. 이제 각 레이아웃 구조의 역할과 특징을 자세히 살펴보겠습니다.

웹 페이지 레이아웃의 구조 이해하기

웹 페이지 레이아웃을 구성하는 헤더 영역, 콘텐츠 영역, 푸터 영역을 알아보겠습니다.

헤더 영역

헤더^{header}는 웹 페이지 상단에 위치하며 로고, 내비게이션, 탑 유틸리티, 주요 탐색 메뉴, 검색창 등을 포함합니다. 이 영역은 웹 사이트의 식별성을 강조하고 사용자에게 주요 탐색 옵션을 제공합니다. 또한 모든 페이지에서 동일하게 표시되어 웹 페이지 전체에 브랜드 이미지를 일관되게 노출시키는 역할을 합니다.

헤더 영역 구조(한국철도공사: info.korail.com)

로고는 일반적으로 왼쪽 상단에 위치하지만 경우에 따라 중앙에 정렬되기도 합니다. 로고가 오른쪽에 위치하는 경우는 드물며, 이는 사용성을 저하시킬 수 있는 어색한 배치입니다. 로고는 회사나 웹 사이트의 아이덴티티를 대표하며, 어떤 페이지에서나 메인 페이지로 바로 이동하는 버튼으로 주로 활용합니다. 따라서 사용자가 로고를 클릭하면 메인 페이지로 즉시 돌아가는 경로를 제공해야 합니다.

로고가 중앙에 있는 헤더 영역(메가박스: megabox.co.kr)

로고가 왼쪽에 있는 헤더 영역(쿠팡: coupang.com)

콘텐츠 영역

콘텐츠^{contents} 영역은 웹 페이지의 주요 콘텐츠를 담고 있는 부분으로 텍스트, 이미지, 비디오, 테이블 등의 콘텐츠 요소를 포함합니다. 일반적으로 웹 페이지의 가운데에 위치하며, 헤더 영역과 푸터 영역을 제외한 모든 공간을 말합니다. 웹 사이트의 주제와 목적이 담겨 있어 사용자의 시선을 집중시키는 역할을 하므로 사용자가 웹 페이지를 방문했을 때 원하는 정보를 빠르고 효과적으로 찾을 수 있도록 구성하는 것이 중요합니다.

콘텐츠 영역 구조(쿠팡: coupang.com)

푸터 영역

푸터^{footer} 영역은 웹 페이지의 가장 아래에 위치하는 부분으로, 사용자에게 추가 정보와 참조 정보를 제공하는 역할을 합니다. 주로 푸터 메뉴, 회사 주소 및 연락처 정보, 저작권 정보, 링크, 사이트 맵, SNS 등과 같은 내용이 포함됩니다. 푸터 영역의 정보 대부분은 웹 사이트의 신뢰성을 높이는 역할을 합니다.

푸터 영역은 사용자에게 웹 페이지의 끝맺음을 알리는 역할도 합니다. 따라서 사용자가 웹 사이트와 상호작용하는 데에 불편함이 없도록 신중히 디자인해야 합니다. 또한 모든 페이지에서 웹 사이트의 브랜딩과 일관성을 유지하는 데에도 주의를 기울여야 합니다.

푸터 영역 구조(한국철도공사: info.korail.com)

쇼핑몰 사이트의 푸터 영역(지마켓: gmarket.co.kr)

지금까지 살펴본 기본 레이아웃 구조는 웹 페이지의 구성 요소를 명확하게 구분하여 사용자가 웹 페이지를 쉽게 탐색하고 이해할 수 있도록 도와줍니다. 그러나 이러한 구조는 특정 프로젝트의 목적과 콘텐츠에 따라 유연하게 조정되거나 디자인 창의성에 따라 변형될 수 있습니다. 기본 레이아웃 구조를 존중하면서도 유연하고 창의적인 요소를 더해 사용자에게 흥미로운 경험을 제공하는 것이 좋은 웹 디자인입니다.

04-2 | 웹 디자인 레이아웃의 변화

웹의 역사는 비교적 짧지만, 기술이나 트렌드는 상당히 빠른 속도로 발전하고 있습니다. 웹 디자인 레이아웃 또한 시간이 흐름에 따라 많은 변화를 겪었습니다. 이번에는 몇 가지 주요한 웹 디자인 레이아웃의 변화를 살펴보겠습니다.

정적 레이아웃에서 유동적 레이아웃으로

웹 디자인 초기에는 웹 페이지의 크기와 해상도가 제한적이어서 정적 레이아웃을 주로 사용했습니다. 즉, 데스크톱 해상도에만 맞춰 페이지 레이아웃을 제한적으로 구성하는 방식입니다. 그러나 다양한 기기의 등장으로 인해 각종 디바이스 화면 크기와 해상도에 대응하기 위한 유동적인 레이아웃이 등장하게 되었습니다.

유동적 레이아웃^{fluid layout}은 디바이스 화면 크기에 자동으로 적응하여 콘텐츠의 배치와 크기를 최적화합니다. 이러한 레이아웃 전환은 반응형 웹 디자인의 핵심으로 사용자가 데스크톱, 태블릿, 모바일 등 다양한 장치에서 웹 페이지를 이용할 때 편리하고 일관성 있는 경험을 제공합니다.

유동적 레이아웃

그리드 시스템 레이아웃과 반응형 웹 디자인

그리드 시스템^{grid system}은 콘텐츠를 일정한 격자 형태로 배치하는 방식으로 웹 페이지의 일관성과 조화를 유지하며 콘텐츠의 구조를 명확하게 표현하는 데 사용합니다. 주로 반응형 웹 디자인에서 콘텐츠를 자유롭게 이동시키기 위해 사용되며, 다양한 기기에 맞도록 콘텐츠 크기와 위치를 재구성하여 최적화된 시각적 효과를 얻을 수 있습니다. 웹 페이지는 사용자의 환경에 맞게 변화해야 가독성이 높아지고 상호작용 효과가 향상됩니다. 이처럼 그리드 시스템과 반응형 웹은 서로 긴밀히 연결되어 현대 웹 디자인의 필수 요소로 자리 잡고 있습니다.

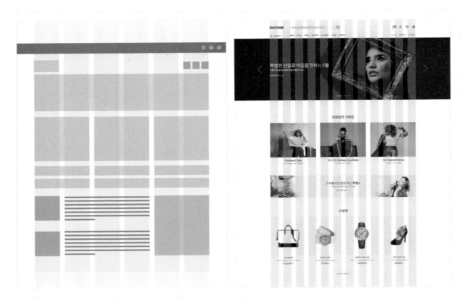

그리드 시스템 레이아웃

비대칭 레이아웃

일반적인 웹 페이지는 균형 있는 대칭 레이아웃을 채택하여 질서를 부여하지만 최근에는 비대칭 레이아웃이 인기를 얻고 있습니다. **비대칭 레이아웃**은 다양한 크기와 위치의 요소들을 조합하여 독특하고 흥미로운 디자인으로 사용자의 시선을 끕니다. 그렇다고 해서 구성 요소를 아무렇게나 배치하는 것은 아닙니다. 비대칭 레이아웃을 활용할 때에는 사용자의 시선을 올바른 방향으로 유도하면서도 중요한 정보를 강조할 수 있도록 구성해야 합니다.

비대칭 레이아웃은 참신하고 획기적인 디자인뿐만 아니라 사용자의 사용성과 편의성을 고려해 균형을 잘 맞추어야 합니다. 결과적으로는 사용자 경험을 향상시키는 데 기여해야 하므로 구성 요소들 간의 관계와 시각적 흐름을 고려하는 것도 중요합니다. 예를 들어 GNB를 포함한 헤더 영역은 상단에 배치하고 본문 콘텐츠는 Z자로 구성해 자연스럽게 콘텐츠를 볼 수 있도록 하면 사용성을 높일 수 있습니다.

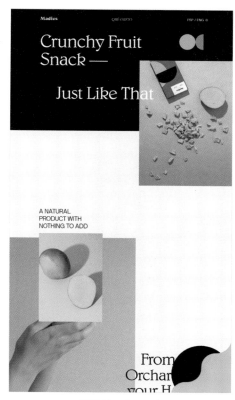

마디스(madies.mx)

핀터레스트(pinterest.co.kr/pin/187180928254275768)

여백의 미를 활용한 레이아웃

여백^{negative space}은 콘텐츠 요소 사이의 빈 공간으로 텍스트, 이미지, 버튼 등의 요소를 둘러싸고 있습니다. 웹 디자인에서 여백은 미니멀리즘^{minimalism} 디자인을 반영한 UI/UX 디자인의 핵심 트렌드가 되었습니다. 단순히 비워 두기만 하는 공간이 아니라 계획적으로 여백을 배치하면 사용자로 하여금 중요한 정보에 집중하도록 할 수 있습니다.

웹 디자인에서 여백은 콘텐츠를 강조하고 사용자의 시선을 유도합니다. 콘텐츠 주위에 여백을 충분히 두면 해당 콘텐츠가 더욱 두드러져 사용자가 집중할 수 있습니다. 또한 요소별로 차별화된 여백을 활용하여 관련 콘텐츠를 그룹화하기도 합니다. 혼잡하고 밀집된 디자인보다 여백으로 여유로운 공간을 남긴 레이아웃이 콘텐츠를 더 쉽고 빠르게 이해할 수 있습니다. 사용자는 여백에서 눈을 잠깐 쉬기도 합니다.

카카오뱅크(kakaobank.com)

애플(apple.com/kr/ipad)

적절하게 배치된 여백은 웹 페이지의 레이아웃을 개선해 사용자 경험을 향상하는 데 큰 도움이 됩니다. 이는 웹 디자인의 아름다움을 한층 더 빛나게 하며 사용자에게 편안하고 매력적인 경험을 전달합니다.

04-3 | 좋은 레이아웃을 위한 3가지 디자인 원리

레이아웃의 주요 목적은 콘텐츠에 담긴 내용과 메시지를 효과적으로 전달하는 것입니다. 따라서 좋은 레이아웃은 콘텐츠를 더 아름답게 하는 동시에 전달하려는 내용이 쉽고 뚜렷하게 보이도록 합니다. 웹 디자인에서 좋은 레이아웃을 구성하기 위한 디자인 원리 3가지를 살펴보겠습니다.

1. 비주얼 계층

비주얼 계층은 웹 페이지 요소들 간의 상대적인 중요도를 나타냅니다. 사용자는 화면을 스캔하면서 중요한 정보를 빠르게 찾고자 합니다. 따라서 중요한 콘텐츠를 두드러지게 나타내도록 의도적으로 웹 페이지의 레이아웃을 계획할 필요가 있습니다.

웹 페이지를 처음 열었을 때 사용자가 가장 많이 주목하는 곳은 스크롤이 생성되기 전 초기 영역인 **뷰포트**^{viewport}입니다. 웹 디자인에서는 뷰포트 영역을 중요하게 고려해야 합니다. 사용자의 시선을 집중시키고 관심을 이끌어내기 위해서는 초기 뷰포트에서부터 웹 페이지의 목적을 명확하게 전달해야 합니다.

웹 사이트의 비주얼 계층

사용자가 뷰포트를 주목한다는 사실을 뒷받침해 주는 실험 결과가 있습니다. 바로 'F자 아이트래킹 패턴^{F-shaped eye-tracking pattern} 모델'입니다. 제이콥 닐슨^{Jakob Nielsen}은 자신의 웹 사이트에 사용자가 웹 사이트를 훑어보는 일정한 패턴이 있다는 실험 결과를 소개했습니다. 232명의 사용자를 대상으로 특수 센서가 부착된 안경을 활용하여 웹 사이트에서 사용자의 눈동자가 머무는 곳에 점을 찍는 실험을 했는데, 결과를 보면 일반적인 사용자는 대부분 F자 형태의 패턴으로 웹 페이지를 탐색했습니다. 웹 사이트에 접속하면 제일 먼저 상단 영역의 왼쪽에서 오른쪽으로 가로 읽기를 시작합니다. 그다음 약간 아래로 시선을 이동해 두 번째 가로 읽기를 시작합니다. 이어서 시선을 아래로 이동하면서 중요한 내용이 있는지 세로 읽기를 시도합니다. 이것이 F자 형태의 시선 이동입니다.

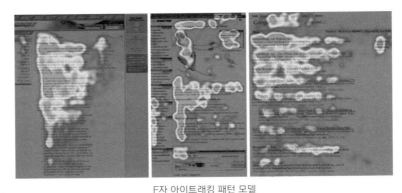
F자 아이트래킹 패턴 모델

(출처: reserchgate.net/figure/F-shaped-reading-patterns-in-Web-text-observed-by-Jakob-Nielsen-see_fig8_236261116)

일반적인 사용자라면 F자 형태의 읽기 패턴을 보이므로 페이지 레이아웃을 설계할 때 이 패턴에 맞추어 구성하면 메시지를 효과적으로 전달할 수 있겠죠? 이처럼 사용자의 시선 이동 경로를 고려하여 콘텐츠를 배치하면 필요한 정보를 직관적으로 찾는 데 도움이 됩니다. 인간은 위에서 아래로, 왼쪽에서 오른쪽으로 시선이 흐를 때 자연스럽고 편안함을 느낍니다. 따라서 웹 페이지에서도 중요한 내용을 먼저 보여 주고 자연스러운 시선 흐름에 맞춰 콘텐츠를 배치하면 사용자가 콘텐츠를 더욱 효과적으로 인지할 수 있습니다.

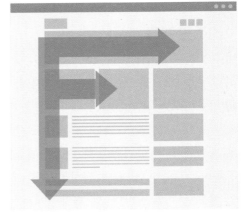
F자 읽기 패턴에 따른 콘텐츠 배치

이와 비슷한 읽기 패턴으로 Z자 형태의 시선 이동이 있습니다. 다음 예시에서 삼성전자 웹 사이트는 텍스트와 이미지를 Z 모양 흐름으로 배치하여 화면에 율동감을 부여하였으며, 다음 Daum 웹 사이트도 자연스러운 Z 모양의 흐름에 맞추어 중요한 콘텐츠를 배치하여 사용자의 시선을 유도했습니다.

삼성전자(csr.samsung.com/ko/main.do)   다음(daum.net)

시선의 흐름과 중요도에 따른 콘텐츠 배치만큼이나 다양한 UI 요소들의 시각적인 계층을 고려하는 것도 중요합니다. 헤더, 제목, 부제목 등 주요 내용은 크고 두드러지게 표시하여 강조하고, 작은 텍스트나 부가 정보 등은 작게 표시하여 보조 역할을 수행하도록 합니다. 이러한 원리들을 종합하여 웹 디자인의 레이아웃을 구성하면 사용자 경험을 개선하고 시각적으로 매력적인 웹 사이트를 만들 수 있습니다.

2. 웹 그리드 시스템

웹 그리드 시스템은 웹 디자인에서 가장 기초적이고 중요한 개념입니다. 그리드를 활용하면 웹 페이지 내 요소들이 일관되고 조화롭게 배치되어 사용자가 콘텐츠를 편안하게 읽을 수 있습니다. 디자인 요소들을 그리드에 맞춰 정렬하면 균형 있고 조화로운 느낌을 줄 수 있으며, 콘텐츠 간의 관계가 분명히 드러나 효율적입니다.   ▶ 웹 그리드 시스템은 05장에서 자세히 다룹니다.

3. 일관성

웹 페이지의 레이아웃은 반드시 일관성을 유지해야 합니다. 색상, 글꼴, UI 구성 요소 등의 스타일뿐만 아니라 내비게이션과 같은 핵심 요소도 항상 일정한 스타일로 위치하는 것이 좋습니다.

일관성 있는 디자인은 사용자에게 익숙한 느낌을 주어 웹 사이트를 더욱 사용자 친화적으로 만듭니다. 또한 브랜드 이미지를 강화하고 전문성을 나타내는 데 도움이 됩니다.

지금까지 배운 내용을 활용해
과제를 해결해 보세요!

01 다음 웹 사이트의 레이아웃 구조를 분석해 보세요.

▶ 링크에 접속해 사이트를 확인하세요.

1. 한국수출입은행: koreaexim.go.kr/index

2. 한양사이버대학교: www.hycu.ac.kr/user/index.do

3. 춘식이 관찰일기: choonsikdiary.com

4. 한국에너지기술연구원: energium.kier.re.kr

02 원하는 주제의 웹 사이트를 하나 선택하고 다양한 레이아웃 형태를 분석해 보세요. 헤더, 콘텐츠, 푸터 영역별로 분리해 살펴봅니다.

05

레이아웃 구성 도우미
— 웹 그리드 시스템

● ○ ○

웹 그리드 시스템은 빠르고 일관성 있는 웹 콘텐츠 구성을 위한 강력한 도구로
활용되고 있습니다. 05장에서는 웹 그리드 시스템이 무엇인지 알아보고 웹 디
자인에 최적화된 그리드 시스템 제작 방법을 알아봅니다. 또한 웹 그리드 시스
템을 효과적으로 활용하는 방법을 실습하면서 직접 배워 보겠습니다.

05-1   웹 그리드 시스템이란 무엇인가요?
05-2   초보자는 놓치기 쉬워요 — 웹 그리드 시스템 최적화
05-3   포토샵으로 웹 그리드 시스템 활용하기

학습 목표

1. 웹 그리드 시스템을 이해합니다.
2. 웹 디자인에 최적화된 그리드 시스템을 알아봅니다.
3. 웹 그리드 시스템을 직접 제작합니다.

05-1 | 웹 그리드 시스템이란 무엇인가요?

과거 학창 시절을 떠올려 보면 '모눈종이'라고 불리는 노트나 연습장에 필기했던 경험이 있을 것입니다. 밑그림이 없는 종이에 글을 쓰면 글씨가 삐뚤빼뚤하여 깔끔하게 정리하기 어렵지만 격자 그림이 있는 종이에서는 글자를 반듯하게 쓸 수 있어 노트가 깨끗해집니다. 이처럼 웹 그리드 시스템은 웹 페이지 요소에 질서를 부여하여 깔끔하게 정리하는 효과가 있습니다. 여기에서는 웹 그리드 시스템의 의미를 알아보고 그 구성 요소와 핵심 개념을 살펴보겠습니다.

그리드와 웹 그리드 시스템

그리드grid는 '격자' 또는 '바둑판의 눈금'이라는 뜻으로 판면을 구성할 때 사용되는 격자 형태의 안내선입니다. 웹 디자인에서 그리드는 레이아웃을 조직화하고 콘텐츠를 정렬하는 데 사용되는 구조를 가리킵니다. 그리드는 가로와 세로 각각 수평과 수직 가이드라인으로 구성되며, 웹 페이지의 디자인 요소를 일정한 간격과 규칙에 따라 배치하는 데 도움을 줍니다.

웹 그리드 시스템web grid system이란 웹 페이지의 레이아웃을 일관되고 조직적으로 구성하기 위한 디자인 도구로, 행과 열로 이루어진 구조를 사용하여 웹 콘텐츠를 배치하고 정렬하는 것을 의미합니다. 웹 그리드 시스템은 웹 페이지의 레이아웃을 구성하는 강력한 디자인 도구로 활용됩니다. 이를 활용하면 웹 페이지를 구성하는 요소들을 조정하고 배치하는 작업이 간소화되며 반응형 웹 디자인에서도 효과적으로 적용할 수 있습니다.

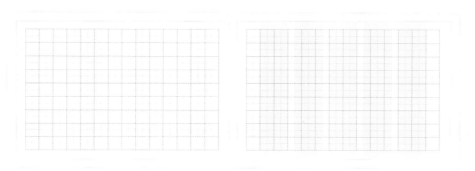

밑그림인 그리드와 구획을 설계하여 만든 웹 그리드 시스템

웹 그리드 시스템의 구조

웹 그리드 시스템을 구성하는 6가지 요소에 대해 알아보겠습니다.

유닛

유닛[unit]은 웹 그리드 시스템에서 가장 작은 단위이며 기둥 하나를 의미합니다. 각 유닛은 웹 페이지의 컨테이너 폭을 균등하게 분할하여 콘텐츠를 배치하는 기본 뼈대 역할을 합니다.

유닛

거터

거터[gutter]는 유닛 사이의 간격(빈 공간)을 말합니다. 거터의 폭을 조절하여 요소를 구분하여 가독성을 향상시킬 수 있습니다. 각 유닛에는 좌우로 거터가 존재하며, 유닛과 유닛 사이의 간격을 '사잇값(거터 + 거터)'이라고도 합니다.

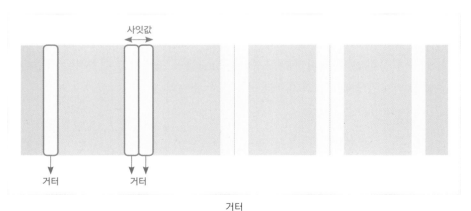

거터

칼럼

칼럼^{column}은 웹 그리드 시스템에서 가로 방향으로 배치된 세로 열을 말합니다. 하나의 칼럼은 유닛과 거터를 합친 구성 1개를 의미합니다. 즉, 하나의 칼럼에는 왼쪽 거터, 유닛, 그리고 오른쪽 거터가 포함됩니다. 웹 그리드 시스템을 구성할 때는 먼저 칼럼의 개수를 결정하고 콘텐츠를 배치합니다. 칼럼은 일반적으로 12개를 가장 많이 사용합니다. 12는 2개, 3개, 4개, 6개의 콘텐츠 박스로 쉽게 나눌 수 있는 숫자여서 자주 사용합니다. 칼럼 수를 결정한 후에는 유닛의 폭을 조절하여 원하는 가독성과 레이아웃을 구현할 수 있습니다.

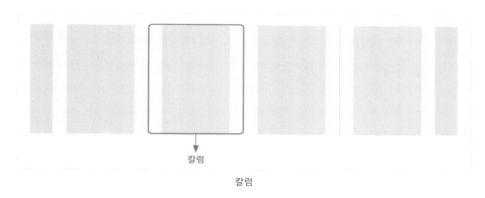

칼럼

칼럼

영역

앞서 언급한 칼럼은 웹 페이지 내에서 목적에 맞게 묶어서 배치할 수 있습니다. 이때 칼럼이 그룹화된 단위를 **영역**^{region}이라고 합니다. 웹 페이지에서 중요한 콘텐츠는 영역을 크게 구성하여 눈에 잘 띄게 배치하는 경우를 흔히 볼 수 있습니다. 중요도에 따라 영역을 구분하면 사용자에게 메시지를 효율적으로 전달할 수 있습니다. 이처럼 영역은 웹 그리드 시스템에서 콘텐츠를 구성하고 배치하는 데 유용하게 사용됩니다.

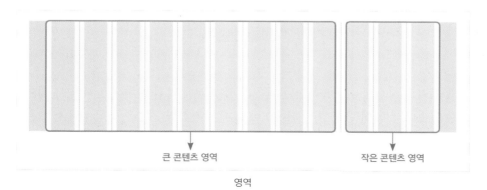

큰 콘텐츠 영역   작은 콘텐츠 영역

영역

마진

마진^{margin}은 요소의 상단, 하단, 왼쪽, 오른쪽에 추가되는 여백을 의미합니다. 웹 그리드 시스템에서는 전체 칼럼 영역의 좌우 끝에 배치되는 공백을 말합니다.

왼쪽 마진   오른쪽 마진

마진

베이스라인

베이스라인^{baseline}은 타이포그래피 영역에서 사용되는 용어로, 텍스트의 기준선을 의미합니다. 웹 그리드 시스템에서 베이스라인을 활용하면 구성 요소들을 균일하게 배치할 수 있어 일관성과 가독성이 향상됩니다. 텍스트 및 다른 요소들이 베이스라인에 맞게 정렬되면 디자인이 조화를 이루며 웹 페이지의 시각적인 통일성을 높여 사용자가 콘텐츠를 쾌적하게 읽는 데 도움이 됩니다.

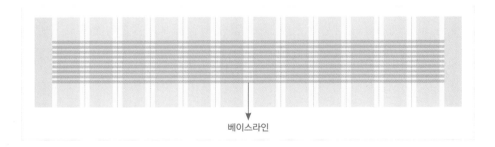

베이스라인

이처럼 웹 그리드 시스템을 활용하면 콘텐츠를 행과 열에 맞춰 배치해 질서 있는 레이아웃을 구현할 수 있습니다. 또한 반응형 웹 디자인에도 매우 적합합니다. 반응형 웹에서는 콘텐츠가 다양한 화면 크기에 맞게 최적화되어야 하는데, 웹 그리드 시스템을 활용하면 레이아웃을 자유롭고 유연하게 조정할 수 있기 때문입니다.

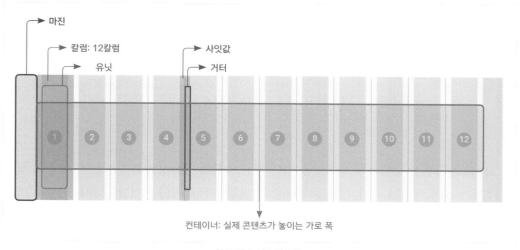

웹 그리드 시스템 통합

물론 웹 그리드 시스템이 웹 디자인에서 절대적인 방법은 아닙니다. 여기에만 의존하면 디자인이 지나치게 단조로워질 수 있습니다. 하지만 웹 그리드 시스템의 기본을 잘 이해하고 일부 영역에서 독창적인 디자인을 시도하면 효과적인 레이아웃을 구현할 수 있습니다.

웹 디자인에서 심미성 높은 디자인을 구현하는 것은 바로 디자이너의 능력에 달려 있습니다. 동일한 웹 그리드 시스템을 사용해 독창적이고 매력적인 디자인을 만들어 내려면 탄탄한 기본기와 풍부한 경험이 중요합니다. 효과적인 디자인 기술은 웹 그리드 시스템의 기본을 잘 이해하고 적용해 보며 디자인 감각을 키워 나가는 것으로부터 시작됩니다. 디자인 감각이 어느 정도 자라면 더욱 과감하고 다양한 레이아웃에 도전하는 것도 권장합니다. 누구나 처음부터 완벽한 디자인을 만들 수는 없습니다. 중요한 것은 기본기를 탄탄히 다진 후 경험과 노력을 통해 개인의 디자인 기술을 발전시키는 것입니다. 자신만의 독창적인 스타일을 발견하고 향상시키기 위해 꾸준히 노력하면 여러분도 충분히 훌륭한 웹 디자이너가 될 수 있습니다.

05-2 | 초보자는 놓치기 쉬워요
— 웹 그리드 시스템 최적화

웹 그리드 시스템은 콘텐츠의 조직성을 높여 웹 페이지의 사용성을 개선하는 데 도움이 됩니다. 우리가 흔히 접하는 잡지, 신문 등과 같은 편집물이 시각적인 안정감을 주는 이유도 그리드를 활용했기 때문입니다. 그리드 시스템을 웹 디자인에 잘 활용하면 웹 페이지가 일관성 있고 효과적인 레이아웃을 갖추어 사용자 경험을 향상시키는 데에 큰 도움이 됩니다.

편집 디자인에서의 그리드 활용
((1)출처: pinterest.co.kr/pin/421931058828622284 (2)출처: pinterest.co.kr/pin/769482286352442635))

웹 페이지의 그리드 활용((1)코오롱: www.kolon.com/kr/main (2)지란지교데이터: jirandata.co.kr)

웹은 편집 디자인 영역과는 또 다른 제약 사항을 가지고 있습니다. 따라서 웹 환경을 먼저 충분히 이해해야만 성공적인 웹 디자인을 할 수 있습니다. 웹 그리드 시스템을 최적화하려면 다양한 요소들도 고려해야 합니다. 이제 웹 그리드 시스템을 최적화하기 위한 주요 내용들을 살펴보겠습니다.

모니터 해상도

해상도^{resolution}란 가로세로로 각각 1인치에 들어가는 픽셀^{pixel} 수를 의미합니다. 이는 이미지의 화질을 결정하는 중요한 요소입니다. 동일한 크기의 영역이라도 픽셀 수가 많을수록 화질이 높아지며, 반대로 픽셀 수가 적을수록 화질이 저하됩니다.

해상도(이미지 출처: 삼성 디스플레이 블로그)

하지만 무조건 고해상도 이미지를 사용하는 것이 최선은 아닙니다. 픽셀 수가 많아지면 이미지 용량이 커져 웹 페이지에서 이미지를 불러오는 데 시간이 오래 걸립니다. 따라서 웹 페이지에 사용하는 이미지는 최적화를 거친 다음 사용해야 합니다.

웹 디자인 시 고려해야 할 또 다른 사항은 디스플레이 해상도입니다. 디자이너가 최신형 고해상도 모니터를 사용한다 하더라도 모든 사용자의 모니터가 고해상도인 것은 아닙니다. 따라서 모든 사용자가 접근 가능한 평균 디스플레이 해상도를 기준으로 디자인해야 합니다.

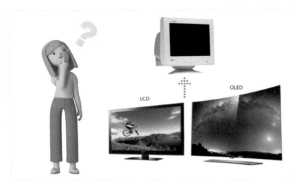

사용자 디지털 해상도(이미지 출처: LG, 삼성전자)

웹 디자인에서는 심미적으로 뛰어난 디자인을 구현하는 것도 중요하지만, 빠르게 변화하는 디바이스 환경을 고려하여 최적화된 디자인을 제공하는 것도 매우 중요합니다. 디자이너로서 뒤처지지 않도록 평소에 관련 정보를 많이 습득하며 스펙트럼을 확장해 나가기를 바랍니다.

한 걸음 더! | **사용자의 평균 디지털 해상도 데이터 확인하기**   ● ○ ○

웹 디자인 시 사용자의 평균 디지털 해상도 데이터를 참고할 수 있는 유용한 웹 사이트를 소개합니다.

스탯카운터^{StatCounter}는 웹 트래픽 분석 웹 사이트(gs.statcounter.com)로, 방문자 수, 방문 시간, 접속 지역, 운영 체제, 브라우저, 검색 엔진 트래픽 등 다양한 통계 정보를 제공합니다. 이 사이트를 이용하면 자신의 웹 사이트 방문자를 추적하고 분석하여 마케팅 및 비즈니스 측면에서 중요한 인사이트를 얻을 수 있습니다.

스탯카운터 — 전 세계 데스크톱 화면 해상도 통계

위 사이트는 전 세계 데스크톱 화면 해상도의 통계를 보여 줍니다. 현재 가장 많이 사용되는 해상도 데이터뿐만 아니라 플랫폼별, 지역별, 연도별 통계도 함께 확인할 수 있습니다. 최근에는 애플리케이션 제작이 늘어나면서 모바일 및 태블릿 해상도 정보도 확인할 수 있습니다.

전체 화면 폭과 컨테이너 폭

웹 디자인을 위해 반드시 알아야 하는 부분은 전체화면 폭과 컨테이너 폭입니다. **전체 화면 폭**^{full-width}은 웹 페이지의 가로 폭을 의미합니다. 일반적으로는 모니터의 해상도를 의미하며 개인이 보유한 모니터에 따라 전체 화면의 폭, 즉 해상도가 차이 날 수 있습니다.

컨테이너 폭^{container-width}은 실제 콘텐츠가 들어가는 영역의 가로 너비를 의미합니다. 컨테이너 폭을 일정한 크기로 고정한 후, 모든 페이지에서 일관성을 유지해야 합니다. 일반적으로 컨테이너 폭이 정해지면 해당 폭을 벗어나지 않도록 콘텐츠를 배치합니다.

KB국민은행(kbstar.com)

그러나 전체 배경 또는 특정 요소가 컨테이너 폭이 아닌 전체 화면 폭에 맞추어 배치되는 경우도 있습니다. 또한 퀵 메뉴와 같은 부가 요소가 컨테이너 폭 바깥 오른쪽에 위치하는 경우도 많습니다.

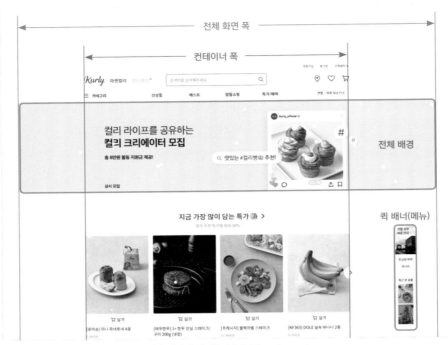

전체 배경과 퀵 메뉴(마켓컬리: kurly.com)

국내 대표 포털 사이트인 네이버와 다음의 컨테이너 폭을 비교해 볼까요? 포털 사이트는 검색을 위해 많은 사람들이 이용하는 곳이죠. 그래서 최신 트렌드에 맞춰 빠르게 변화하기보다는 다소 낮은 해상도의 디바이스를 이용하는 사용자까지 고려해 컨테이너 폭이 그리 넓지 않은 것이 특징입니다.

컨테이너 폭 — 네이버와 다음

네이버의 경우 2023년 5월 리뉴얼을 거치면서 가로 너비를 조금 확장하고 세로 길이를 축소시켜 스크롤을 조금만 해도 모든 콘텐츠를 볼 수 있게 수정되었습니다. 특징은 해상도가 더 큰 화면에서는 콘텐츠가 가로로 더 많이 배치되어 컨테이너 폭이 넓어지는 유연성을 보인다는 점입니다. 반면 다음의 경우는 좀 더 좁은 컨테이너 폭을 유지하고 있는데, 이는 작은 해상도를 사용하는 사용자를 배려하기 위함으로 보입니다.

이처럼 컨테이너 폭은 사이트의 목적에 맞는 다양한 사이즈를 채택하고 있습니다. 자신이 제작하려는 사이트의 목적에 따라 컨테이너 폭을 설정하면 되는데, 결정하기 어렵다면 벤치마킹을 많이 하면서 최신 웹 사이트들의 컨테이너 폭을 파악하는 것이 좋습니다. 유명한 회사의 웹 페이지 컨테이너 폭을 따라 설정해 보는 것도 좋은 방법입니다.

그럼 어떤 웹 그리드 시스템이 가장 좋은 것일까요? 물론 정답은 없습니다. 사이트의 목적에 따라 콘텐츠에 맞는 최적의 웹 그리드 시스템을 채택하면 됩니다. 최근 현업에서는 2개, 3개, 4개, 6개의 박스로 쉽게 분할할 수 있는 12칼럼 웹 그리드 시스템을 가장 많이 활용합니다. 만약 5개 박스로 분할해야 하는 경우에는 수동으로 그리드를 분할하여 배치하면 됩니다.

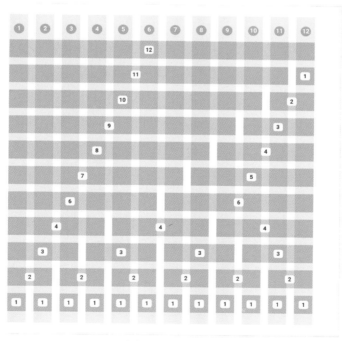

12칼럼 웹 그리드 시스템

정쌤이 알려주는
초보 탈출
Tip!

웹 페이지의 높잇값은 얼마로 해야 하나요?

웹 디자인에서 높잇값은 얼마로 해야 하는지 질문하는 경우가 있습니다. 사실 웹 디자인에서 화면의 높이는 중요하지 않습니다. 구성하는 콘텐츠의 양에 따라 달라지므로 높잇값을 미리 정하고 제작하지는 않습니다. 또한 모든 페이지에서 화면의 높잇값을 일정하게 유지할 필요도 없습니다. 예를 들어 메인 페이지의 높잇값을 서브 페이지에도 똑같이 적용할 필요는 없습니다. 각 페이지의 콘텐츠 양은 저마다 다르므로 높잇값이 서로 다른 것이 당연합니다. 따라서 웹 페이지의 높이는 콘텐츠와 디자인에 따라 유동적으로 변화하는 것이 일반적입니다. 디자이너는 콘텐츠의 양과 사용자 경험을 고려하여 각 상황마다 적절한 높잇값을 설정하면 됩니다.

05-3 포토샵으로 웹 그리드 시스템 활용하기

그리드를 생성하는 도구는 어떤 것이 있을까요? 과거에는 웹 그리드 시스템을 생성해주는 별도의 도구나 웹 사이트를 활용하기도 했습니다. 그러나 최근에는 포토샵, 피그마, 어도비 XD와 같은 디자인 툴에 그리드를 만드는 기능이 탑재되어 있으므로 자신이 사용하는 도구에서 그리드를 바로 생성하여 사용하는 것이 좋습니다.

포토샵   피그마

포토샵과 피그마의 웹 그리드 시스템 제작 사례

이제 포토샵을 활용해 웹 그리드 시스템을 실제 활용하는 방법을 함께 실습해 보겠습니다.

Do it! 실습   실습 준비하기

포토샵은 어도비 공식 홈페이지에서 구매하거나 무료 체험판을 내려받을 수 있습니다(adobe.com/kr/products/photoshop). ▶ 이 책에서는 포토샵 영문 버전을 사용하며 윈도우 운영체제를 기본으로 합니다.

어도비 포토샵 홈페이지

이번 실습에서는 12칼럼 웹 그리드 시스템을 활용할 것입니다. 실습에 앞서 화면 구성의 기반이 되는 전체 화면 폭과 컨테이너 폭을 결정해야 합니다. 현재 웹 디자인에서 주로 사용되는 표준 전체 화면 크기는 1920 × 1080px입니다. 이는 포토샵이나 어도비 XD와 같은 도구에서 문서를 생성할 때 미리 설정해 두는 프리셋 중 하나로, 대부분의 디자인에 적합한 크기입니다.

▶ 프리셋은 분할 개수, 크기, 배경색 등의 설정을 미리 저장해 둔 후 나중에 불러와서 사용하는 기능입니다.

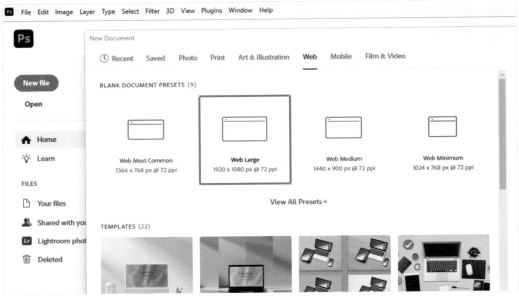

새 파일 프리셋 — 포토샵

컨테이너 폭은 보통 1320px을 표준으로 사용합니다. 더 넓게 사용하는 경우에는 1440px을 선택하기도 합니다.

이번 실습에서는 컨테이너 폭을 1320px로 사용하여 웹 그리드 시스템을 직접 만들어 보겠습니다. 우리가 작업할 그리드 시스템의 세부 기준은 오른쪽과 같습니다.

요소	크기
전체 화면 폭	1920px
컨테이너 폭	1320px
거터	20px
사잇값(거터+거터)	40px

Do it! 실습 새 파일 만들기

1. 먼저 포토샵 메뉴에서 [File(파일) → New(새로 만들기)]를 선택하거나 Ctrl + N을 눌러 새 파일을 생성합니다. 옵션 설정 창이 열리면 Width는 1920px, Height는 3000px로 설정합니다. 이때 세로 폭은 임시로 여유 있게 잡고 나중에 조절하면 됩니다.

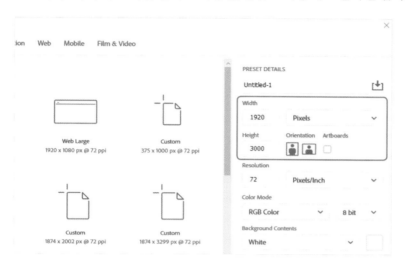

2. Resolution(해상도)은 72px, Color Mode(색상 모드)는 [RGB Color], [8 bit]로 설정합니다.

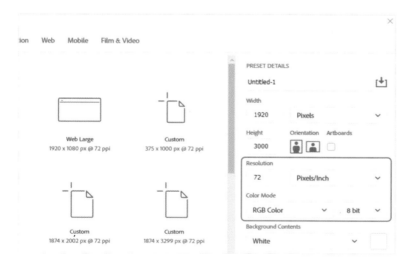

3. ❶ 콘텐츠의 배경색을 설정하는 Background Contents(배경 내용)는 [White(흰색)]로 선택한 후 ❷ [Create(만들기)]를 눌러 파일을 생성합니다.

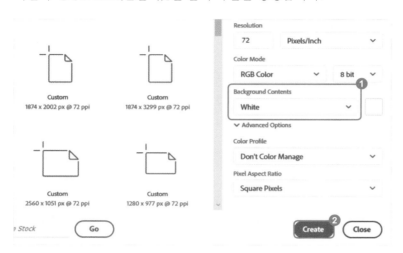

Do it! 실습 **파일 저장하기**

새 파일이 생성되면 가장 먼저 해야 할 작업이 바로 파일 저장입니다. 포토샵은 상대적으로 무거운 툴이기 때문에 작업하는 컴퓨터의 성능이 좋지 않으면 갑자기 멈추거나 프로그램이 예기치 않게 종료될 수 있습니다. 이런 경우 작업 중이던 파일에 문제가 생길 수 있으므로 파일 저장이 매우 중요합니다. 작업 도중에도 수시로 저장하기 단축키 Ctrl + S 를 눌러 작업 내용을 저장하는 습관을 기르는 것이 좋습니다.

1. ❶ 메뉴에서 [File(파일)]을 선택합니다.
❷ [Save As(다른 이름으로 저장)]를 클릭합니다(Shift + Ctrl + S).

클라우드^cloud 저장 페이지로 연결되었는데 자신의 컴퓨터에 파일을 별도로 저장하고 싶다면 ❸ [On your computer]를 클릭합니다.

2. ❶ 원하는 컴퓨터 경로를 선택한 후 파일 이름과 파일 형식을 지정합니다. 파일 형식은 원본인 PSD로 선택합니다. **❷** [저장]을 클릭하여 파일을 저장합니다.

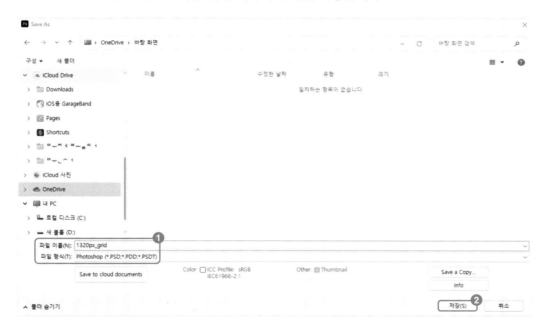

▶ 최초 파일을 저장한 후에는 작업 도중에 저장하기(Ctrl + S)를 눌러 작업 중인 내용을 자주 저장해야 합니다. 이렇게 하면 작업 중에 예기치 않은 문제가 발생하더라도 중요한 작업 내용을 보호할 수 있습니다.

그리드를 위한 기준 박스 만들기

작업할 컨테이너의 너비에 맞는 사각형을 생성합니다. 이 사각형을 기준으로 그리드를 구성할 것입니다.

1. 도구 메뉴에서 사각형 도구^{Rectangle Tool} ▣를 선택합니다.

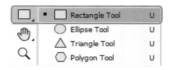

2. 컨테이너 너비를 기준으로 사각형을 하나 생성합니다. 화면 아무 곳이나 클릭하면 나타나는 옵션 창에서 Width(W)는 1320px, Height(H)는 100px로 설정하고 [OK]를 클릭하여 사각형을 생성합니다.

Do it! 실습 박스 정렬하기

다음 단계를 차례로 따라가며 생성한 박스를 중앙 정렬합니다.

▶ 박스 색상은 작업 중에 눈이 피로하지 않도록 연한 색상을 선택하는 것이 좋습니다.

1. ❶ 도구 메뉴에서 이동 도구^{move tool} ✛를 선택해 생성된 박스를 화면 중앙으로 위치시킵니다. 정확히 정렬하기 위해 ❷ 레이어 패널에서 [Background] 레이어와 그 위에 만들어진 [Rectangle 1] 레이어를 동시에 선택합니다. 이때 [Background] 레이어를 더블클릭하여 레이어화 되버리면 중앙 정렬이 제대로 되지 않습니다. 이 때는 파일을 다시 만들어야 하니 주의하세요..

▶ Background 레이어를 선택하고 Ctrl 을 누른 상태에서 [Rectangle 1 레이어]를 클릭하면 레이어를 동시에 선택할 수 있습니다.

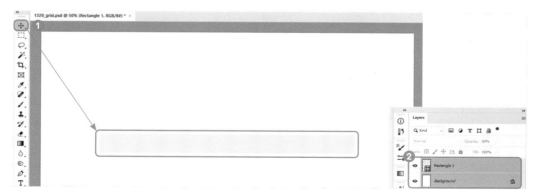

2. ① 왼쪽 도구 메뉴에서 이동 도구 ➕를 선택하면 화면 상단 옵션 창에 정렬^{align} 옵션이 표시됩니다. **②** 수평 중앙 정렬^{align horizontal centers} ➕ 을 클릭하여 가로 중앙 정렬을 해줍니다.

Do it! 실습 **박스에 맞춰 기준 그리드 만들기**

1. 박스에 맞춰 그리드 가이드라인을 추가하려면 먼저 화면에 자^{Rulers}가 표시되어 있어야 합니다.
① 상단 메뉴에서 [View(보기)]를 클릭합니다. **②** Rulers(자)를 클릭하여 화면에 자를 표시합니다(Ctrl + R).

2. 세로 자를 클릭한 후 드래그해 가이드라인을 생성한 뒤 박스의 왼쪽과 오른쪽에 정확히 위치하도록 조정합니다. 이 과정에서 오차를 최소화하려면 화면을 확대하여 작업하는 것이 좋습니다.

▶ 화면을 확대하는 단축키는 Ctrl + ➕ 입니다.

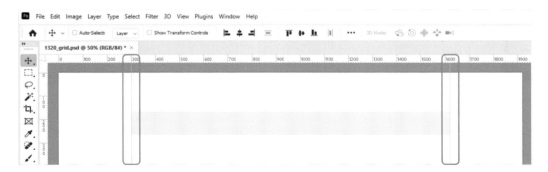

3. [Rectangle 1] 레이어를 선택한 뒤 도구 메뉴에서 사각형 도구 ▣를 클릭하면 [Properties(속성)] 패널에서 세부 값을 조정할 수 있습니다. 여기서는 생성한 사각형의 크기와 속성을 조정합니다. [Properties] 패널에서 [Transform(변형)] 영역의 Width(W) 값을 '20px'로 변경합니다. 이는 그리드의 간격을 나타내는 값으로, '20'은 거터의 크기를 변경한 것입니다.

▶ [Properties] 패널이 화면에 나타나지 않으면 화면 최상단의 Window(창) 메뉴에서 활성화할 수 있습니다. [Window → Properties 목록 체크]

가로 폭만 조절하려면 이 아이콘을 눌러 비율 제한을 해제해야 합니다.

4. 너비가 20px로 줄어든 박스는 그리드 내부에 위치하게 됩니다. 변경된 위치에 맞추어 박스 오른쪽에 가로 폭에 딱 맞는 가이드라인을 하나 더 추가합니다. 그리고 Alt 를 누른 상태에서 박스를 드래그하여 복제합니다. 복제된 박스를 오른쪽 그리드라인 내부에 배치한 후 박스 왼쪽 끝에도 가이드라인을 만들어 배치합니다.

5. 가이드라인이 만들어지면 2개의 박스 레이어를 레이어 패널에서 삭제합니다.

그리드 시스템 준비 작업이 완료되었으니 이제 적용하는 단계로 넘어가겠습니다. 작업을 시작하기 전에 몇 가지 사항을 확인해야 합니다. 바로 전체 화면 폭이 1920px일 때 컨테이너 박스와 양쪽 끝 거터까지의 여백 크기입니다.

1. ❶ 도구 메뉴에서 사각형 선택 윤곽 도구^{Rectangular Marquee Tool} 🔲를 클릭하고 ❷ 안쪽 가이드 라인까지 드래그하면 마우스 포인터 옆에 검은색 영역이 나타나며 가로와 세로 픽셀 크기가 표시됩니다. ❸ 여기서 가로 폭만 기억해 두면 됩니다.

선택 영역의 크기는 [Info(정보)] 패널에서도 확인할 수 있습니다. 가로 폭(W)이 '320'인 것을 확인하고 이 값을 메모해 두세요.

▶ [Info] 패널이 보이지 않는다면 화면 최상단의 [Window] 메뉴에서 [Info] 목록을 체크해 활성화할 수 있습니다.

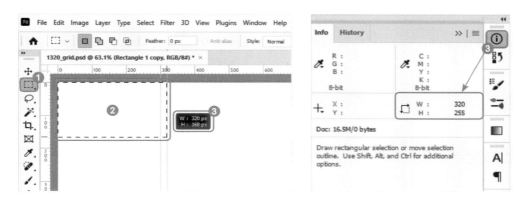

2. 상단 메뉴에서 [❶ View(보기) → ❷ Guides(안내선) → ❸ New Guide Layout(새 안내선 레이아웃)]을 클릭해 가이드 레이아웃 생성 창을 띄웁니다.

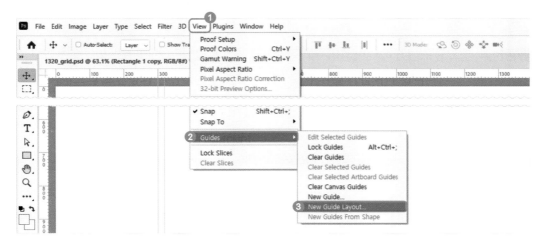

3. ❶Columns(열)에 체크하고 Number(번호)는 '12', Width(폭)는 '70px', Gutter(간격)는 '40px'로 입력합니다. ❷ Margin(여백)에 체크하고 Top(위쪽)은 '0px', Bottom(아래쪽)은 '0px'을 입력합니다. 이때 Left(왼쪽)와 Right(오른쪽)에 방금 전 메모해 두었던 '320px'을 입력합니다. 그럼 다음 그림과 같이 가이드 선이 자동으로 만 ▶ 실제 거터는 20px이지만 여기서 말하는 들어져 그리드 시스템이 완성됩니다. Gutter는 좌우 거터 값을 더한 사잇값입니다.

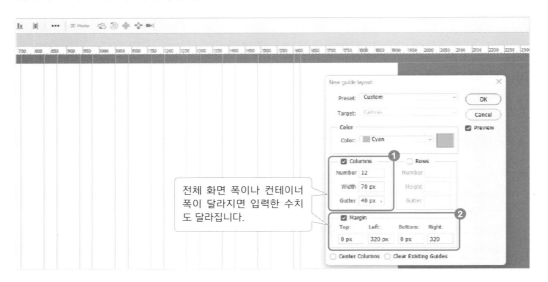

전체 화면 폭이나 컨테이너 폭이 달라지면 입력한 수치도 달라집니다.

4. 마지막으로 생성한 가이드라인은 다른 작업을 수행하는 동안 실수로 마우스에 의해 움직일 수 있으므로 작업 중에는 반드시 잠가 두는 것이 좋습니다.
메뉴에서 [❶ View → ❷ Guides → ❸ Lock Guides(안내선 잠그기)]를 차례로 수행하거나 단축키 Alt + Ctrl + ; 를 누릅니다.

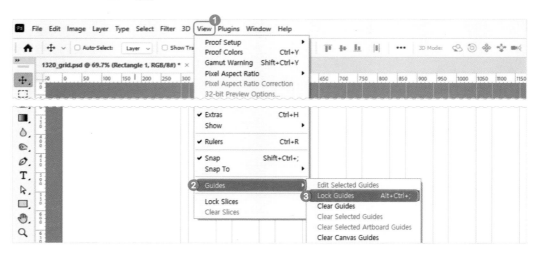

완성한 그리드 시스템에 실제로 박스를 배치해 보겠습니다. 총 1~6개의 간단한 박스를 배치하는 것이지만 실제로 이 박스 영역에는 이미지, 텍스트, 여백 등 다양한 디자인 요소들이 포함된다는 것을 염두에 두세요.

박스 1개 배치하기

먼저 박스 1개 배치하는 방법을 살펴보겠습니다. 이 박스는 총 너비 1320px에서 좌우 여백 각각 20px의 여백을 제외한 1280px 공간에 배치됩니다. 이때 1280px 너비는 실제 콘텐츠가 배치되는 컨테이너의 너비입니다.

❶ 도구 메뉴에서 사각형 도구 ▣를 선택합니다. ❷ 화면을 한 번 클릭하면 옵션 창이 나타나는데, 여기서 'Width: 1280px', 'Height: 150px'을 입력합니다. ❸ [OK]를 클릭해 박스를 생성합니다. ❹ 생성된 박스가 화면에 나타나면 레이어 패널에서 [Background]와 [Rectangle 1] 레이어를 동시에 선택합니다. 이동 도구 ✛를 선택하고, 옵션 창에서 가로 중앙 정렬 ▣을 선택하여 가운데 정렬을 합니다.

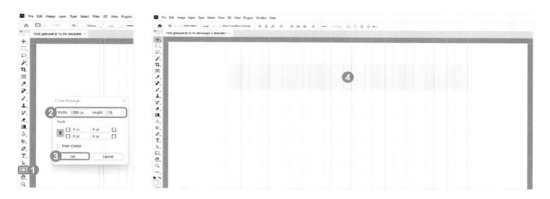

박스 2개 배치하기

그리드 레이아웃에 박스를 2개 이상 배치할 때는 빠른 계산을 위해 컴퓨터 계산기를 사용하는 것도 좋은 방법입니다. 계산 방법은 다음과 같습니다.

〈박스가 2개일 때 너비 계산하기〉

(1280 − 40(1개의 사잇값)) ÷ 2 = 620px

이렇게 계산하면 박스 한 개의 너비가 정확히 620px이 됩니다. 사잇값이 40인 이유는 그리드 시스템을 위해 거터를 20px로 미리 정했기 때문입니다. 하나의 칼럼은 양옆에 20px 거터를 가지므로 칼럼과 칼럼 사이가 맞물리는 곳에서는 사잇값이 40px이 됩니다.

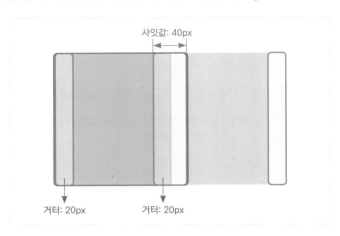

❶ 도구 메뉴에서 사각형 도구 ■를 선택합니다. ❷ 화면을 한 번 클릭하여 나타나는 옵션 창에서 'Width: 620px', 'Height: 150px'을 입력합니다. ❸ [OK]를 클릭하여 박스를 생성합니다. ❹ 생성된 박스를 첫 번째 박스 아래에 배치합니다. 이때 첫 번째 박스와 적당히 거리를 띄운 뒤 왼쪽 그리드에 맞춰 배치합니다. 폭은 과하게 띄우지 않도록 주의하세요. 박스를 선택한 상태에서 [Alt]를 누른 채로 마우스를 클릭하여 오른쪽으로 드래그하면 박스가 복제됩니다. 이때 [Shift]를 같이 누르면 가로 일직선으로 복제할 수 있습니다. 복제한 박스를 오른쪽 그리드에 맞춰 배치합니다. 이렇게 하면 중앙에 정확히 40px 여백이 생기는 것을 확인할 수 있습니다.

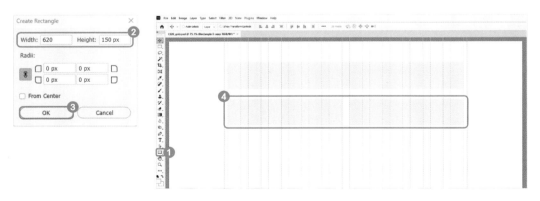

박스 3개 배치하기

이번에는 박스 3개를 배치하는 방법을 살펴보겠습니다. 먼저 박스 한 개의 너비를 계산하면 정확히 400px입니다.

〈박스가 3개일 때 너비 계산하기〉

(1280 - 80(2개의 사잇값)) ÷ 3 = 400px

---

❶ 도구 메뉴에서 사각형 도구 ■를 선택합니다.
❷ 화면을 한 번 클릭하여 나타나는 옵션 창에서 'Width: 400px', 'Height: 150px'을 입력합니다.
❸ [OK]를 클릭하여 박스를 생성합니다.

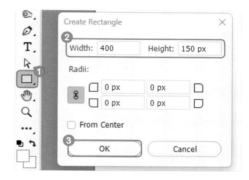

❹ 생성된 박스를 두 번째 박스 아래쪽으로 왼쪽 그리드에 맞추어 배치합니다. 이때 통일성을 유지하기 위해 첫 번째 박스 줄과 두 번째 박스 줄 사이의 여백을 동일하게 넣어주는 것이 좋습니다. 박스를 위아래로 움직이다 보면 위쪽 여백과 동일한 위치에 왔을 때 핑크색 박스로 해당 사이즈를 알려 줍니다. 이때 드래그하던 마우스를 떼어서 박스 배치를 완료합니다.

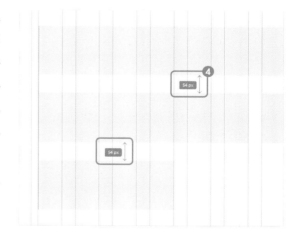

❺ 이전과 동일한 방법으로 2번째 박스와 3번째 박스를 복제하여 사잇값 40px의 여백을 두고 배치합니다. 이 과정에서 미세한 차이가 발생할 수 있으므로 화면을 확대하여 오차가 없는지 확인하는 것이 좋습니다.

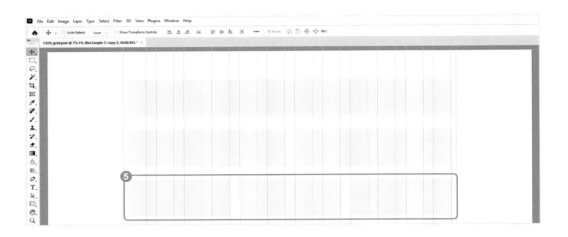

박스 4개 배치하기

박스 4개를 배치하는 방법을 자세히 알아보겠습니다. 먼저 박스 1개 너비를 계산하면 정확히 290px입니다.

〈박스가 4개일 때 너비 계산하기〉

(1280 - 120(3개의 사잇값)) ÷ 4 = 290px

---

❶ 도구 메뉴에서 사각형 도구 ▣ 를 선택합니다.
❷ 화면을 한 번 클릭하여 나타나는 옵션 창에서 'Width: 290px', 'Height: 150px'을 입력합니다. ❸ [OK]를 클릭하여 박스를 생성합니다.

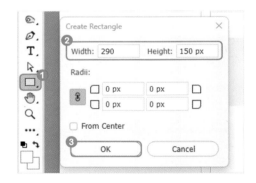

❹ 이전과 동일한 방법으로 박스 4개를 배치합니다.

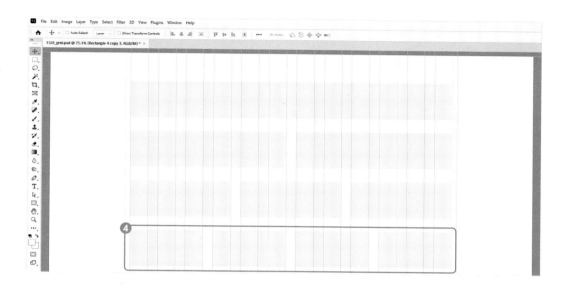

박스 5개 배치하기

박스 5개를 배치하는 방법을 자세히 살펴보겠습니다. 먼저 박스 1개 너비를 계산하면 정확히 224px입니다.

〈박스가 5개일 때 너비 계산하기〉

(1280 - 160(4개의 사잇값)) ÷ 5 = 224px

---

❶ 도구 메뉴에서 사각형 도구 ■를 선택합니다.

❷ 화면을 한 번 클릭하여 나타나는 옵션 창에서 'Width: 224px', 'Height: 150px'을 입력합니다.

❸ [OK]를 클릭하여 박스를 생성합니다.

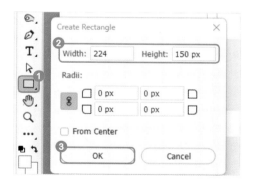

❹ 5개 박스는 그리드에 딱 맞지 않는 것을 볼 수 있습니다. 이때는 수동적으로 사잇값을 띄워주면 됩니다.

첫 번째 박스를 <kbd>Alt</kbd> + [드래그]로 복제합니다. 복제된 레이어가 선택된 상태에서 이동 도구 ⊕를 선택한 후 키보드의 오른쪽 화살표 키 <kbd>→</kbd>를 누르면 1px씩 오른쪽으로 이동할 수 있습니다. 그러나 이렇게 1px씩 이동하는 방식은 40번을 눌러야 하므로 시간이 오래 걸립니다. 이때 <kbd>Shift</kbd>를 누른 상태에서 <kbd>→</kbd>를 누르면 한 번에 10px씩 이동할 수 있습니다. 이렇게 하면 4번만 눌러도 40px만큼 이동할 수 있습니다.

❺ 위와 동일한 방법으로 박스 총 5개를 배치합니다.

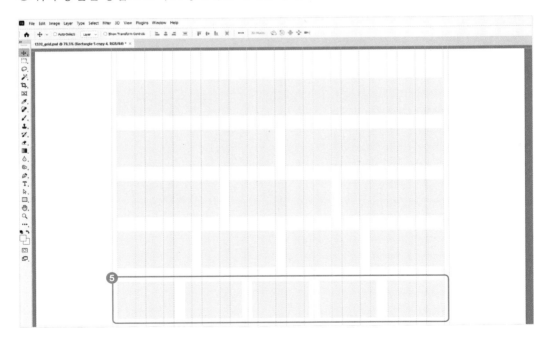

박스 6개 배치하기

박스 6개를 배치하기 위해 각 박스의 너비를 계산하면 180px입니다.

〈박스가 6개일 때 너비 계산하기〉

(1280 - 200(5개의 사잇값)) ÷ 6 = 180px

---

❶ 박스 6개의 너비를 기준으로 박스를 배치하는 과정은 이전에 설명한 방법과 동일합니다.

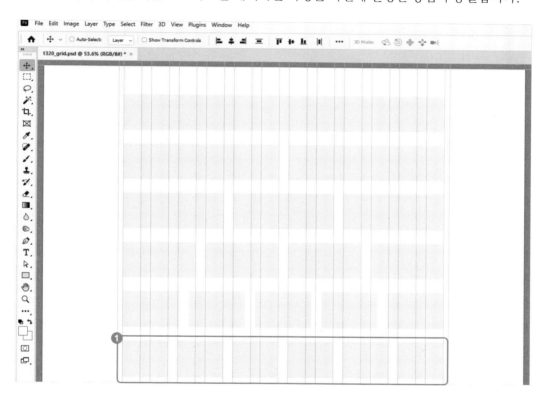

❷ 마지막으로 페이지 하단에 남는 부분을 자르기 도구^{Crop Tool} ㅁ.을 활용하여 자르고 마무리합니다.

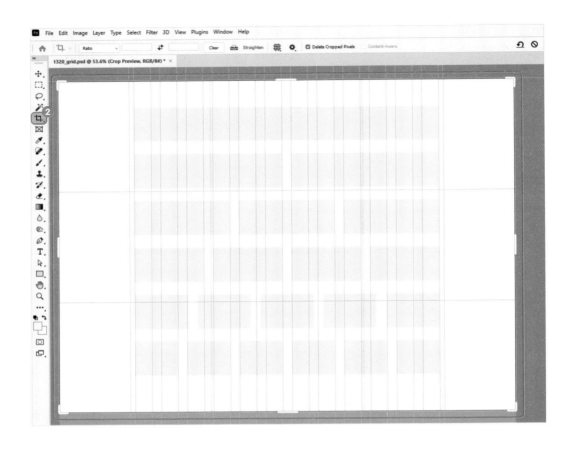

❸ 작업을 완료한 후에는 가이드라인을 더 이상 보여줄 필요가 없으므로 안보이게 숨김 처리
합니다. 메뉴에서 [View → Show → Guides]를 선택하거나 단축키 Ctrl + ; 를 누르면 안
보이게 처리됩니다.

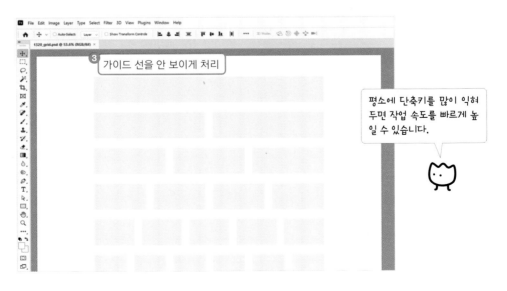

만약 다른 컨테이너 너비의 그리드 시스템을 생성하고 싶다면 이와 동일한 방법으로 생성할 수 있습니다. 칼럼이나 거터의 너비는 절대적인 값이 아니므로 웹 사이트 목적과 디자인에 맞게 조정하면 됩니다.

예를 들어 콘텐츠가 적고 공간을 더 확보하고 싶을 때는 거터와 기준 박스의 폭을 넓게 조절하면 여유 있는 느낌을 줄 수 있습니다. 반대로 조밀한 레이아웃이 필요한 경우에는 칼럼과 거터의 폭을 좁게 조정하여 화면에 콘텐츠를 더 많이 배치할 수 있습니다.

이처럼 그리드 시스템은 웹 사이트의 종류에 따라 유연하게 적용할 수 있는 중요한 기술입니다. 디자인 목표에 따라 적절한 그리드 시스템을 설정하여 웹 사이트의 레이아웃을 조화롭게 구성해 봅시다.

지금까지 배운 내용을 활용해
과제를 해결해 보세요!

01 포토샵을 활용하여 다음 완성 이미지처럼 1440px 폭의 컨테이너에 12개의 칼럼 웹 그리드 시스템을 제작해 보세요. 이때 전체 화면 폭은 1920px, 거터는 20px, 사잇값은 40px로 설정합니다.

▶ 자료실에서 실습 파일을 내려받아 따라 만들어 보세요. [이지스퍼블리싱 홈페이지 → 자료실 → 책 제목 검색]

완성 이미지

웹 사이트를 아름답게!
웹 디자인의 요소

웹 디자인은 사용성은 물론
시각적인 아름다움도 갖춰야 합니다.
셋째마당에서는 웹 사이트 제작의 핵심 요소인
이미지, 색상, 타이포그래피에 대해 알아보겠습니다.
매력적이며 정보를 직관적으로 전달하는
웹 사이트를 제작하기 위한
기술 정보도 함께 살펴보겠습니다.

06 한 장의 마법 — 이미지

07 각각의 색에는 의미가 있다! — 색상

08 크기, 간격, 정렬 — 타이포그래피

06

한 장의 마법 — 이미지

● ○ ○

웹 디자인에서 이미지와 그래픽 요소는 메시지를 전달하고 웹 사이트의 디자인
콘셉트를 표현하는 데 사용됩니다. 적절한 그래픽 요소와 이미지는 웹 사이트의
완성도를 높이고 사용자에게 시각적 즐거움을 줍니다. 06장에서는 웹 디자인에
서 사용하는 이미지의 종류와 아이콘, 배경, 바운더리 등의 그래픽 요소에 대해
알아보겠습니다.

06-1 **이미지에는 어떤 것이 있나요?**
06-2 **그래픽 요소에는 어떤 것이 있나요?**

학습 목표

1. 웹 디자인에 사용하는 이미지를 이해합니다.
2. 웹 디자인을 위한 그래픽 요소를 이해합니다.

06-1 이미지에는 어떤 것이 있나요?

이미지는 웹 사이트의 정보를 매력 있게 전달하는 핵심 요소입니다. 그림과 사진, 아이콘과 배경 등 이미지는 웹 디자인의 가장 화려한 도구인 동시에 시각적인 정보를 전달하는 매개체 입니다. 웹 디자인에서 주로 사용하는 비트맵 이미지와 이를 구성하는 픽셀에 대해 알아보겠 습니다.

비트맵 이미지와 픽셀

웹 디자인에서는 비트맵 형식의 JPEG(JPG), PNG, GIF 3가지 이미지 형식을 주로 사용합니 다. **비트맵**bitmap 이미지는 **픽셀**pixel이라는 색상과 투명도 정보를 가진 이미지의 최소 단위로 구 성되어 있습니다. 비트맵 이미지를 포토샵과 같은 그래픽 편집 툴에서 최대 크기로 확대하면 수많은 정사각형 픽셀로 이루어져 있음을 확인할 수 있습니다.

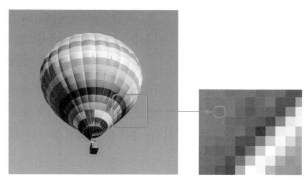

이미지 최소 단위인 픽셀

그러나 비트맵 이미지를 지나치게 크게 확대하면 품질 저하, 즉 화질 손실이 발생할 수 있습 니다. 축소하는 경우에도 시각적으로 크게 느껴지지는 않지만 품질 저하가 발생합니다. 따라 서 웹 디자인을 할 때는 품질 저하가 최소화되도록 해상도 높은 이미지를 사용하는 것이 좋습 니다. 그러나 해상도가 너무 높은 이미지를 사용하면 이미지를 로드load하는 속도가 느려질 수 있으므로 최적화도 고려해야 합니다.

▶ 웹 페이지를 열 때 웹에 표시되는 이미지를 시스템이 서버에서 불러오는 과정을 로딩(loading)이라고 합니다. 이때 이미지 용량 이 너무 크면 로딩 시간이 너무 오래 걸려 화면이 멈추는 경우도 있습니다.

해상도

해상도^{resolution}란 주로 모니터, TV, 휴대폰과 같은 디지털 기기나 프린터에서 사용되는 단위로 PPI와 DPI로 표기합니다.

PPI

PPI^{pixel per inch}는 디지털 기기의 해상도를 나타내는 지표로 가로세로 1인치 면적에 얼마나 많은 픽셀이 있는지를 의미합니다. 픽셀 수가 많을수록 더 선명하고 세밀한 이미지를 표현할 수 있어 해상도가 높아집니다.

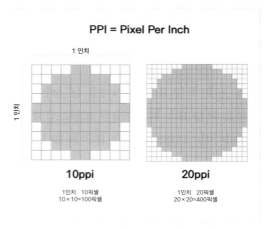

픽셀 개수를 지표로 활용하는 PPI

DPI

DPI^{dot per inch}는 인쇄에 사용되는 해상도를 나타내는 지표로 1인치 면적당 분사되는 잉크 점의 수를 나타냅니다. 예를 들어 300DPI로 사진을 인쇄한다면 1인치에 300개의 잉크 점을 찍어서 사진을 출력하는 것을 의미합니다. 1인치에 점을 100개보다 300개 찍어 출력하면 훨씬 선명한 이미지를 얻을 수 있습니다. 따라서 DPI가 높을수록 고해상도 이미지입니다.

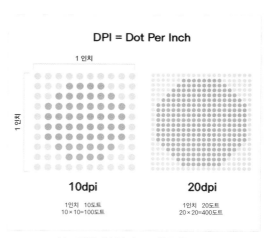

잉크 점의 개수를 지표로 활용하는 DPI

이미지 형식과 기술

앞에서 비트맵 이미지는 픽셀로 이루어진 형식이라고 배웠습니다. 여기서는 비트맵 이미지의 대표적인 파일 형식인 JPEG(JPG), PNG, GIF의 차이점과 또 다른 이미지 기술인 SVG에 대해서 살펴보겠습니다.

JPEG(JPG)

JPEG는 'Joint Photographic Experts Group'의 약자로 확장자는 .jpeg 또는 .jpg입니다. 이 형식은 풀 컬러$^{full\ color}$ 1670만 개의 색상 표현이 가능하여 사진이나 그라데이션 이미지처럼 다양한 색상을 표현할 때 적합합니다. 주요 특징은 사이즈가 큰 이미지를 작은 사이즈로 압축할 수 있다는 점입니다. 단, 압축률을 높이면 파일 크기는 줄어들지만 이미지 품질이 저하되는 단점이 있습니다.

▶ 풀 컬러는 컬러 모니터에 표시되는 색상의 규격입니다. 사람이 볼 수 있는 색이라는 뜻에서 트루(true) 컬러라고도 합니다.

PNG

PNG는 'Portable Network Graphics'의 약자이며 확장자는 .png입니다. JPEG와 마찬가지로 풀 컬러 1670만 개의 색상 표현이 가능합니다. PNG의 주요 특징은 투명한 배경을 지원한다는 것입니다. 따라서 배경 위에 그래픽을 올리는 작업이 가능하여 디자인 작업뿐만 아니라 파워포인트와 같은 문서 작업에도 많이 사용합니다. PNG는 무손실 파일 형식 중 하나로 압축해도 이미지 화질이 저하되지 않는다는 장점이 있습니다. 따라서 최근에는 웹과 앱 디자인에서 널리 활용되고 있습니다. 다만 압축 시 파일 크기가 크다는 단점이 있습니다.

GIF

GIF는 'Graphics Interchange Format'의 약자이며 확장자는 .gif입니다. 최대 256가지 색으로 표현되므로 화려한 이미지보다 로고, 아이콘, 버튼 등의 비교적 단순한 이미지에 적합합니다. PNG처럼 투명한 배경을 지원하기 때문에 여러 개의 이미지를 하나의 파일에 저장하면 간단한 애니메이션 효과를 낼 수 있습니다. 웹에서 흔히 볼 수 있는 움직이는 그림(움짤)에도 GIF 형식이 사용됩니다.

SVG

웹 사이트를 제작할 때는 비트맵인 JPEG, PNG, GIF 형식을 주로 사용하지만 벡터 기반의 이미지를 웹에 등록할 수 있는 기술도 있습니다. 바로 SVG 이미지입니다. SVG는 'Scalable Vector Graphics'의 약자로 웹 브라우저에서 2차원 벡터 기반의 그래픽을 표시하기 위한 XML 파일 형식입니다.

SVG의 가장 큰 장점은 코드로 이루어진 이미지라는 점입니다. 따라서 확대나 축소를 해도 화질이 저하되지 않습니다. 벡터 기반의 이미지이므로 해상도에 영향을 받지 않으며 어떤 크기로 확대하든 선명함을 유지할 수 있습니다. 또한 SVG 이미지는 소스 코드를 수정하면 변형도 가능해 디자이너가 원하는 형태로 쉽게 조작할 수 있습니다.

SVG는 이러한 특성으로 웹 디자인의 중요한 요소로 자리 잡으며 점점 더 많은 분야에서 사용되고 있습니다. 앱 디자인, 데이터 시각화 분야는 물론 CSS와 자바스크립트를 사용해 동적 애니메이션을 추가하는 게임 제작에도 널리 활용됩니다.

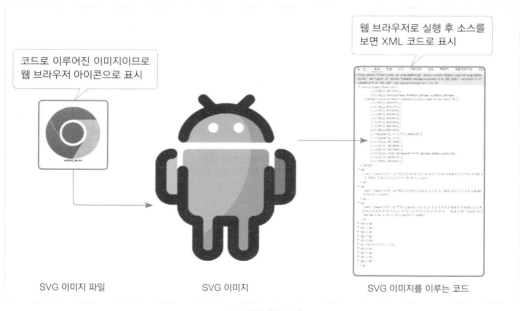

웹 브라우저로 실행 후 소스를 보면 XML 코드로 표시

코드로 이루어진 이미지이므로 웹 브라우저 아이콘으로 표시

SVG 이미지 파일   SVG 이미지   SVG 이미지를 이루는 코드

SVG 이미지의 구성

한 걸음 더!

최신 이미지 형식, Webp

○ ○ ○ ○

Webp는 구글에서 개발한 최신 이미지 형식으로 웹에서 고화질 이미지의 파일 크기를 줄여 빠르게 로드하기 위해 설계되었습니다. 동일한 품질의 이미지를 JPEG 나 PNG 형식보다 작은 용량으로 표현할 수 있어 배경 이미지, 갤러리, 애니메이션 등과 같은 디자인에 활용됩니다.

비트맵 이미지와 벡터 이미지

비트맵 이미지와 벡터 이미지는 디지털 이미지를 표현하는 2가지 주요 형식입니다. 비트맵 bitmap 이미지는 픽셀로 구성된 형식으로 래스터raster 이미지라고도 합니다. 반면 벡터vector 이미지는 수학 알고리즘과 점, 선, 곡선 등의 모양으로 이루어진 디지털 이미지입니다. 픽셀로 구성된 비트맵 이미지와 달리 벡터 이미지는 X, Y 좌표와 수학적 수치로 이미지를 생성하기 때문에 해상도에 독립적이며 크기를 조절해도 품질이 손상되지 않습니다. 주로 캐릭터, 로고, 아이콘, 일러스트레이션 등의 그래픽 작업에 널리 사용합니다.

벡터 이미지를 제작하는 대표적인 도구로 일러스트레이터가 있습니다. 벡터 편집 도구를 사용하면 고품질 이미지를 원하는 대로 자유롭게 크기를 조절하며 만들 수 있어 다양한 디자인 작업에 활용됩니다.

비트맵(bitmap) 이미지

벡터(vector) 이미지

확대한 비트맵 이미지와 벡터 이미지의 차이

06-2 | 그래픽 요소에는 어떤 것이 있나요?

웹 디자인의 중요한 그래픽 요소에는 아이콘, 배경, 바운더리 등이 있습니다. 이러한 요소들은 시각적으로 정보를 전달하는 주요 매개체 역할을 합니다. 대표적인 그래픽 요소에 대해 자세히 살펴보겠습니다.

아이콘

아이콘^{icon}은 웹 페이지의 정보를 탐색하고 상호작용하기 위한 의미를 담은 작은 그래픽 요소입니다. 사용자가 빠르게 인식할 수 있도록 작고 간결하게 디자인합니다. 약 $16 \times 16px$ 정도로 축소되어도 인식하기 쉬워야 합니다.

아이콘

웹 사이트에 콘텐츠가 많은 경우 작은 아이콘을 활용하면 공간을 효율적으로 활용할 수 있습니다. 특히 상품이나 콘텐츠가 다양한 쇼핑몰 웹 사이트에서 아이콘을 많이 활용합니다. 여기에 간단한 설명을 더해 주는 레이블을 함께 조합하면 사용자가 필요한 정보를 더욱 쉽게 찾을 수 있습니다.

아이콘은 웹 페이지의 시각 요소를 더욱 풍부하게 만들어 줍니다. 단, 이때는 웹 사이트의 메인 색상이나 디자인 콘셉트를 고려하여 디자인 일관성을 유지해야 사용자가 웹 사이트를 보다 편안하게 이용할 수 있습니다.

위메프(wemakeprice.com)

한 걸음 더!　레이블이란?

레이블^{label}은 데이터의 내용을 설명하는 요소를 말합니다. 일반적으로 의류에 붙어있는 라벨을 생각하면 됩니다. 이 라벨에는 섬유의 재질, 세탁법, 보관법 등과 같은 상세한 정보가 기록되어 있습니다.

의류에 붙어있는 라벨 속 정보들

이처럼 웹 사이트를 만들 때 정보를 분류하거나 텍스트로 이름을 부여하는 작업을 레이블링^{labeling}이라 합니다.

레이블은 웹 사이트의 내용을 사용자에게 전달하는 사용자 인터페이스의 중요한 요소입니다. 주로 타이틀, 메뉴, 버튼, 폼 레이블, 알림 메시지 등으로 표시되는데, 이는 사용자가 웹 페이지를 이해하고 콘텐츠를 쉽게 탐색할 수 있도록 돕는 역할을 합니다.

네이버(naver.com)

레이블을 제작할 때 중요한 점은 사용자가 쉽게 이해할 수 있도록 명확하고 직관적인 문구를 사용하는 것입니다. 간결하고 효과적인 레이블은 사용자 경험과 웹 사이트 접근성을 향상시킵니다. 또한 웹 사이트의 디자인 콘셉트와 일관성 있는 스타일과 색상을 사용하여 디자인해야 합니다.

배경

배경^{background}은 시각적 계층 구조에서 가장 아래에 위치하는 요소로 색상, 이미지, 동영상, 패턴 등으로 구성됩니다. 배경은 콘텐츠와 조화를 이루어 정보를 더욱 돋보이게 하도록 설계해야 합니다.

또한 배경은 웹 페이지의 전반적인 느낌을 결정하는 데 중요한 역할을 합니다. 따라서 웹 사이트에서 전달하고자 하는 메시지를 사용자가 명확히 파악할 수 있도록 색상, 이미지, 동영상 등을 잘 조합하여 만들어야 합니다. 배경은 페이지 가독성과 사용성에도 영향을 줍니다. 콘텐츠와의 대비를 고려하여 텍스트와 그래픽 요소가 잘 보이도록 배경을 선택하고, 너무 눈에 띄거나 혼란스러운 배경은 사용자 경험을 해칠 수 있으므로 신중히 고려합니다.

1theK(1thek.com)

마이밀 프로틴 리저브(proteinreserve.
com/html/brand_journey.php)

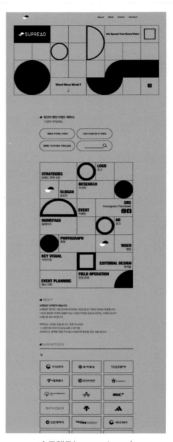

슈프레드(supread.com)

다양한 스타일의 배경 활용 사례

바운더리

바운더리^{boundaries}는 웹 디자인 작업에서 구성 요소의 범위를 결정하는 구분선을 말합니다. 각 요소들은 바운더리를 기준으로 배치되며 이는 페이지의 가독성과 사용성을 높이는 역할을 담당합니다. 주로 사용되는 바운더리 요소로는 보더^{border}, 컨테이너^{container}, 박스^{box}, 그리드^{grid}, 섹션^{section} 등이 있습니다.

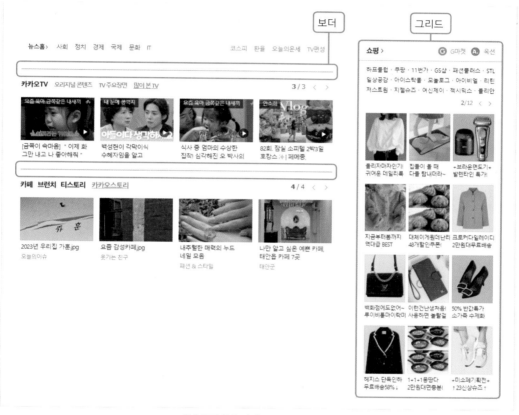

바운더리 활용 사례(다음: daum.com)

06장 | 실전 과제

지금까지 배운 내용을 활용해 과제를 해결해 보세요!

01 시각적으로 매력적인 이미지, 아이콘, 배경 요소가 적용된 웹 사이트 사례를 찾아보세요.

02 웹 디자인 요소 중 바운더리로 웹 요소가 잘 정리된 웹 사이트 사례를 찾아보세요.

07

각각의 색에는 의미가 있다! — 색상

● ○ ○

색상은 디자인의 핵심 요소 중 하나로 브랜드, 제품, 그래픽, 웹/앱, 포스터 등 다양한 디자인 분야에서 메시지 전달과 브랜딩 등에 중요한 역할을 합니다. 색상을 잘 선택하면 그 어떤 디자인보다도 강력한 메시지를 전달할 수 있습니다. 07장에서는 색상의 역할과 중요성을 이해하고 웹 사이트에서 색상을 활용해 메시지를 효과적으로 전달하는 방법을 살펴보겠습니다.

07-1   웹 디자인에서 색상은 어떻게 표현할까요?

07-2   병원 웹 사이트는 왜 파란색을 많이 쓸까? — 색상 활용법

07-3   색상 선택에 도움을 주는 8가지 레퍼런스 웹 사이트

학습 목표

1. 웹 디자인의 색상 표현 방식을 이해합니다.
2. 웹 디자인에서 색상의 역할과 특징을 이해합니다.
3. 색상 선택을 위한 유용한 레퍼런스 웹 사이트를 알아봅니다.

07-1 | 웹 디자인에서 색상은 어떻게 표현할까요?

색은 빛의 파장 길이와 강도에 따라 다양하게 표현됩니다. 빨간색, 파란색, 초록색, 노란색 같은 기본 색상을 조합하면 무한한 색조를 만들어 낼 수 있습니다. 이번 절에서는 웹 디자인에서 다양한 색상을 표현하는 방식을 알아보겠습니다.

웹 디자인의 색상

마케팅과 디자인 분야에서 중요한 업적을 남긴 미국의 색채학자 루이스 체스킨^{Louis Cheskin}은 "인간 행위의 90%는 감정에 의해, 10%는 이성에 의해 유발된다"고 말했습니다. 그리고 감정을 자극하는 인간의 오감 중 시각이 차지하는 비중은 87%인데, 시각 중에서도 색은 60%를 차지한다고 합니다. 이는 잘 사용한 색상이 강렬한 인상을 주어 기억에도 오래 남을 수 있다는 것을 의미합니다.

강렬한 인상을 남기는 색상

웹 디자인에서도 색상은 중요한 디자인 요소 중 하나로 브랜드의 시각적 아이덴티티를 형성하는 역할을 합니다. 특정 색상이 브랜드와 결합하면 그 색상만 봐도 브랜드를 쉽게 인식할 수 있습니다. 예를 들면 코카콜라의 빨간색, 카카오의 노란색, 네이버의 초록색 등이 있습니다. 또한 색상은 시각적으로 메시지를 전달할 수도 있습니다. 효과적인 색상 선택으로 디자인이 품고 있는 메시지를 전달하거나 강조할 수 있으며, 사용자의 시선을 원하는 방향으로 유도할 수도 있습니다.

이와 같이 색상은 사용자의 인상과 감정에 영향을 미치므로 웹 사이트의 목적과 브랜드의 메시지를 고려하여 적절하고 효과적인 색상을 선택하는 것이 중요합니다.

색상 표현 방식 — RGB, CMYK

색상 표현 방식은 2가지로 RGB와 CMYK가 있습니다. 각각의 방식을 살펴보겠습니다.

RGB

RGB(Red, Green, Blue)는 빛을 이용한 색 표현 방식으로 **디지털 컬러**digital colors라고 합니다. 주로 컴퓨터나 디지털 장치에서 사용되며 빛의 삼원색인 빨간색red, 초록색green, 파란색blue의 3가지 기본 색상을 조합하여 수많은 색을 만들어 냅니다. 컴퓨터 전원을 켜기 전 모니터는 검은색이지만 전원을 켜는 순간 빛이 들어와 색이 표현되는 것입니다. 이러한 RGB 색상 조합 방식을 **가산 혼합**이라고 합니다. RGB 색상은 0부터 255까지의 값으로 표현되며 이 값의 조합으로 색상의 밝기와 채도를 나타냅니다. 또한 RGB의 모든 색상을 모두 더하면 흰색이 됩니다.

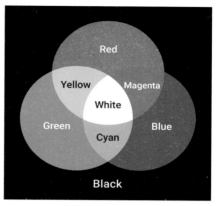

RGB 색상

CMYK

CMYK(Cyan, Magenta, Yellow, Black)는 인쇄물을 만들기 위해 사용되는 색상 조합 방식으로 시안cyan, 마젠타magenta, 옐로우yellow, 블랙black의 4가지 기본 색상을 사용합니다. 인쇄물을 출력할 때는 여러 색상을 스프레이로 뿌리듯이 섞는데, 이러한 방식을 **감산 혼합**이라고 합니다.

CMYK는 염료의 3원색에 검은색을 추가한 것입니다. 시안, 마젠타, 옐로우 이 3가지 색상을 모두 더하면 이론적으로는 검은색이 되어야 합니다. 그러나 현실에서는 아무리 더해도 완벽한 검은색 대신 진한 갈색이 나옵니다. 따라서 이론과 현실의 차이를 극복하기 위해 'Key(Black)'를 추가로 사용합니다. 이렇게 CMYK 색상은 4가지 기본 색상을 조합하여 인쇄물을 제작하는 데 사용됩니다.

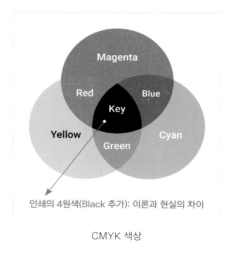

인쇄의 4원색(Black 추가): 이론과 현실의 차이

CMYK 색상

RGB와 CMYK는 디지털 장치와 인쇄물이라는 각각의 목적에 맞게 활용하는 것이 중요합니다. 웹 사이트나 디지털 디자인 작업에는 RGB를, 인쇄물 디자인이나 인쇄 작업에는 CMYK를 사용해야 합니다. 디지털 화면에서 작업을 해도 실제 인쇄물은 인쇄소에 맡기기 전에 반드시 직접 프린트해 봐야 합니다. 디지털 화면에서 본 색상과 실제 출력물의 색상은 차이가 발생할 수 있습니다.

웹 색상 표현 방식

선정한 색상을 웹 디자인에 사용하려면 CSS 코드로 표현해야 합니다. 표현 방식은 총 5가지입니다.

1. 색상 이름으로 표현

미리 정의된 색상 이름으로 표현하는 방식입니다. 예를 들어 'red', 'blue', 'green', 'white', 'black' 등과 같이 미리 정의된 이름이 있는 일부 색상은 해당 이름을 사용합니다. 그러나 수많은 색상을 모두 이름으로 표현하기에는 한계가 있습니다.

2. RGB로 표현

RGB 색상 코드를 사용하여 표현하는 방식으로 0부터 255 사이의 정수로 표현합니다. 예를 들어 빨간색은 'rgb(255, 0, 0)', 초록색은 'rgb(0, 255, 0)', 파란색은 'rgb(0, 0, 255)', 흰색은 'rgb(255, 255, 255)', 검은색은 'rgb(0, 0, 0)'과 같이 표현하는 식입니다.

3. 16진수 코드로 표현

16진수 코드를 이용하여 RGB값을 표현하는 방식입니다. '#' 기호 뒤에 6자리 영문자와 숫자를 혼합하여 표현합니다. 색상값은 '00(최솟값)'부터 'FF(최댓값)' 사이의 16진수로 나타냅니다. 예를 들어 흰색은 RGB가 모두 가득 찬 '#ffffff'로, 검은색은 RGB가 모두 꺼져있는 상태이므로 '#000000'으로 표현합니다. 빨간색은 '#ff0000', 초록색은 '#00ff00', 파란색은 '#0000ff'와 같이 표현합니다.

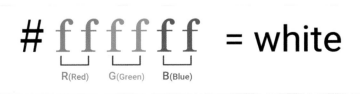

16진수 코드법

웹 디자인에서 16진수 코드를 사용하면 정확한 색상을 표현할 수 있어 주로 이 방식을 많이 사용합니다. 16진수 코드값은 디자인 툴에서 확인할 수 있습니다. 포토샵에서는 컬러 피커Color Picker에서 확인하면 됩니다.

포토샵 16진수 코드 확인

4. RGBA 표현

RGBA는 RGB에 투명도(알파값, Alpha)를 지정하는 방식입니다. 알파값은 0(투명)부터 1(불투명)까지의 범위 안에서 실수로 표현합니다. 예를 들어 빨간색의 반투명은 'rgba(255, 0, 0, 0.5)'와 같이 표현합니다. 이때 마지막 숫자 0.5는 해당 색상이 50% 투명도인 반투명임을 나타냅니다.

RGBA 표현 방식은 주로 웹 디자인에서 특정 요소를 투명하게 처리하거나 다른 요소와 겹칠 때 효과적으로 활용됩니다. 예를 들어 배경 이미지 위에 텍스트를 가독성 좋게 표시하기 위해 배경 색상에 알파값으로 투명도를 주는 경우가 많습니다. 이러한 표현 방식은 CSS 작업에서 다양한 효과를 구현하는 데에도 도움이 됩니다.

5. HSL로 표현

HSL은 색상Hue, 채도Saturation, 밝기Lightness를 사용하여 색을 표현하는 방식입니다. 색상값은 0부터 360 사이의 각도로 표현하며, 채도와 밝기의 값은 0부터 100 사이의 백분율로 나타냅니다. 예를 들어 'hsl(240, 100%, 50%)'과 같이 표현하거나 RGBA와 마찬가지로 알파 값을 추가하여 투명도를 조절할 수도 있습니다.

HSL 표현 방식은 RGB와 달리 색상, 채도, 밝기를 각각 독립적으로 설정해서 다양한 색으로 쉽게 변형할 수 있다는 장점이 있습니다. 특히 웹 디자인에서는 더욱 생생하고 다채로운 색상 효과를 표현하고자 할 때 유용하게 사용됩니다.

07-2 병원 웹 사이트는 왜 파란색을 많이 쓸까?
─ 색상 활용법

색상은 웹 사이트의 전반적인 분위기를 주도하며 회사의 브랜딩뿐만 아니라 사용자 경험과 메시지 전달에도 큰 영향을 미칩니다. 따라서 색상을 선택할 때는 웹 사이트의 주요 목적과 브랜드 메시지를 고려하는 것이 중요합니다. 색상만 잘 선택해도 의도한 메시지를 쉽고 명확하게 전달할 수 있습니다. 색상은 레이아웃에도 활용됩니다. 이번에는 레이아웃에서 색상을 활용하는 자세한 방법과 색상별 특징을 알아보겠습니다.

색상 그룹화

색상만 활용해 서로 관련 있는 콘텐츠를 비슷한 유형끼리 묶어 줄 수 있습니다. 색상 그룹화는 사용자가 웹 사이트의 구조를 더 쉽게 이해할 수 있어 사용성을 높이는 데 도움이 됩니다.

트니트니(teuni.com)

알툴즈(altools.co.kr)

삼성영어 셀레나(samsungenglish.com)

색상 강조

강조하고자 하는 영역에 포인트 색상을 주면 시선을 집중시키는 효과가 있습니다. 또한 대비를 활용하여 강조 효과를 얻을 수도 있습니다. 특히 배경과 텍스트 사이의 대비를 조절하면 텍스트를 더욱 또렷하게 강조하여 가독성을 높일 수 있습니다.

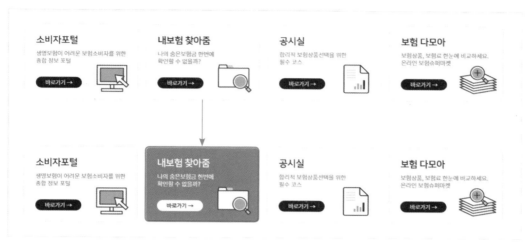

생명보험협회(www.klia.or.kr)

브랜딩 색상 활용

색상은 브랜드의 아이덴티티를 형성하고 사용자에게 브랜드 이미지를 각인시키는 데 도움이 됩니다. 제주항공, 카카오, 코카콜라, 네이버 등과 같은 기업은 각자의 브랜드 색상을 잘 활용하여 브랜드 이미지를 강력하게 구축하고 있습니다.

제주항공(jejuair.net)

카카오(kakaocorp.com)

주조색, 보조색, 강조색 활용

웹 디자인을 1가지 색상으로만 하는 경우는 거의 없지만 너무 많은 컬러를 사용하는 것도 바람직하진 않습니다. 색상을 계획할 때는 주조색, 보조색, 강조색이라는 3가지 주요 색상을 활용합니다.

일반적으로 **주조색**은 웹 사이트의 주요 요소나 배경에 사용합니다. 버튼, 링크, 아이콘과 같은 부가 요소에는 **보조색**과 **강조색**을 활용합니다. 이렇게 구성된 컬러는 전체 웹 사이트의 분위기를 이끌어내는 데 중요한 역할을 합니다.

IBK기업은행(mybank.ibk.co.kr)

색상을 일관성 있게 사용하려면 색상 규칙을 정한 UI 스타일 가이드라인을 활용합니다. 특히 규모가 큰 웹 사이트 개발에 이를 활용하면 디자인을 일관성 있게 유지할 수 있습니다. 웹 사이트 시안 작업이 완료되면 메인 웹 디자이너가 UI 스타일 가이드라인을 작성합니다. 이를 기준으로 남은 페이지를 조금씩 변형해 디자인하면 여러 명의 디자이너가 작업하더라도 마치 한 명이 만든 것처럼 일관성을 유지할 수 있습니다.

UI 스타일 가이드라인(출처: dribble.com)

색상별 특징과 활용 사례

색상은 웹 사이트의 전반적인 인상에 큰 영향을 미칩니다. 각 색상의 고유한 특징을 이해하면 웹 사이트의 목적에 맞는 색상을 효과적으로 활용할 수 있습니다. 대표적인 색상의 특징과 웹 사이트 활용 사례를 살펴보겠습니다.

빨간색

빨간색^{red}은 강렬하고 에너지가 넘치는 컬러로 사람들의 시선을 자극하고 주의를 끕니다. 사랑, 열정, 식욕, 에너지, 활력, 용기, 위험, 재난과 같은 감정을 상징하며, 특히 식욕을 자극하는 대표적인 색상으로 음식 관련 주제에 많이 활용합니다. 예를 들어 바쁜 사람들이 빠르게 식사하는 패스트푸드점은 매장 인테리어가 빨간색인 경우가 많습니다. 빨간색이 식욕을 자극하고 테이블 회전율을 높이는 색상이기 때문입니다. 식사를 하다 보면 '너무 오래 앉아 있었나?'라는 생각이 들어 금방 일어나게 만드는 효과가 있습니다.

죠스 떡볶이(jawsfood.co.kr)　　　　　피자헛(pizzahut.co.kr)

웹 디자인에서도 긍정적인 감정을 자극하고 시선을 끌어야 하는 영역에 빨간색을 사용하는 것이 좋습니다. 그러나 너무 쨍하고 형광이 많이 섞인 빨간색은 디지털 화면에서 볼 때 눈이 시리므로 주의합니다. 빨간색은 핵심적인 부분에만 포인트를 주는 용도로 사용하고, 넓은 영역에 사용할 때는 채도를 낮추는 것이 좋습니다.

주황색

주황색^{orange}은 에너지와 친근함, 활기를 상징합니다. 활동적이고 즐거운 움직임, 유쾌한 이미지를 전달하여 전반적으로 긍정적인 분위기를 조성합니다. 웹 디자인에서는 주요 버튼이나 할인 정보처럼 강조해야 할 부분 등에 주황색을 사용하여 시선을 집중시킵니다.

광동제약 비타500(ekdp.com)　　제주항공(jejuair.net)　　한화그룹(Hanwha.co.kr)

노란색

노란색^{yellow}은 밝고 쾌활한 느낌을 주며 기쁨, 희망, 행복 등 따뜻하고 활동적인 분위기를 연출하는 데에 많이 사용합니다. 긍정적이면서 따뜻한 분위기의 웹 사이트를 연출하는 데 적합하며, 특히 어린이와 관련된 웹 사이트에 많이 활용합니다. 하지만 지나치게 밝고 채도가 높은 노란색은 사용자에게 불쾌감을 줄 수 있고 글자에 사용하면 가독성이 떨어질 수 있습니다. 따라서 노란색을 사용할 때는 톤을 잘 조절하고 주요 콘텐츠와 잘 조화되도록 구성하는 것이 중요합니다.

이마트24(emart24.co.kr)　　카카오뱅크(kakaobank.com)　　로보토리(robotori.co.kr)

초록색

초록색^{green}은 자연 및 환경과 연관된 색상으로 성장과 건강을 상징합니다. 친환경적인 이미지를 상징해 환경 보호, 지속 가능성, 재활용 등과 같은 메시지를 전달하는 데에도 적합합니다. 많은 기업에서 초록색을 사용하여 친환경 브랜드 이미지를 구축하고 있습니다.

건강한 지구를 위해
네이버 Green 계획

종근당 바이오
(ckdbio.com/home)

풀무원(pulmuone.co.kr)

네이버 환경
(campaign.naver.com/environment)

SK배터리 인재양성 프로그램
(skbep.kaist.ac.kr)

파란색

파란색^{blue}은 신뢰감과 안정감을 상징하는 색상입니다. 따라서 전문성과 안정성을 강조하거나 진중하고 견고한 분위기를 표현하는 기업이나 병원, 첨단 제품을 소개하는 웹 사이트에서 많이 활용합니다. 또한 파란색은 색상 조절로 다양한 효과를 낼 수 있습니다. 진한 파란색은 신뢰성과 안정성을 강조하는 데 적합한 반면, 연한 파란색은 부드러운 분위기를 조성하여 친근한 느낌을 줄 수 있습니다. 이는 다른 색상과도 조화롭게 어우러져 다양하게 활용할 수 있습니다.

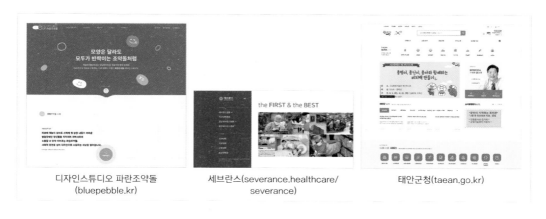

디자인스튜디오 파란조약돌
(bluepebble.kr)

세브란스(severance.healthcare/
severance)

태안군청(taean.go.kr)

보라색

보라색purple은 로열티와 귀족적인 이미지를 상징합니다. 이는 예술성과 감수성, 신비함, 우아함 등을 연상시킵니다. 보라색은 빨간색과 파란색의 조합으로 이루어져 있어 색상 자체만으로도 풍부한 의미를 담고 있습니다. 따라서 웹 사이트에서 보라색을 사용하면 고급스럽고 특별한 느낌을 전달할 수 있습니다. 우아한 중년의 여성이나 예술과 관련된 주제에 활용하기도 합니다.

바니(vani.la) 메가박스(megabox.co.kr) 유플러스 유모바일(uplusumobile.com)

분홍색

분홍색pink은 사랑, 로맨스, 애정, 감성, 다정함 등을 상징합니다. 온화하고 여성스러운 느낌을 주기 때문에 주로 여성과 관련된 브랜드 웹 사이트에서 로맨틱한 분위기를 전달하는 데에 사용합니다. 특히 귀엽고 사랑스러운 감성을 표현할 때 효과적이어서 아기용품, 화장품, 패션 브랜드, 결혼식과 같은 이벤트 웹 사이트에서도 자주 볼 수 있습니다.

훼라민Queen(feraminqueen.co.kr) 에뛰드(etude.com) 카페띠아모(ti-amo.co.kr)

갈색

갈색^{brown}은 자연, 따뜻함, 안정성, 성숙함, 격조, 고급스러움을 상징합니다. 땅 색, 나무 색, 곡물 색 등과 같이 다양한 자연 톤과 어우러지므로 따뜻하고 편안한 분위기를 연출하는 데에 좋습니다. 특히 여행, 호텔, 레스토랑, 주택 등과 관련된 주제에 효과적으로 적용할 수 있습니다. 또한 갈색은 성숙함과 신뢰성을 상징하므로 금융 기관이나 산업 분야에서 안정성을 강조하는 데도 적합합니다.

광동 우황청심원
(ekdp.com)

화성파크드림
(suseong-parkdream.com)

법무법인 김앤파트너스
(kimnpartners.co.kr)

회색

회색^{gray}은 중립적, 고급, 단호함을 상징합니다. 어떤 색상과도 잘 어우러지는 중립적인 톤이어서 쉽게 조화를 이룰 수 있습니다. 또한 시선을 분산시키지 않고 콘텐츠에 집중할 수 있도록 도와주는 효과도 있습니다. 웹 사이트에서는 중후하면서도 모던한 고급스러운 분위기를 연출하는 데에 주로 사용합니다.

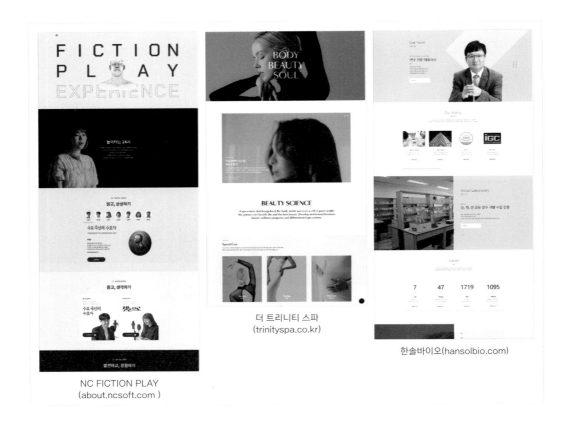

NC FICTION PLAY
(about.ncsoft.com)

더 트리니티 스파
(trinityspa.co.kr)

한솔바이오(hansolbio.com)

지금까지 웹 디자인에서 주로 활용되는 대표적인 색상의 특징과 사례를 살펴보았습니다. 색상은 사용자의 인상과 경험에 큰 영향을 미치므로 웹 사이트의 목적과 브랜딩을 고려하여 적절하게 사용하는 것이 중요합니다.

07-3 | 색상 선택에 도움을 주는 8가지 레퍼런스 웹 사이트

색상은 웹 사이트의 사용성과 심미성을 결정하는 중요한 부분이지만 조합하는 것이 생각보다 쉽지 않습니다. 특히 색상을 다뤄 본 경험이 부족한 경우 조화로운 색상을 선택하는 것이 더욱 어려울 수 있습니다. 웹 사이트를 디자인할 때 1가지 색상만 사용하는 경우는 드뭅니다. 따라서 여러 가지 색상을 조화롭게 조합하는 것이 매우 중요합니다. 이러한 상황에서 도움을 받을 수 있는 유용한 웹 사이트를 8가지를 소개하겠습니다.

1. 어도비 컬러

어도비 컬러^{Adobe Color}는 어도비에서 개발한 공식 색상 도구입니다. 이 도구를 사용하면 유사, 단색, 보색, 혼합 등의 휠 도구나 이미지에서 5개의 색상을 추출하여 팔레트를 만들 수 있습니다. 또한 원하는 색상이나 분위기, 키워드를 이용하여 색상을 검색할 수 있으며, 관련 커뮤니티에서 최신 트렌드 색상 동향을 파악할 수도 있습니다. 관심 있는 색상 차트는 개인 라이브러리에 저장하거나 이미지 형태로 내려받을 수 있습니다.

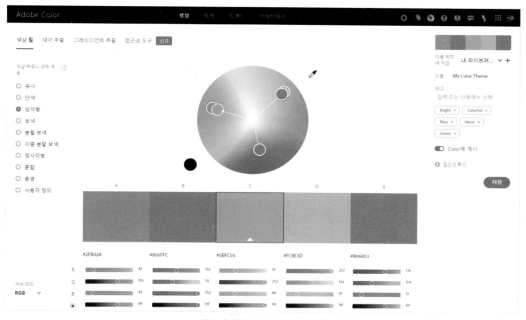

어도비 컬러(color.adobe.com)

2. 컬러 헌트

컬러 헌트Color Hunt는 다양한 분야의 디자이너들이 제작한 멋진 색상 팔레트를 탐색할 수 있는 플랫폼입니다. 인기 팔레트와 최신 팔레트를 확인할 수 있으며, 검색 기능을 통해 원하는 분위기나 스타일에 맞는 팔레트를 쉽게 찾을 수 있습니다. 또한 팔레트를 클릭하면 색상 값을 손쉽게 복사하여 CSS 작업에 유용하게 활용할 수 있습니다. 4개의 색상으로 구성된 팔레트를 PNG 형식의 파일로 저장할 수도 있어 매우 편리합니다.

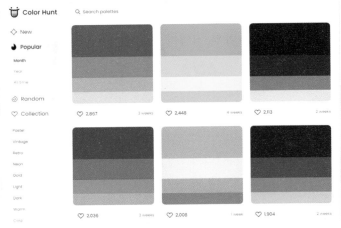

컬러 헌트(colorhunt.co)

3. 쿨러스

쿨러스Coolors는 색상 팔레트 생성 도구를 제공하는 웹 사이트로 5가지 색상을 조합하여 멋진 팔레트를 만들 수 있습니다. 무작위 색상 조합뿐만 아니라 특정 색상을 기반으로 한 여러 조합을 만들어 주며, 색상 대비도를 확인할 수 있습니다. Spacebar를 눌러 랜덤으로 구성하거나 마음에 드는 컬러만 따로 골라 구성할 수 있어 편리합니다. 공유 기능을 통해 다른 디자이너들과 팔레트를 손쉽게 공유할 수도 있습니다.

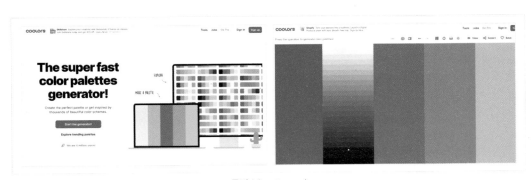

쿨러스(coolors.co)

4. 플랫 UI 컬러즈

플랫 UI 컬러즈^{Flat UI Colors}는 플랫 디자인에 적합한 다양한 색상 팔레트를 제공하는 웹 사이트입니다. 전문 웹 디자이너와 개발자가 플랫 디자인 스타일에 어울리는 아름다운 색상 조합을 찾도록 도와줍니다. 각 팔레트에서는 사용된 색상들의 HEX 코드와 RGB 값을 확인할 수 있어 디자인 작업에서 색상을 쉽게 적용하고 조합할 수 있습니다.

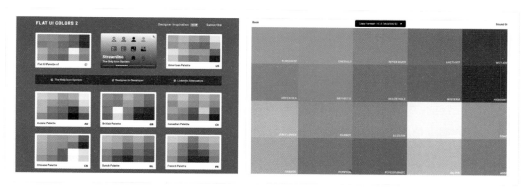

플랫 UI 컬러즈(flatuicolors.com)

5. 마이 컬러 스페이스

마이 컬러 스페이스^{My Color Space}는 다양한 색상 팔레트를 생성하고 색상 사이의 대비를 검사하는 기능을 제공하는 웹 사이트입니다. 1가지 색상을 정하면 나머지 색상 조합을 자동으로 추천해 줍니다. 추천된 색상 중에서 원하는 색상을 골라 팔레트를 만들 수 있으며, 약 25가지 색상 조합의 색상 코드 정보를 확인하고 편집할 수도 있습니다.

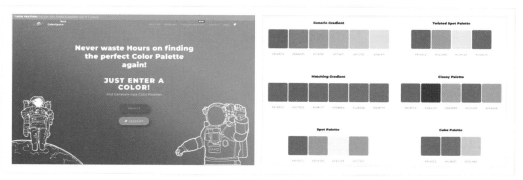

마이 컬러 스페이스(mycolor.space)

그레이디언트 컬러

그레이디언트 컬러는 2개 이상의 색상이 서서히 혼합되어 변화하는 효과를 가리키며 웹 디자인에서 많이 활용하는 시각 효과 중 하나입니다. 웹 디자인에 그레이디언트 컬러를 능숙하게 사용하면 감각적이고 매력적인 사이트를 만들 수 있습니다. 그러나 색상 조합이 조금만 부적절해도 촌스러워 보이는 경우가 흔합니다. 그레이디언트 컬러를 사용하는 데 도움을 받을 수 있는 사이트 3가지를 소개합니다.

1. 그레이디언트 헌트

그레이디언트 헌트^{Gradient Hunt}는 다양한 그레이디언트 컬러를 공유하는 웹 사이트로, 감각적인 최신 색상 조합과 인기 있는 그레이디언트 컬러를 탐색할 수 있습니다. 마음에 드는 컬러는 PNG 파일이나 CSS 소스로 내려받을 수 있어 편리합니다.

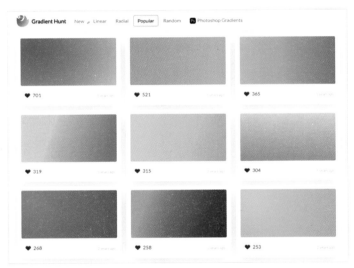

그레이디언트 헌트(gradienthunt.com)

2. UI 그레이디언트

UI 그레이디언트^{UI Gradient}는 다양하면서도 감각적인 그레이디언트 컬러를 제공하는 곳으로 원하는 스타일과 분위기에 맞는 그레이디언트를 탐색할 수 있습니다. 이와 더불어 해당 그레이디언트를 구현하는 데 필요한 CSS 코드도 제공해 복사하여 즉시 활용할 수 있습니다. 웹/앱 디자인이나 그래픽 디자인 등 다양한 분야에서 조화로운 그레이디언트 컬러를 찾는 데 유용한 사이트입니다.

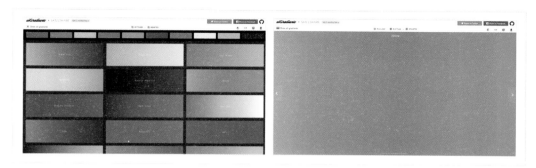

UI 그레이디언트(gradienthunt.com)

3. 웹 그레이디언츠

웹 그레이디언츠^{WEB Gradients}는 180여개의 그레이디언트 컬러를 무료로 제공합니다. CSS 코드를 내려받아 그레이디언트의 상세 정보를 확인할 수 있습니다. 검색 기능까지 활용할 수 있는 감각적이고 유용한 색상 참조 사이트입니다.

웹 그레이디언츠(webgradients.com)

07장 | 실전 과제

지금까지 배운 내용을 활용해 과제를 해결해 보세요!

01 다음 웹 사이트에서는 주조색, 보조색, 강조색으로 어떤 색상을 사용했는지 정리해 보세요.

청주톡톡: toktalk.cheongju.go.kr

02 다음 색상이 적용된 웹 사이트 사례를 찾고 특징 및 분위기를 정리해 보세요.

1) 빨간색

2) 초록색

3) 파란색

4) 분홍색

5) 갈색

08

크기, 간격, 정렬 — 타이포그래피

○ ○ ○

웹 사이트는 상당 부분을 텍스트로 정보를 전달합니다. 텍스트는 폰트 종류, 글자 크기, 줄 간격, 행 간격, 정렬 등을 조정하는 타이포그래피 원칙과 기술을 활용하여 디자인됩니다. 타이포그래피를 효과적으로 활용하면 텍스트가 보기 좋고 읽기 쉬워 웹 사이트의 전반적인 사용자 경험을 향상시키는 데 도움이 됩니다. 08장에서는 웹 디자인의 타이포그래피에 대해 알아보겠습니다.

08-1 폰트의 유형 — 세리프체와 산세리프체
08-2 웹 폰트와 가독성
08-3 가독성을 끌어 올리는 3가지 방법
08-4 무료 폰트를 제공하는 4가지 웹 사이트
08-5 웹 사이트에 아이콘 폰트 적용하기

학습 목표

1. 폰트의 유형과 특성을 이해합니다.
2. 웹 폰트를 이해하고 가독성 높은 디자인을 알아봅니다.
3. 웹 폰트를 최적화하는 방법을 이해합니다.
4. 무료 폰트를 제공하는 웹 사이트를 살펴봅니다.
5. 아이콘 폰트를 웹 사이트에 적용하는 방법을 알아봅니다.

08-1 | 폰트의 유형 — 세리프체와 산세리프체

폰트는 웹 디자인이나 인쇄물 등 다양한 디자인 작업에서 널리 사용됩니다. 이번 절에서는 세리프체와 산세리프체라는 2가지 폰트 유형의 특징에 대해 자세히 살펴보겠습니다.

세리프체

세리프체^{Serif font}는 글자의 끝에 돌기 또는 장식이 있는 폰트 스타일을 말합니다. 이 폰트는 고전적이면서 안정적인 느낌을 주며 가독성이 높아 주로 인쇄물, 책, 신문 등 긴 문장이나 글을 읽을 때 적합합니다. 한글 폰트로는 바탕체, 궁서체, 명조체 등이 대표적이며, 영문 폰트로는 가라몬드^{Garamond}, 타임즈 뉴 로만^{Times New Roman} 등이 있습니다.

바탕체　궁서체　명조체

대표적인 한글 세리프체

Garamond　Times New Roman

대표적인 영문 세리프체

세리프체

그러나 웹 사이트 제작 시에는 세리프체 사용을 최소화하는 것이 좋습니다. 세리프체를 디지털 화면에서 작은 폰트로 사용하면 돌기의 굵기 차이로 픽셀이 깨져 보여 가독성을 해칠 우려가 있습니다.

산세리프체

산세리프체^{Sans-serif font}에서 Sans는 프랑스어로 '없는'을 의미하며, 문자 끝에 돌기 또는 장식이 없어 깔끔하고 현대적인 느낌을 주는 폰트 스타일입니다. 주로 제목, 헤더, 간단한 문구 등에 많이 사용하며 키워드를 강조하거나 간결한 디자인 요소를 적용할 때 적합합니다. 특히 웹 사이트나 앱 화면 제작 시에 가독성이 높아 본문 텍스트에도 많이 사용합니다. 한글 폰트로는 굴림체, 돋움체, 나눔고딕 등이 있으며 영문 폰트로는 에어리얼^{Arial}, 로보토^{Roboto}, 베바스^{Bebas} 폰트 등이 대표적입니다.

굴림체 돋움체 나눔고딕

대표적인 한글 산세리프체

Arial **Roboto** BEBAS

대표적인 영문 산세리프체

산세리프체

웹 디자인에서 폰트를 선택할 때는 웹 사이트의 스타일을 고려하여 세리프체와 산세리프체 중 적합한 폰트를 선택해야 합니다. 또한 사용자 경험과 가독성을 고려하여 폰트 크기와 줄 간격 등을 조절하여 적용하도록 합니다.

08-2 | 웹 폰트와 가독성

웹 사이트 대부분의 콘텐츠는 글자로 정보를 전달합니다. 그런데 디자이너가 특별한 폰트로 아름답게 디자인해도 사용자의 디지털 기기에 해당 폰트가 없으면 기본 폰트로 변환되어 본래 디자인 의도가 사라집니다. 따라서 웹 사이트에 사용되는 폰트는 모든 사용자가 어떤 환경에서도 동일하게 확인할 수 있도록 해야 합니다. 이를 위한 웹 폰트와 웹 폰트의 가독성을 높이는 방법을 함께 알아보겠습니다.

웹 폰트

웹 폰트^{web font}란 말 그대로 웹 사이트에서 사용되는 글꼴을 의미합니다. 웹 브라우저는 기본적으로 사용자가 운영체제에 미리 설치해 둔 폰트만 사용합니다. 하지만 웹 폰트를 사용하면 특정 폰트를 서버에서 가져와 제공하므로 웹 사이트를 방문하는 사용자의 디지털 기기에 해당 폰트가 없어도 의도된 디자인대로 텍스트를 볼 수 있습니다.

가독성을 높이려면?

폰트를 사용할 때 가장 중요한 고려 사항은 가독성입니다. 가독성은 텍스트나 문서의 내용을 얼마나 이해하기 쉬운지를 나타내는 정도입니다. 가독성이 높을수록 사용자가 텍스트를 이해하고 정보를 습득하기 쉽습니다. 웹 폰트를 선택할 때는 디자인의 아름다움뿐만 아니라 사용자가 텍스트를 쉽게 읽을 수 있도록 고려해야 합니다. 웹 디자인에서 가독성을 높이기 위해 어떤 방법을 활용하면 좋은지 살펴보겠습니다.

폰트 크기

폰트 크기를 적절하게 설정하는 것은 가독성을 높일 때 고려해야 할 중요한 요소입니다. 글자 크기가 너무 작으면 내용을 읽기 어렵고 눈이 피로해질 수 있으며, 반대로 너무 크면 레이아웃이 혼잡해져 사용자 경험이 저하될 수 있습니다.

글자 크기는 웹 기본 크기인 16px을 기준으로 제목 폰트와 그 외 폰트 계층을 분리하는 것이 보편적입니다. 예를 들어 제목 폰트는 일반 본문 폰트보다 크게 설정하면 주목하게 만들 수 있습니다. 폰트 크기를 다양하게 활용하면 정보를 중요성에 따라 계층적으로 표현할 수 있습니다. 작은 폰트라도 14~15px 정도까지만 사용하는 것이 적당하며, 더 작게 사용하면 읽기 어려울 수 있으니 피하는 것이 좋습니다.

최근에는 반응형 웹 디자인을 위해 픽셀(px) 단위보다는 이엠(em) 또는 알이엠(rem) 단위를 사용하는 추세입니다. em과 rem은 W3CWorld Wide Web Consortium에서 권장하는 가변 폰트 단위로, 사용자의 브라우저 크기에 따라 자동으로 조정되어 가독성을 높여 줍니다. 이를 통해 사용자는 다양한 화면 크기에서 텍스트를 쾌적하게 읽을 수 있습니다. 반응형 웹 디자인 작업을 할 때는 화면 크기가 작다고 해서 무조건 폰트 크기를 줄이는 것은 적절하지 않습니다. 오히려 작은 화면에서는 폰트 크기가 어느 정도 커야 사용자가 글자를 편안하게 읽을 수 있으므로 가변 폰트를 이용하여 최적화된 화면을 제공해야 합니다.

▶ W3C는 1994년 설립된 웹 기술 표준 개발 비영리 기구로 HTML, CSS, 웹 접근성 등 다양한 분야의 웹 표준을 개발하여 안정적이고 효율적인 웹 환경을 지원합니다.

폰트 크기는 사용자 경험을 향상시키고 웹 사이트의 전반적인 품질을 높이는 데 결정적인 역할을 합니다. 따라서 디자이너는 가독성과 사용자 편의성을 고려하여 폰트 크기를 신중히 조정해야 합니다.

한 걸음 더!   **폰트 크기 자동 계산기 사이트 — 타입스케일**

타입스케일Typescale은 다양한 폰트 크기를 모아서 보여 주어 웹 사이트를 제작할 때 텍스트의 가독성과 디자인 요소를 고려하여 폰트 크기를 선택하는 데 큰 도움을 줍니다. 특히 웹 디자이너나 개발자들이 웹 사이트의 폰트 크기를 조정하면서 시각적인 효과를 미리 확인할 수 있어 효율적입니다. 또한 px 단위를 em이나 rem 단위로 변경하고 싶을 때 수치를 자동으로 계산해 주어 CSS 작업 시 편리합니다.

타입스케일(typescale.com)

자간과 행간

자간과 행간 역시 가독성에 영향을 미칩니다. 자간이란 글자 간격, 즉 글자와 글자 사이의 공간을 뜻합니다. 자간이 너무 좁으면 글자들이 밀집되어 읽기 어려우며, 자간이 너무 넓으면 단어를 묶어 주지 못해 가독성이 떨어질 수 있습니다.

폰트 스타일에 따라 다르지만 한글의 경우 기본값 그대로 설정하면 대체로 자간이 약간 넓어 보이는 경향이 있습니다. 이는 한글 글자가 자음과 모음으로 조합된 형태이므로 글자 간에 공백이 생기기 때문입니다. 이를 고려하여 한글 자간을 마이너스(−)로 조절하면 보다 균형 있고 아름다운 디자인을 구현할 수 있습니다.

포토샵 [Character]에서의 자간 설정

폰트 자간 설정

자간을 조절할 때는 일반적으로 −25~−75 사이의 값을 적용하는 것이 적절합니다. 물론 절대적으로 지켜야 하는 규칙은 아닙니다. 폰트 크기가 작은 경우 자간에 너무 많은 마이너스값을 주면 오히려 가독성이 떨어질 수 있습니다. 따라서 폰트 크기에 따라 적절한 범위에서 자간을 조절하는 것이 중요합니다. 반대로 영문 폰트와 숫자는 자간에 마이너스값을 주면 글자 사이가 너무 붙어 보이므로 기본값은 그대로 사용하는 것을 권장합니다.

다음 이미지처럼 한글 자간을 마이너스값으로 조절하면 가독성이 좋아집니다. 미세한 수치로 자간을 조절하기만 해도 웹 디자인의 완성도를 높이는 데 큰 영향을 미칩니다.

기본 자간   자간 마이너스 조절

폰트 자간 설정

행간이란 글자에서 한 줄과 다음 줄 사이의 간격을 의미하며, 라인 간격^{line spacing}이라고도 합니다. 행간이 너무 좁으면 글자들이 서로 교차되거나 뭉쳐 보이는 현상이 생겨 읽기 매우 어려워집니다. 반대로 행간이 너무 넓으면 텍스트 영역이 커져서 공간을 효율적으로 사용하기 어렵기 때문에 페이지 디자인에 그다지 좋지 않습니다.

일반적으로 행간은 해당 글자의 크기에 따라 상대적으로 조정합니다. 글자 크기가 크면 행간도 크게 설정하여 가독성을 높이고, 반대로 글자 크기가 작으면 행간도 적절히 줄여서 조밀하게 표현합니다. 적절한 행간 설정은 사용자가 텍스트를 편안하게 읽을 수 있도록 도와줄 뿐만 아니라 디자인의 완성도를 높여줍니다.

| 포토샵 [Character]에서 행간 설정 | 폰트 크기와 같은 행간을 설정했을 때 | 폰트 크기보다 약 1.6배 행간을 설정했을 때 |

폰트 행간 설정

폰트 스타일과 두께

폰트 스타일과 두께는 웹 디자인에서 가독성을 좌우하는 중요한 요소입니다. 특히 강조해야 할 부분에 적절한 폰트와 두께를 설정하면 사용자의 주의를 끌어낼 수 있습니다. 이렇게 폰트에 리듬감을 부여하면 단조로움을 피하고 중요한 문구를 사용자에게 빠르게 전달할 수 있습니다.

웹 사이트의 콘셉트와 브랜딩에 맞는 적절한 폰트 스타일을 선택하고 중요한 내용이나 제목은 두께를 굵게 표시하면 사용자가 주목하도록 유도할 수 있습니다. 본문 텍스트는 일반적인 두께로 설정하여 가독성을 높이는 것이 좋습니다.

머스트잇(mustit.co.kr/etc/selling_event)　　　　하프클럽(halfclub.com)

폰트 대비

가독성을 위해 폰트 색상과 배경의 대비를 고려해야 합니다. 폰트와 배경 사이의 대비를 높이면 텍스트를 더욱 두드러지게 만들 수 있습니다. 모호한 대비는 텍스트를 읽기 어렵게 만들며 정보 전달에 혼란을 주고 눈을 피로하게 합니다.

가독성 떨어짐　　　　가독성 향상됨

폰트 색상과 배경의 대비

08-3 | 가독성을 끌어 올리는 3가지 방법

웹 사이트 제작 시 사용되는 폰트는 이미지와 마찬가지로 웹 페이지의 용량을 차지합니다. 따라서 폰트의 개수를 제한하고 웹 사이트에 어울리게 최적화하는 것이 중요합니다. 웹 폰트를 최적화하여 활용하는 방법을 알아보겠습니다.

폰트 개수는 최소한으로 사용해요

폰트는 반드시 필요한 것만 최소한으로 사용해야 합니다. 무분별하게 사용하면 용량이 늘어나고 웹 페이지의 디자인 일관성도 해치게 됩니다. 웹 폰트 또한 UI 스타일 가이드라인에 따라 계획 있게 관리하는 것이 중요합니다.

일반적으로 한 웹 사이트에는 2~3개 정도의 폰트를 사용하는 것을 추천합니다. 강조하기 위한 타이틀용과 본문용을 나눠서 사용하고 영문이나 숫자를 위한 폰트를 추가로 하나 더 선택하는 것이 좋습니다. 또한 폰트의 두께, 색상, 크기 등을 조절하여 계층을 나누면 한정된 폰트 수로도 다양한 디자인 효과를 얻을 수 있습니다.

폰트의 계층 구조(출처: m2.material.io)

웹 사이트에서 지나치게 많은 폰트를 사용하면 **플리크**^{flick} 현상이 발생할 수 있습니다. 이는 웹 브라우저에서 웹 페이지를 로딩하거나 스크롤할 때 시간이 걸리면서 폰트가 미세하게 깜박거리는 현상을 의미합니다. 사용자가 가지고 있는 시스템 폰트를 우선 불러오다가 웹 폰트로 교체하는 과정에서 로드해야 할 폰트가 너무 많으면 플리크 현상이 나타납니다.

웹 사이트에서 사용하는 폰트 개수를 적절히 제한하면 플리크 현상을 최소화해 사용자 경험을 향상시킬 수 있습니다. 이를 위해 꼭 필요한 폰트만을 사용하고 불필요한 폰트는 제거하여 웹 사이트 성능을 최적화하는 것이 좋습니다.

타이포그래피 활용하기

최근 웹 디자인 트렌드 중 하나는 **타이포그래피**^{typography}를 디자인으로 적극 활용하는 것입니다. 타이포그래피는 글자를 디자인하고 배열하는 기술로, 정보를 전달하기 위한 목적으로 사용하면서 디자인 효과를 높이는 데에도 뛰어납니다. 최근에는 빅 타이포그래피를 활용하여 정보 전달뿐만 아니라 독창적인 디자인 효과를 제공하는 웹 사이트가 늘어나고 있습니다.

빅 타이포그래피는 큰 글자를 사용하여 사용자의 시선을 사로잡는 데 탁월한 효과가 있습니다. 간결한 디자인과 대조적인 색상, 특별한 폰트 스타일을 함께 활용하면 텍스트를 강조하고 시각 효과를 극대화할 수 있습니다.

INNORULES(innorules.com)

넥슨 컴퍼니(company.nexon.com)

팀 스탠다드(goodai.waytoone.co.kr)

어썸미디어(awesomemedia.co.kr)

안티앨리어싱 활용하기

안티앨리어싱^{anti-aliasing}은 컴퓨터 그래픽에서 사용되는 기술로, 디지털 이미지나 폰트의 경계선을 부드럽게 처리하여 자연스럽고 매끄럽게 만듭니다. 디지털 이미지나 글꼴 등을 확대하면 경계선 주변이 계단 모양으로 끊어지는 현상이 발생할 수 있습니다. 특히 곡선 부분에서 이런 현상이 도드라지는데, 이러한 현상을 **계단 현상** 또는 **앨리어싱**^{aliasing}이라고 합니다.

안티앨리어싱은 이러한 계단 현상을 줄이거나 없애 주는 기술로, 경계선 주변을 부드럽게 풀어 자연스럽게 보이도록 보정합니다. 그래픽 디자인, 게임 개발, 웹 디자인 등에서 주로 사용하며 특히 고해상도 디스플레이나 출력 장치에서 더욱 효과가 뚜렷합니다. 이 기술을 사용하면 이미지나 텍스트가 선명하고 매끄러운 모습으로 표현되어 시각적인 품질을 향상시킬 수 있습니다.

이 기술은 포토샵 툴을 사용해 작업할 때에만 해당합니다. 벡터 기반 소프트웨어인 피그마나 어도비 XD 등의 툴을 사용하면 안티앨리어싱을 별도로 신경 쓰지 않아도 잘 표현됩니다.

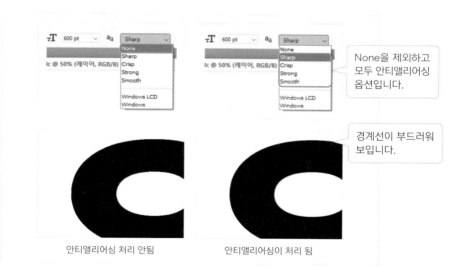

안티앨리어싱 처리 안됨　　안티앨리어싱이 처리 됨

폰트 안티앨리어싱 처리

08-4 | 무료 폰트를 제공하는 4가지 웹 사이트

여기서는 웹 폰트를 사용할 수 있는 사이트와 무료 폰트 다운로드 사이트를 소개하겠습니다. 폰트는 이미지와 마찬가지로 저작권이 엄격하게 보호됩니다. 따라서 폰트를 사용할 때는 그 용도에 맞게 라이선스에 주의하여 선택해야 합니다. 폰트를 사용하기 전에는 반드시 해당 폰트의 사용 조건과 라이선스를 확인하세요.

구글 폰트

구글 폰트Google Fonts는 구글에서 제공하는 무료 웹 폰트 라이브러리 사이트입니다. 다양한 스타일과 언어의 폰트를 제공하고 있으며, 웹 개발자들이 웹 사이트나 애플리케이션 등에 쉽게 이용할 수 있어 큰 인기를 끌고 있습니다. 원하는 폰트를 내려받을 수 있는 기능은 물론, 웹 사용을 위한 코드만 입력하면 폰트가 자동으로 페이지에 적용되어 편리하게 사용할 수 있습니다. 최근에는 한글 폰트도 상당히 다양하게 제공하고 있어 선택의 폭이 넓어졌습니다.

구글 폰트(fonts.google.com)

구글 폰트는 많은 디자이너와 개발자들이 실무에서 활용하는 사이트입니다. 폰트를 사용하는 방법은 2가지가 있습니다. 첫 번째는 폰트를 내 컴퓨터에 직접 내려받아 시스템 폰트로 사용하는 방법이고 두 번째는 폰트를 내려받지 않고 웹 폰트로 사용하는 방법입니다. 웹 폰트는 온라인 특정 서버에 저장된 폰트를 링크를 통해 웹 페이지에 적용할 수 있는 폰트라고 08-2절에서 배웠죠? 웹 폰트를 사용하면 방문자의 시스템에 폰트가 설치되었는지 여부와 관계없이 동일한 폰트를 화면에 표시할 수 있습니다.

Do it! 실습 ┃ 나의 웹 사이트에 구글 웹 폰트 적용하기

구글 웹 폰트를 활용하는 방법을 실습해 보겠습니다. 실무에서 많이 활용하는 방법이니 꼭 익혀 두세요. 실습에서는 HTML 소스 편집을 위한 에디터로 비주얼 스튜디오 코드Visual Studio Code를 사용합니다. 이 도구는 무료로 제공되며 강력한 확장 기능을 갖춘 통합 개발 도구로 많은 개발자들이 활용합니다.

1. 비주얼 스튜디오 코드를 설치하기 위해 웹 사이트에 접속합니다(code.visualstudio.com). [Download for Windows] 버튼을 클릭하고 자신의 운영체제에 맞는 옵션으로 파일을 내려받은 후 실행합니다.

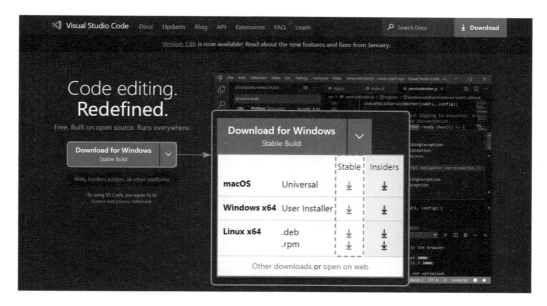

2. ❶ 구글 폰트 사이트(fonts.google.com)에 접속 후 원하는 폰트를 선택합니다. 찾는 폰트가 있다면 [검색]을 통해 빠르게 찾을 수 있습니다. ❷ 폰트를 결정했다면 클릭 후 상세 페이지로 이동합니다. 실습에서는 Noto Sans Korean을 선택했습니다.

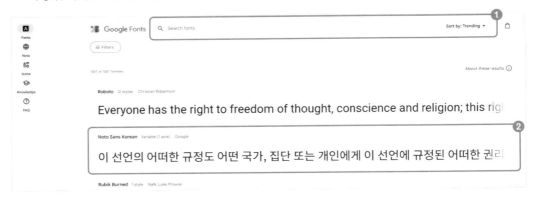

3. 상세 페이지의 오른쪽 상단에서 [Get font] 버튼을 클릭하면 폰트를 사용할 수 있습니다.

[Get font]를 클릭하면 자동으로 1 font family selected 페이지로 이동합니다. 또는 페이지 상단 우측의 view selected families 🎒❶를 선택해도 됩니다.

4. 1 font family selected 페이지 오른쪽에 있는 [Get embed code] 버튼을 클릭하면 소스 코드를 확인할 수 있는 페이지로 이동합니다. [Download all] 버튼을 선택해 파일을 내려받아 설치하면 시스템 폰트로 사용할 수도 있습니다.

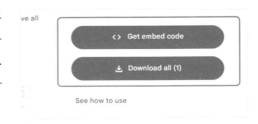

5. Embed code 페이지의 왼쪽에 위치한 [Full axis] 버튼을 선택하면 모든 폰트 패밀리를 활용할 수 있는 코드를 생성합니다.

[One value] 버튼을 클릭하면 폰트 패밀리 중 하나의 스타일을 선택해서 활용할 수 있는 코드를 생성합니다.

6. 폰트 패밀리나 원하는 개별 폰트 스타일을 선택하고 오른쪽 [Web] 영역에서 웹에 사용할 스타일을 체크합니다. [⟨link⟩]를 선택하면 보이는 코드는 HTML 파일의 **⟨head⟩** 태그 안에 넣을 때 사용합니다. [@import]에 표시되는 코드는 CSS 문서에 넣을 때 사용합니다. 여기에서는 CSS 문서에 활용할 [@import] 코드와 CSS class for a variable style 아래의 코드 중 `font-family: "Noto Sans KR",` `sans-serif;`를 복사합니다.

▶ CSS class for a variable style 아래 코드 전체를 사용해도 되지만 깔끔한 코드를 위해 본문 폰트 적용을 위한 코드만 복사하여 사용합니다.

7. 비주얼 스튜디오 코드를 실행한 후, 메뉴에서 [파일 → 폴더 열기] 항목을 클릭하여 작업할 폴더를 엽니다. 이 책에서 제공하는 예제 파일을 활용한다면 1.webfont 폴더를 선택합니다.

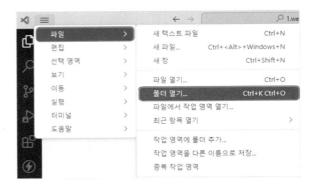

▶ [이지스퍼블리싱 홈페이지(easyspub.co.kr) → 자료실]에서 이 도서명을 검색하면 실습의 예제 파일을 내려받을 수 있습니다.

폴더를 열 때 오른쪽처럼 확인 창이 표시되면 체크박스를 체크하고 [예, 작성자를 신뢰합니다.] 버튼을 클릭합니다.

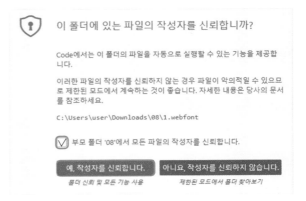

8. 왼쪽 패널에서 작업 폴더가 잘 펼쳐져 있는지 확인합니다. 만약 폴더 패널이 표시되지 않으면 왼쪽 도구 바의 탐색기 도구 🗋를 클릭하여 패널을 확장합니다.

9. css 폴더 안에 있는 style.css 파일을 클릭하여 화면에 불러옵니다. 먼저 파일의 상단 2번째 줄에 구글 웹 폰트 사이트에서 복사한 [@import] 코드를 붙여 넣습니다. 이때 코드를 감싸고 있는 <style></style>은 HTML 문서에 작성하는 태그 이므로 삭제하고 끝에 ;를 추가합니다. .

▶ webfont-result 폴더에 있는 완성 파일과 파일을 비교하며 실습을 진행해보세요.

```
# style.css ×
css > # style.css > ⌁ h1
  1   @charset "UTF-8";
  2
  3   /* 구글 웹 폰트 적용 */
  4   @import url('https://fonts.googleapis.com/css2?family=Noto+Sans+KR:wght@100..900&display=swap');
```

> 코드를 넣을 때 주석으로 설명을 추가하면 유지보수에 유용합니다. HTML 문서는 <!-- 주석 -->으로, CSS 문서에서는 /* 주석 */으로 적습니다.

> ; 추가

10. style.css 파일의 다섯 번째 줄에 body 속성이 있습니다. 해당 body 속성 아래에 본문 폰트를 적용하기 위해 앞에서 복사한 구글 폰트 사이트의 CSS class for a variable style 코드를 붙여 넣고 저장합니다.

```
# style.css ×
webfont-result > css > # style.css > …
  1   @charset "UTF-8";
  2   /* 구글 웹 폰트 적용 */
  3   @import url('https://fonts.googleapis.com/css2?family=Noto+Sans+KR:wght
  4
  5   body {
  6       color: ■#333;
  7       font-size: 17px;
  8       line-height: 1.7;
  9       font-family: 'Noto Sans KR', sans-serif;        /* 본문에 폰트 적용 */
  10      }
  11
```

11. 적용이 제대로 되었는지 웹 브라우저를 통해 화면을 확인할 수 있습니다. 왼쪽 폴더 패널에서 webfont.html 문서를 선택한 후 마우스 오른쪽 버튼을 클릭하고 [Open with Live Server] 메뉴를 선택하면 웹 브라우저에서 결과물을 확인할 수 있습니다.

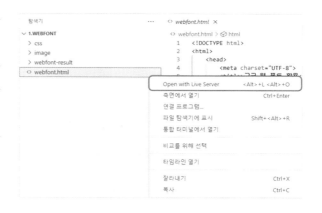

[Open with Live Server] 메뉴가 표시되지 않는다면 플러그인을 설치합니다. ❶ 왼쪽 도구 바에서 확장 도구 ⊞를 선택하고 검색 창에 'Live Server'를 검색합니다. ❷ [설치]를 선택해 설치합니다. 설치가 완료된 후 HTML 문서에서 오른쪽 버튼을 클릭하면 메뉴에 [Open with Live Server]가 추가된 것을 확인할 수 있습니다.

12. 웹 브라우저에서 결과가 적용된 화면을 확인합니다.

변경 전 — 윈도우 기본 폰트   변경 후 — 노토 산스 코리안(Noto Sans Korean) 폰트

눈누

눈누는 상업적으로 이용할 수 있는 다양한 한글 폰트를 모아 둔 웹 사이트입니다. 한글날을 맞아 특정 기업이 공개하는 폰트부터 개인 디자이너가 무료로 공개한 폰트까지 모두 다루어서 저작권에 민감한 사항인 경우 굉장히 유용합니다. 원하는 폰트를 간편하게 검색하거나 직접 글을 작성하면서 폰트를 확인한 후 손쉽게 내려받을 수 있어 편리합니다.

눈누(noonnu.cc)

어도비 폰트

어도비 폰트^{Adobe Fonts} 어도비에서 제공하는 폰트 라이브러리 사이트입니다. 어도비 멤버십을
구입했다면 모든 폰트를 내려받아 자유롭게 사용할 수 있습니다. 만일 어도비 멤버십을 종료
하더라도 이미 유료 폰트로 사용한 결과물을 삭제하거나 수정할 필요는 없으니 안심하고 사
용할 수 있습니다. 게다가 웹 사용이 가능한 코드도 제공되어 CSS 작업 시 폰트를 손쉽게 적
용할 수 있습니다.

어도비 폰트(fonts.adobe.com)

다폰트

다폰트^{DaFont}는 영문 폰트를 무료로 내려받을 수 있는 웹 사이트입니다. 다양한 스타일과 카테고리로 검색하여 원하는 폰트를 쉽게 찾을 수 있으며, 미리 보기를 통해 폰트가 실제로 어떻게 보이는지도 확인할 수 있습니다.

다폰트(dafont.com)

이 외에도 더 많은 폰트 다운로드 사이트가 있으니 검색하여 활용해 보세요. 무료 제공 폰트 사용 시에는 해당 폰트의 이용 조건과 라이선스에 주의하여 적합한 폰트를 선택하기 바랍니다.

08-5 | 웹 사이트에 아이콘 폰트 적용하기

아이콘 폰트란 전통적인 비트맵 이미지 형식인 JPEG나 PNG와 달리 웹 페이지에서 폰트처럼 이용할 수 있는 아이콘을 의미합니다. 웹 디자인에 사용되는 다양한 아이콘 폰트를 손쉽게 활용할 수 있는 웹 사이트를 소개합니다. 이어서 웹 사이트 제작 시 아이콘 라이브러리와 툴킷 활용법을 직접 실습해 보겠습니다.

폰트 어썸

폰트 어썸^{Font Awesome}은 수백만 명의 디자이너, 개발자 및 콘텐츠 제작자가 활용하는 아이콘 라이브러리와 툴킷 웹 사이트로, 웹 개발 및 각종 디자인 프로젝트에 사용하는 다양한 아이콘을 제공합니다.

여기에서는 오픈 소스 아이콘 폰트와 CSS 프레임워크를 고화질 벡터 아이콘으로 제공하여 모든 디스플레이 크기에서 선명한 아이콘을 구현할 수 있습니다. 또한 검색 기능으로 원하는 아이콘을 빠르게 찾을 수 있고, HTML 또는 CSS 코드로 손쉽게 삽입할 수 있습니다. 무료로 사용할 수 있는 기본 라이브러리 외에도 프로 버전에서는 추가 아이콘과 고급 기능을 활용할 수 있습니다.

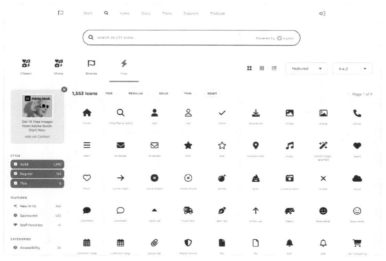

폰트 어썸(fontawesome.com)

이제 실습을 통해 폰트 어썸에서 제공하는 폰트를 웹 사이트에 활용해 보겠습니다.

Do it! 실습 폰트 어썸 가입하기

1. 폰트 어썸 웹 사이트(fontawesome.com)에 접속하여 [Sign] 버튼을 클릭합니다.

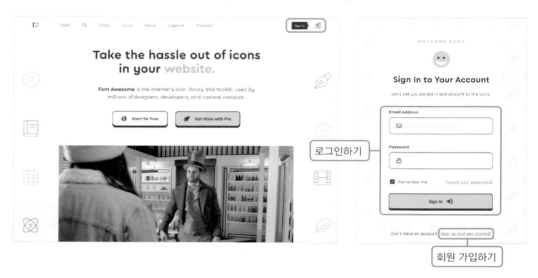

2. ❶ 회원 가입 버튼을 누르고 들어온 페이지에서 이메일 주소를 등록합니다. 등록한 이메일 주소는 폰트 어썸 사이트의 아이디가 됩니다. ❷ 해당 버튼을 클릭하면 등록한 이메일 주소로 인증 코드가 발송됩니다.

3. 이메일 확인 페이지로 이동한 후 메일이 도착하면 페이지를 열고 가입 확인을 위해 [Resend Confirmation Email]을 클릭합니다.

4. 등록한 이메일 주소로 확인 메시지가 도착할 것입니다. 이메일 내용 중에 계정 확인을 위한 [Confirm Your Email Address] 버튼을 클릭하여 확인 절차를 완료합니다.

5. ❶ 비밀번호를 입력한 후 [Set Password & Continue] 버튼을 클릭합니다. ❷ 추가 정보 입력 창이 뜨면 자신의 정보를 모두 입력하고 [All Set. Let's go!] 버튼을 클릭합니다. 회원 가입이 완료되었습니다.

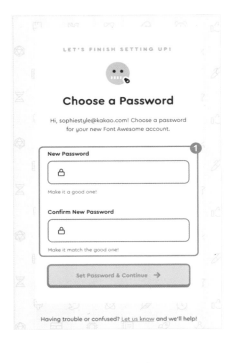

Do it! 실습 **폰트 어썸 활용하기**

회원 가입을 완료했다면 본격적으로 폰트 어썸을 활용해 보겠습니다.

1. 회원 가입 후 폰트 어썸 웹 사이트에 접속해 로그인을 하면 1개의 키트가 성공적으로 생성된 것을 확인할 수 있습니다. 이 키트는 실제 웹 프로젝트에서 사용할 아이콘 및 리소스를 담고 있는 패키지입니다. 키트 1개가 하나의 프로젝트라고 생각하면 됩니다. 키트를 클릭해 세부 정보 창으로 이동합니다.

▶ 무료 버전은 하나의 키트만 생성 가능하며, 유료 버전(PRO)을 이용하면 키트를 여러 개 만들 수 있습니다. 하지만 하나만으로도 여러 번 활용할 수 있습니다.

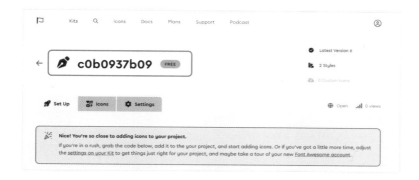

2. 화면에 표시된 ▣을 눌러 스크립트 소스를 복사합니다. 이는 폰트 어썸 아이콘을 웹 페이지에 적용하기 위한 필수 요소입니다.

3. 실습을 위한 예제 폴더를 비주얼 스튜디오 코드로 불러옵니다. 메뉴에서 [파일 → 폴더 열기]를 선택하고 2.webfonticon 폴더를 엽니다.

▶ 예제 파일은 이지스 퍼블리싱 홈페이지에서 내려받을 수 있습니다(이지스 퍼블리싱 홈페이지 → 자료실 → 도서명 검색).

▶ 비주얼 스튜디오 코드가 설치되어 있지 않다면 '08-4절 나의 웹 사이트에 구글 웹 폰트 적용하기' 실습을 참고해서 설치하세요.

4. ❶ fonticon.html 문서를 클릭하여 화면에 불러옵니다. ❷ `<head>` 태그 내의 `<title></title>` 아래에 앞에서 복사한 스크립트 소스를 붙여 넣습니다.

5. ❶ 폰트 어썸 웹 사이트 상단의 [Icons] 메뉴를 클릭합니다. ❷ 검색 창에 원하는 아이콘의 키워드를 영문으로 입력해 검색합니다.

6. 입력한 키워드와 관련된 다양한 아이콘이 결과로 나타납니다. 'Pro'라고 표시된 아이콘은 유료 사용자만 사용할 수 있습니다. 무료 아이콘만 보고 싶다면 상단의 [Free] 버튼을 클릭하세요.

7. 원하는 아이콘을 클릭하면 설정 페이지로 이동합니다. 이 페이지에서는 아이콘의 스타일을 원하는 대로 변경할 수 있습니다. ❶ 설정한 아이콘 스타일에 따라 소스 코드가 변경되므로 원하는 아이콘을 선택하여 ❷ 변경된 소스를 복사합니다. ▶ 해당 소스를 클릭하여 복사할 수 있습니다.

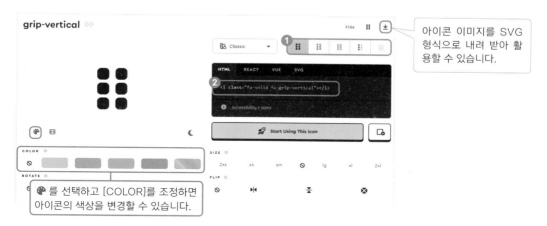

아이콘 이미지를 SVG 형식으로 내려 받아 활용할 수 있습니다.

🎨 를 선택하고 [COLOR]를 조정하면 아이콘의 색상을 변경할 수 있습니다.

8. 복사한 코드를 활용해 예제 파일의 레이아웃 아이콘을 변경해 보겠습니다. HTML 문서에서 **<a href="#">** 코드를 찾고 그중 **<h3>레이아웃</h3>** 윗줄(43번째 줄)에 복사한 코드를 붙여 넣고 저장합니다.

▶ 코드 줄 번호는 설명하는 코드를 찾을 때 참고하세요. 실습 방식에 따라 코드 번호는 조금씩 차이날 수 있습니다.

```
37    <section class="contents">
38        <div class="container">
39            <ul class="con-list">
40                <!-- con 01 -->
41                <li>
42                    <a href="#">
43                        <i class="fa-solid fa-grip-vertical"></i>
44                        <h3>레이아웃</h3>
45                        <!-- lorem8 -->
46                        <p>정보를 효과적으로 전달하기 위해 웹 페이지의 구조와 배치를 디자인하는 과정</p>
47                    </a>
48                </li>
```

9. 마우스 오른쪽 버튼을 클릭하고 [Open with Live Server] 메뉴를 선택해 웹 브라우저에서 결과를 확인합니다.

레이아웃

정보를 효과적으로 전달하기 위해 웹 페이지의 구조와 배치를 디자인하는 과정

10. 예제 파일의 HTML 코드에서 각각 <h3>그리드</h3>, <h3>컬러</h3>, <h3>타이포그래피</h3>라고 적힌 부분의 윗줄에 원하는 아이콘의 코드를 붙여 넣으면 '그리드', '컬러', '타이포그래피'에 해당하는 아이콘도 변경할 수 있습니다.

▶ 아이콘은 검색 창에 'grid', 'color', 'typo'를 입력해 찾을 수 있습니다.

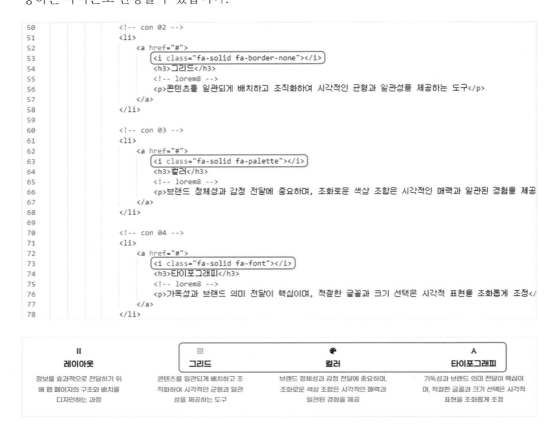

11. 푸터 영역에 SNS 아이콘을 추가해 보겠습니다. 폰트 어썸 웹 사이트에서 [Icons] 메뉴를 선택하고 검색 창에 'facebook', 'twitter', 'instagram'을 차례로 검색해 각각 아이콘의 페이지에서 HTML 코드를 복사합니다.

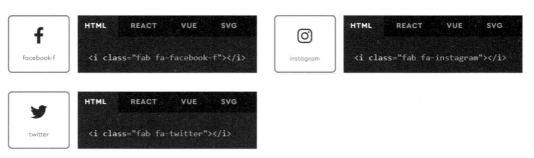

12. HTML 문서의 하단 `<footer>` 태그 내의 `<div class= "container">` 코드 아래에 복사한 코드를 붙여 넣습니다. 목록 형태로 나타내기 위해 복사한 코드 전체를 `<ul>` 태그로 감싸고, 각 코드 앞에 `<li>` 태그를 추가합니다. 각 코드 앞에 `<a>` 태그를 추가하고 다음 코드의 # 부분에 해당 URL 주소를 넣어 아이콘에 링크를 설정할 수도 있습니다.

```
83    <!-- footer -->
84    <footer>
85        <div class="container">
86            <!-- SNS + 폰트 어썸 활용 -->
87            <ul class="icons">
88                <li><a href="#"><i class="fa fa-facebook" aria-hidden="true"></i></a></li>
89                <li><a href="#"><i class="fa fa-twitter" aria-hidden="true"></i></a></li>
90                <li><a href="#"><i class="fa fa-instagram" aria-hidden="true"></i></a></li>
91            </ul>
92            <ul class="copyright">
93                <li>Copyright 2024 &copy; 정쌤의 웹 디자인.</li>
94                <li>All Right Reserved.</li>
95            </ul>
96        </div>
97    </footer>
```

13. [Open with Live Server]로 결과 화면을 확인합니다.

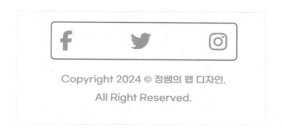

아이콘 폰트는 웹 페이지에서 폰트와 마찬가지로 크기, 색상, 스타일을 원하는 대로 자유롭게 조절할 수 있습니다. 또한 높은 해상도의 이미지를 활용할 수 있어 웹 디자이너와 웹 개발자 사이에서 큰 인기를 누리고 있는 강력한 도구입니다. 아이콘 폰트를 잘 활용하면 원하는 디자인 요소를 더욱 자유롭게 조작하며 웹 페이지를 더욱 멋지고 매력적으로 구성할 수 있을 것입니다.

08장 | 실전 과제

지금까지 배운 내용을 활용해
과제를 해결해 보세요!

01 폰트의 유형 및 특성을 고려하여 다음 실습 예제와 같이 가독성 높은 배너를 포토샵을 활용해 제작해 보세요.

▶ 배너^{banner}란 특정 광고, 메시지, 또는 콘텐츠를 효과적으로 전달하기 위해 작업하는 카드 형태의 디자인을 말합니다. 일반적으로 웹 페이지의 상단, 하단 또는 측면에 배치하며 사용자의 주목을 끌고, 원하는 메시지를 전달하거나 상품, 서비스, 이벤트 등을 홍보하는 데 사용합니다.

▶ 자료실에서 실습 파일을 내려받아 따라 만들어 보세요. [이지스퍼블리싱 홈페이지 → 자료실 → 책 제목 검색]

1. 머스트잇: mustit.co.kr

2. 대한민국 구석구석: korean.visitkorea.or.kr/travelweekend

실전
웹 디자인을 위한
화면 설계

웹 디자인을 시작할 때는
디자인 콘셉트를 확실하게 정한 후
각 페이지의 구조를 세밀하게 구성하는
화면 설계를 진행해야 합니다.
넷째마당에서는 웹 사이트 디자인을 체계적으로
기획하고 정의하는 방법을 자세히 살펴보겠습니다.
화면 설계가 무엇인지 알아보고,
화면을 설계하는 방법과 도구를
활용해 실습해 보겠습니다.

09 화면 설계를 위한 첫 단추 — 웹 디자인 콘셉트

10 웹 디자인 실무를 위한 화면 설계

11 실전! 피그마로 디자인 시스템 제작하기

09

화면 설계를 위한 첫 단추
— 웹 디자인 콘셉트

○ ○ ○

웹 디자인은 보기 좋으면서 기획에 부합하게 디자인해야 합니다. 먼저 제작 의뢰를 접수하면 클라이언트와 기획 단계에서 합의를 거친 후 본격적으로 프로젝트를 시작합니다. 이 단계에서 프로젝트의 목적과 방향성을 정하기 위해 디자인 콘셉트 설계가 필요합니다. 09장에서는 웹 디자인 콘셉트가 무엇이고 또 어떤 역할을 수행하는지 자세히 살펴보겠습니다.

09-1   웹 디자인 콘셉트란 무엇인가요?

09-2   웹 디자인 콘셉트 정의하기

09-3   무료 스톡을 제공하는 9가지 웹 사이트

학습 목표 ▭ ☐ ✕

1. 웹 디자인 콘셉트의 개념과 역할을 이해합니다.
2. 웹 디자인 콘셉트를 정의하는 방법을 이해합니다.
3. 활용 가능한 스톡을 제공하는 웹 사이트를 알아보고 실전 과제를 수행합니다.

09-1 | 웹 디자인 콘셉트란 무엇인가요?

웹 사이트 제작에서 가장 중요하게 고려해야 하는 것은 웹 사이트의 '목적'과 '기능'입니다. 웹 사이트로 이루려는 최종 결과가 무엇인지 명확하게 정해져 있어야 그에 맞는 분위기와 메시지를 효과적으로 전달할 디자인 콘셉트를 설정할 수 있습니다. 웹 사이트의 목표를 달성하기 위해 필요한 디자인 콘셉트가 무엇인지 알아보겠습니다.

웹 디자인 콘셉트

콘셉트concept란 아이디어, 개념, 구상 등을 나타내는 용어로 웹 사이트나 웹 애플리케이션의 디자인을 위한 핵심적인 아이디어나 테마를 의미합니다. **웹 디자인 콘셉트**는 디자인 작업의 기획 단계에서 설정합니다. 프로젝트의 목적과 브랜드 메시지, 대상 사용자 등을 고려하여 선정하며, 디자이너와 클라이언트가 소통할 때 디자인 프로세스를 유도하는 역할을 합니다. 콘셉트는 웹 디자인에만 국한되지 않고 제품 디자인이나 그래픽 디자인과 같은 분야에서도 특정 스타일, 분위기, 목적 등을 구체화하는 핵심적인 개념으로 사용되는 중요한 요소입니다.

타깃과 페르소나

웹 디자인 콘셉트를 설정할 때 반드시 고려해야 하는 요소는 바로 **타깃**target입니다. 타깃은 웹 사이트의 대상 사용자 그룹을 말합니다. 그런데 타깃층을 단순히 성별, 연령 등 인구통계적 특성만으로 설정하면 실제 사용자의 특징이 드러나기 어렵습니다. 사용자 중심적인 디자인 콘셉트를 만들려면 특정 사용자의 요구사항과 행동 양식까지 세밀하게 분석해야 합니다. 이를 반영한 웹 사이트는 타깃에게 최적의 편의성과 만족도를 제공할 수 있을 것입니다.

페르소나persona는 타깃을 입체적으로 설정할 때 유용한 개념입니다. 고대 그리스 가면극에서 배우들이 쓰는 가면에서 유래된 말로, 사용자의 특징과 행동 양식을 대표하는 가상의 인물을 의미합니다. 페르소나는 웹 디자인, 제품 개발, 마케팅 등 다양한 분야에서 사용되며 실제 사용자 그룹을 대변하여 디자인 및 개발 과정에서 중요한 결정을 내리는 데 도움이 됩니다.

페르소나는 구체적으로 설정해야 합니다. 사용자의 인구통계적 정보뿐만 아니라 그들의 성격, 목표, 선호사항, 동기, 고민 등을 상세하게 반영합니다. 이 과정에서 디자인을 더욱 사용자 친화적으로 만들기 위한 방향을 발견하거나 제품이나 서비스가 실제 사용자에게 어떻게 다가가야 할지에 대한 인사이트^{insight}를 얻을 수 있습니다.

페르소나는 실제 사용자 그룹을 각종 연구와 인터뷰, 설문조사 등의 방법을 통해 분석하여 다양한 유형을 파악한 뒤 구체적으로 작성합니다. 이렇게 생성된 페르소나는 디자인 및 개발 과정에서 사용자의 관점을 고려하는 데 도움이 되며, 제품 또는 서비스의 품질과 사용자 경험을 향상시키는 역할을 합니다.

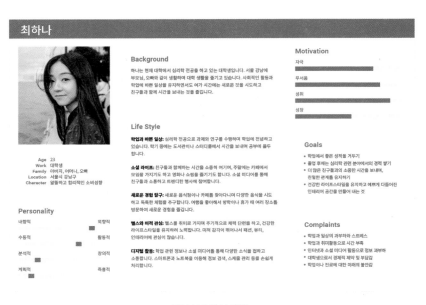

페르소나 작성 사례

타깃은 광범위하게 설정하는 것이 유리할까요?

타깃을 광범위하게 설정하면 핵심 타깃에 집중하기 어려워집니다. 또한 타깃이 너무 광범위하면 원하는 메시지가 희석되어 브랜드 메시지를 명확히 전달하기 어려울 수도 있습니다.

예를 들어 '운동에 관심 있는 남녀'로 타깃을 설정할 경우, 남녀의 범위가 너무 넓기 때문에 실질적인 특징이 무시될 수 있습니다. '커피를 즐기는 젊은 층'으로 타깃을 설정하면 젊은 층을 과연 몇 세부터 몇 세 사이로 정의할지 그 범위가 모호해집니다. 또한 '반려식물에 관심 있는 20~30대'로 설정한다면 20세와 39세 사이라는 간격이 발생할 수 있습니다.

웹 사이트를 제작하다 보면 '모든 사용자가 이용하면 좋겠다'라는 생각으로 타깃층을 모호하고 광범위하게 설정하는 경우가 있습니다. 타깃은 효과적인 마케팅과 명확한 메시지 전달을 위해 설정하는 것이며, 타깃층이 아닌 사용자가 이용하면 안 된다는 의미는 아닙니다.

타깃 설정은 프로젝트 목표와 관련하여 누구에게 메시지를 전달하고 어떤 경험을 제공할 것인지 결정하는 과정입니다. 효과적인 커뮤니케이션과 사용자 경험을 위해서 타깃층을 설정하고 해당 그룹에 초점을 맞추는 것이 필요합니다.

웹 디자인 콘셉트의 역할

웹 사이트의 구체적인 목적과 대상 사용자를 고려하면 심미적으로 매력적이고 기능적으로 효과적인 디자인을 제시할 수 있습니다. 잘 구성된 웹 디자인 콘셉트의 구체적인 역할은 다음과 같습니다.

일관성과 통일감

명확한 웹 디자인 콘셉트가 있다면 디자인 요소들의 일관성을 유지하고 웹 사이트 내에서 통일감을 줄 수 있습니다. 이로써 사용자는 웹 사이트를 탐색할 때 일관된 시각 경험을 누릴 수 있습니다.

브랜드 메시지 전달

웹 사이트의 브랜드 메시지와 가치를 효과적으로 전달하기 위한 방법을 결정합니다. 브랜드의 정체성과 목표를 반영하여 디자인 콘셉트에 맞는 요소들을 설정합니다.

디자인 요소 결정

웹 디자인 콘셉트는 컬러, 타이포그래피, 레이아웃, 아이콘 등 세부 디자인 요소들의 선택과 배치에 영향을 줍니다. 이러한 요소들을 목적에 부합하는 방향으로 조정하면 일관성 있는 디자인을 만들어 낼 수 있습니다.

디자인 프로세스 지원

웹 디자인 콘셉트는 디자인 초기 단계에서 중요한 역할을 합니다. 디자이너와 클라이언트 간의 의사소통을 원활하게 하며, 디자인 작업의 방향성을 정하는 데 도움을 줍니다.

이처럼 웹 디자인 콘셉트는 디자인 설계의 핵심 개념으로, 웹 사이트를 개발하는 디자이너와 클라이언트가 목적과 메시지를 명확하게 이해하고 효과적인 디자인을 구현하는 데 필수적입니다. 이를 통해 디자인 작업의 기반을 마련하면 웹 사이트의 시각적인 일관성 유지와 협업자 간의 효율적인 커뮤니케이션이 가능합니다. 따라서 웹 디자인 프로젝트 진행 시에는 반드시 디자인 콘셉트를 구체화하여 작업해야 합니다.

09-2 | 웹 디자인 콘셉트 정의하기

웹 디자인 콘셉트를 정의하는 방법은 다양합니다. 가장 중요한 것은 웹 사이트의 목적, 대상 타깃, 그리고 전달하고자 하는 메시지와 내용을 고려하여 최적의 방법을 선택하는 것입니다. 이 과정은 웹 디자인의 품질과 효과를 결정하는 핵심적인 단계입니다. 웹 디자인 콘셉트를 정의하기 위해 필요한 5가지 방법을 자세히 살펴보겠습니다.

리서치와 분석

웹 디자인 콘셉트를 정의하려면 가장 먼저 기존 웹 사이트를 조사하고 분석해야 합니다. 이를 **디자인 리서치**design research 또는 **벤치마킹**benchmarking이라고 합니다. 벤치마킹이란 다른 웹 사이트나 디자인을 조사하고 분석하여 우수한 디자인 요소나 사용자 경험, 기능 등을 자신의 웹 사이트 디자인에 적용하는 과정을 말합니다. 이 과정을 거치면 타 사이트의 성공적인 디자인 원칙과 효과적인 기능을 학습해 자신의 결과물을 더 나은 수준으로 발전시킬 수 있습니다.

1단계	2단계	3단계	4단계	5단계
목표 설정	**타깃 사이트 설정**	**분석 및 비교**	**학습과 적용**	**테스트 및 개선**
웹 사이트 디자인의 목표를 설정합니다	비교할 웹 사이트나 디자인을 선택합니다. (*경쟁사나 업계 내 선도적 사이트로 선정)	디자인 요소, 구조, 레이아웃, 컬러, 기능 등을 비교 분석합니다.	우수한 디자인 원칙, 기능 구현 등을 자신의 웹 사이트에 적용합니다.	디자인을 테스트하고 사용자들의 반응을 모니터링하여 개선합니다.

벤치마킹 프로세스

웹 사이트의 목적과 대상 사용자, 경쟁사 분석 등을 통해 다양한 정보를 수집하고 분석하여 새로운 디자인 콘셉트를 정의합니다. 이는 사용자의 요구와 선호를 파악하는 동시에 현재 시장 동향도 파악하는 중요한 과정입니다. 이렇게 얻은 통찰력을 토대로 새로운 디자인 방향을 제시하는 것이 웹 디자인 콘셉트의 시작입니다.

▶ 디자인 리서치를 위한 다양한 사이트 소개가 궁금하다면 03장을 참고하세요.

아이디어 발굴 기법

리서치 결과를 기반으로 아이디어를 자유롭게 토론하며 웹 디자인 콘셉트를 발굴합니다. 이 과정에서 창의적이고 독창적인 아이디어가 도출됩니다. 아이디어를 발굴할 때는 브레인스토밍, 마인드맵, 만다라트 등 다양한 창의적인 도구를 활용할 수 있습니다.

브레인스토밍

브레인스토밍brainstorming은 창의적인 아이디어를 도출하기 위한 그룹 활동 기법으로, 다양한 의견을 자유롭게 나누고 아이디어를 적극적으로 공유하는 것을 목적으로 합니다. 이 과정에서 사전 판단은 배제하고 자유로운 사고를 유도하여 창의성을 이끌어내도록 합니다. 자유로운 환경에서 다양한 관점과 아이디어가 결합하면 새로운 해결책이나 방향성을 찾아낼 수도 있습니다. 이처럼 브레인스토밍은 웹 디자인 콘셉트를 정의하는 과정에서 중요한 아이디어 도출 단계로 활용할 수 있습니다.

브레인스토밍

마인드 맵

마인드 맵mind map은 '생각의 지도'라는 뜻으로, 1970년 토니 부잔Tony Buzan이 개발한 노트 작성 기법입니다. 개인의 생각을 마치 지도 그리듯이 시각적으로 표현해 사고력, 창의력, 기억력을 한 단계 더 발전시킬 수 있도록 합니다. 마인드 맵을 활용하면 아이디어를 생각하는 과정에서 자연스럽게 연결되는 생각들을 가지치기하여 여러 갈래로 확장하거나, 간과하기 쉬운 아이디어들을 놓치지 않고 서로 연계시켜 사고할 수 있습니다. 이 방법은 디자인 콘셉트를 정립하거나 아이디어를 구조화하는 데에 매우 유용하게 활용됩니다.

마인드 맵은 중앙의 핵심 이미지 및 주제를 중심으로 주가지와 부가지가 가지치기하여 여러 갈래로 뻗어 나가는 형태입니다. 가지는 긴 문장보다 키워드로 작성하는 것이 좋습니다. 이와 같이 웹 사이트의 목적에 맞는 키워드를 도출할 때 마인드 맵을 이용합니다.

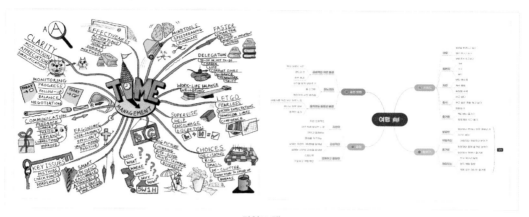

마인드 맵

한 걸음 더! 마인드 맵 제작 도구 — Xmind

마인드 맵은 종이에 직접 작성하는 전통적인 방법을 사용하는 경우도 많습니다. 하지만 디지털 시대에 걸맞게 작성과 수정이 간편한 웹 도구를 활용하면 향상성이 높아집니다.

Xmind는 마인드 맵을 만들고 관리하는 데 사용하는 강력한 기능의 온라인 도구입니다. 프로젝트 관리, 아이디어 생성, 정보 정리 등 다양한 용도로 활용하고 이를 공유할 수 있습니다.

Xmind는 영문 사이트를 기본으로 제공하지만 한글 다운로드 사이트도 제작되어 있으니 활용해 보세요. (xmindkorea.net)

Xmind(xmind.app)

만다라트

만다라트^{mandalart}는 '만다라'와 '아트'의 합성어로, 아이디어를 확장하고 발전시키는 도구입니다. 사람의 뇌 구조에 가장 적합한 방식으로, 머릿속에 있는 정보와 아이디어의 단서를 거미줄 모양으로 펴뜨립니다.

9개로 나누어진 정사각형 중앙에 주제를 적고, 나머지 8개에는 주제와 연상되는 아이디어를 넣습니다. 이렇게 채워진 8개의 아이디어를 주제로 다시 9개의 칸을 만들어 확장합니다. 이 단계를 모두 거치면 총 64개의 아이디어가 나옵니다. 만다라트를 활용하면 하나의 주제를 깊이 있는 관점에서 다양한 각도로 탐구할 수 있으며, 참가자 수가 늘어날수록 더 많은 아이디어로 확장할 수 있습니다. 이는 브레인스토밍을 더욱 체계적으로 진행하고 아이디어를 조직화하는 데에 도움을 줍니다.

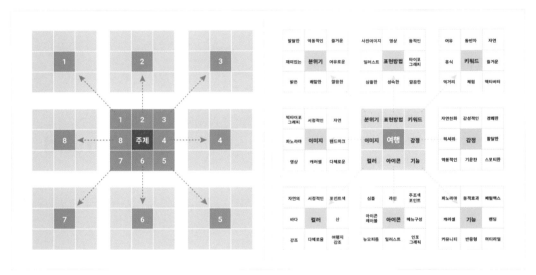

만다라트

스토리텔링 및 시각적 감정 표현

스토리텔링은 웹 사이트를 하나의 이야기로 바라보고 그 이야기를 중심으로 콘셉트를 구축하는 것입니다. 이를 통해 웹 사이트가 전달하고자 하는 메시지나 경험을 강조할 수 있습니다. 감정 표현은 웹 사이트가 전달하고자 하는 감정이나 분위기를 중심으로 콘셉트를 정의합니다. 색상, 이미지, 타이포그래피 등의 시각 요소를 통해 원하는 감정을 표현하는 방법을 고민합니다.

시각적 감정 표현을 위한 10가지 감정 형용사

위의 감정 형용사를 활용하면 디자인 콘셉트를 설정하는 데 도움을 받을 수 있습니다. 예를 들어 다음과 같이 제품 프로모션 디자인 콘셉트를 설정할 수 있습니다.

새로운 라이프 스타일을 위한 [혁신+자유+모던]의 키워드를 담은 '감각적인' 분위기

이때 [혁신, 자유, 모던]처럼 명사 키워드는 여러 개 포함될 수 있지만 '감각적인' 같은 감정 형용사는 하나만 포함해야 합니다. 감정 형용사는 전반적인 분위기를 이끌어가므로 여러 개를 사용하면 일관성을 유지하는 데 좋지 않습니다.

언어 이미지 스케일

언어 이미지 스케일은 브랜드 이미지 조사를 위한 도구로, 일본 NCD 컬러연구소에서 개발했습니다. 이 도구는 트렌드 분석, 디자인, 색채 기획 등 다양한 목적으로 활용되며, 부드러움과 단단함(Soft-Hard), 따뜻함과 차가움(Warm-Cold)을 나타내는 두 축으로 이루어진 4분면 구조입니다. 이는 언어적 이미지와 어울리는 색상 등의 비주얼 이미지를 조사하고 분류하는 데 활용됩니다.

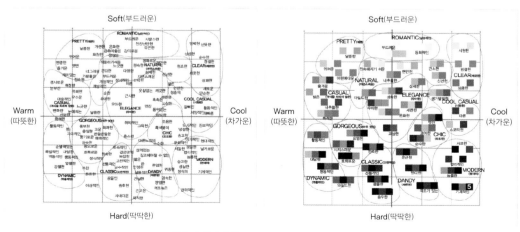

형용사 이미지맵(출처: 일본 NCD 컬러연구소)

이 도구를 활용하면 '여성스럽다', '차갑다', '신뢰가 간다', '매혹적이다'와 같은 다양한 형용사에 해당하는 언어 표현이나 색상을 선택하여 브랜드 이미지를 효과적으로 전달할 수 있습니다. 이를 통해 브랜드는 원하는 이미지를 소비자에게 정확하게 전달하여 강한 인상을 남길 수 있습니다.

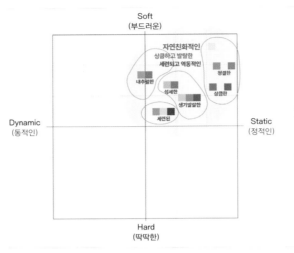

배색 이미지 매트릭스를 활용한 콘셉트 및 브랜드 컬러 설정

인터랙션 디자인

인터랙션 디자인은 사용자의 경험을 중심으로 콘셉트를 구성합니다. 사용자의 행동에 따른 웹 사이트의 동작을 최우선으로 고려하고 최신 트렌드를 반영하여 더욱 흥미로운 경험을 제공합니다. 웹 디자인 및 개발 분야의 우수한 작품들을 선정하고 상영하는 어워즈라는 플랫폼에서 최신 인터랙션 디자인을 살펴볼 수 있습니다.

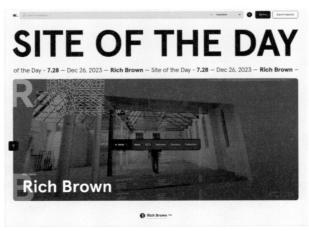

어워즈(awwwards.com)

모티브 활용

예술, 문화, 자연 등 다양한 모티브를 활용하여 콘셉트를 정의합니다. 모티브를 웹 사이트 디자인에 반영하면 독특한 분위기를 조성할 수 있습니다. 구글 아트&컬처^{Google Art Cultures}는 예술과 관련된 모티브를 활용하여 독특한 인상을 주는 웹 사이트입니다. 다양한 예술 작품, 문화유산, 박물관 컬렉션 등을 디지털 형태로 제공해 예술과 문화에 대한 관심을 높여줍니다.

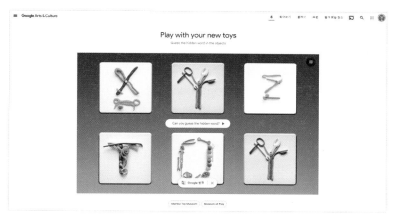

구글 아트 & 컬쳐(artsandculture.google.com)

지금까지 살펴본 웹 디자인 콘셉트를 정의하는 5가지 방법은 서로 조합하거나 프로젝트 특성에 따라 선택적으로 적용할 수 있습니다. 웹 디자인 콘셉트를 정의할 때에는 목표와 대상 사용자, 메시지 등을 고려하여 최적의 방법을 선택하는 것이 중요합니다.

09-3 | 무료 스톡을 제공하는 9가지 웹 사이트 소개

웹 디자인 과정에서 가장 어려운 부분 중 하나는 원하는 디자인에 딱 맞는 우수한 이미지나 그 래픽 요소를 확보하는 일입니다. 필자가 초기에 디자인을 시작했을 때는 지금처럼 다양한 선 택지가 없어서 대부분 자체적으로 개발하거나 제작해서 사용해야 했습니다. 그러나 지금은 뛰어난 자료들을 활용할 수 있는 다양한 방법이 마련되어 있습니다. 이미지, 영상 플랫폼에서 비축해 둔 이미지와 영상을 스톡^{stock}이라고 합니다. 스톡을 활용하면 디자인 작업 시간을 단 축하는 대신 창의적인 작업에 집중할 수 있습니다.

무료 이미지와 영상 내려받기

대기업에서 디자이너로 일하는 경우라면 회사에서 계약한 유료 스톡 회원 계정으로 디자인 작업을 원활하게 수행할 수도 있습니다. 그러나 스톡 사이트에서 무료로 제공하는 콘텐츠만 활용해도 충분히 멋지고 독창적인 디자인을 수행할 수 있습니다. 다만 저작권과 사용 범위를 사전에 철저히 확인하는 것이 중요합니다. 무료로 제공되는 자료라 하더라도 사용 범위가 제 한적일 수 있기 때문입니다. 또한 자료를 단순히 가져다 쓰기보다는 자신만의 디자인 콘셉트 에 따라 응용하고 창의적인 방식으로 변화시켜 활용하는 것이 좋습니다. 그럼 유용한 스톡 사 이트 4가지를 소개하겠습니다.

언스플래시

언스플래시^{Unsplash}는 고품질의 무료 이미지를 제공하는 온라인 플랫폼입니다. 유명 사진 작가 들이 자신의 작품을 공유하면서 세계적인 이미지 리소스로 자리매김했습니다. 블로그, 웹 사 이트, 프린트 디자인 등 각 분야에서 다양한 목적으로 활용되며, 개발자와 디자이너들 사이에 서 높은 인기를 누리고 있습니다.

이 웹 사이트의 이미지는 CC0$^{Creative Commons Zero}$ 라이선스를 따르므로 이미지를 수정하거나 상 업적 용도로 사용하는 데 제한이 없습니다. 다만 특정 이미지에는 모델(인물)이나 사적 재산 의 사진이 포함되어 있을 수 있으므로 사용 전에 반드시 주의를 기울여야 합니다.

▶ CC0는 작품의 저작권 소유자가 거의 모든 권리를 포기하여 자유롭게 공유, 수정, 상업적 이용이 가능한 라이선스입니다.

사용자는 별도의 회원 가입 없이 다양한 주제와 스타일의 사진을 손쉽게 검색하고 내려받을 수 있습니다. 언스플래시의 또 다른 장점은 한글을 완벽하게 지원한다는 것입니다.

언스플래시(unsplash.com)

언스플래시 웹 사이트는 웹 개발의 강력한 도구로도 활용됩니다. 이전에는 간단한 URL 호출로 랜덤 이미지나 특정 작가의 이미지, 원하는 크기로 이미지를 불러와 출력했으나 현재는 언스플래시 API 방식으로 전환되었습니다. 언스플래시 API 방식은 커스터마이징하여 활용하기 좋습니다. URL 호출 방식도 아직 사용이 가능하니 간편하게 사용하고 싶다면 이 방법을 추천합니다.

한 걸음 더!   **언스플래시 URL 호출로 원하는 이미지 불러오기**

언스플래시 웹 사이트의 이미지를 URL 호출로 간편하게 불러오는 방법을 알아보겠습니다. 다음 4가지 방법으로 이미지를 불러와 활용해 보세요.

- **방법1**: 이미지 랜덤으로 불러오기
  다음 링크를 들어가면 이미지를 랜덤으로 불러올 수 있습니다.
  https://source.unsplash.com/random

- **방법2**: 크기를 지정해서 랜덤으로 불러오기
  다음 링크 마지막의 숫자(300×300)를 수정하면 원하는 사이즈의 이미지를 랜덤으로 불러올 수 있습니다.
  https://source.unsplash.com/random/300×300

- **방법3**: 원하는 작가의 작품 불러오기

  다음 링크의 {USERNAME} 부분에 원하는 작가명을 입력하면 해당 작가의 이미지를 불러올 수 있습니다. 작가명 뒤에 /를 추가하면 이미지 사이즈까지 지정할 수 있습니다.

  https://source.unsplash.com/user/{USERNAME}/{사이즈}

  (예) https://source.unsplash.com/user/erondu/1600x900

- **방법4**: 특정 키워드 이미지를 랜덤으로 가져오기

  다음 링크의 {KEYWORD} 부분에 원하는 키워드를 넣어 이미지를 랜덤으로 가져올 수 있습니다. 또한 쉼표(,)를 사용해 여러 키워드를 추가할 수도 있습니다.

  https://source.unsplash.com/{사이즈}/?{KEYWORD},{KEYWORD}

  (예) https://source.unsplash.com/1600x900/?nature,water

4가지 방법 중 원하는 방법으로 웹 사이트에 적용하면 새로 접속할 때마다 다양한 이미지를 불러와 보여 줍니다. 단, 웹 사이트 자체가 로딩 시간으로 인해 다소 시간이 걸리는 경우가 있으니 실제 사이트보다는 목업 작업 시에 활용하면 좋습니다.

▶ 목업이란 제품을 개발하기 전 디자인 검토를 위해 실물과 비슷하게 시제품을 제작하는 작업과 그 결과물을 말합니다.

픽사베이

픽사베이^{Pixabay}는 고품질의 무료 이미지뿐만 아니라 일러스트레이션 및 비디오 클립도 풍부하게 제공하는 온라인 플랫폼입니다. 대다수 픽사베이 자료는 CC0 라이선스를 준수하여 저작권 문제없이 마음껏 활용할 수 있습니다. 대부분 출처 표기는 필요하지 않으며, 상업적인 용도로도 자유롭게 활용 가능하지만 사용 전에 사용 범위를 정확히 확인한 후 사용하기 바랍니다.

픽사베이(pixabay.com)

펙셀스

펙셀스[Pexels]는 고품질의 무료 이미지, 일러스트레이션 및 비디오 클립을 제공하는 온라인 플랫폼입니다. 6만 개 이상의 사진과 영상을 보유하고 있으며, 회원 가입 없이도 쉽게 이용할 수 있습니다. 대다수의 펙셀스 자료는 CC0 라이선스를 준수하기 때문에 저작권 문제없이 마음껏 활용할 수 있습니다. 그러나 특정 자료는 저작권이 적용되기도 하므로 사용 전에 주의를 기울여야 합니다.

펙셀스(pexels.com)

스플릿샤이어

스플릿샤이어[SplitShire]는 다니엘 나네스쿠라는 포토그래퍼가 직접 촬영한 이미지와 비디오를 무료로 공유하는 플랫폼입니다. 고품질의 이미지와 비디오를 제공하며 이를 대부분 상업적 용도로도 활용할 수 있습니다. 스플릿샤이어의 독특한 특징은 서정적이면서도 감성적인 이미지와 비디오를 제공한다는 점입니다. 디자이너뿐만 아니라 제작자들이 디자인 작업 및 프레젠테이션 배경으로 많이 활용하는 인기 있는 웹 사이트입니다.

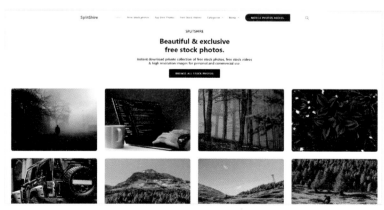

스플릿샤이어(splitshire.com)

무료 벡터 이미지와 아이콘 내려받기

이어서 무료 벡터 이미지와 아이콘을 내려받기에 최적화된 웹 사이트 5개를 소개합니다.

프리픽

프리픽^{Freepik}은 다양한 주제와 스타일의 벡터 이미지, 아이콘, 일러스트레이션, PSD 파일 등을 제공하는 인기 온라인 플랫폼입니다. 원하는 내용에 맞는 다양한 벡터 그래픽을 검색하고 무료로 내려받을 수 있습니다. 그러나 자료마다 라이선스 및 이용 규정이 다를 수 있으므로 사용 전에 정확하게 확인하는 것이 중요합니다.

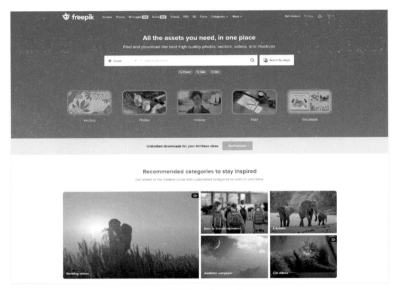

프리픽(freepik.com)

벡티지

벡티지^{Vecteezy}는 다양한 벡터 아트, 일러스트레이션, 아이콘 등을 무료로 제공하는 온라인 플랫폼입니다. 이 웹 사이트에서 제공하는 자료는 대부분 상업적인 용도로도 활용할 수 있습니다. 다만 특정 자료의 경우 프리미엄 라이선스가 필요한 경우도 있으며, 이미지마다 라이선스 및 이용 규정이 다르므로 사용하기 전에 반드시 확인해야 합니다.

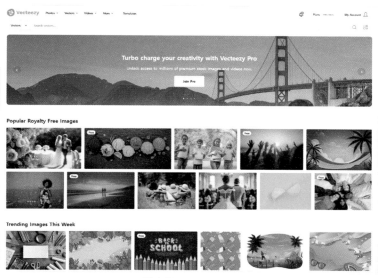

벡티지(vecteezy.com)

플래티콘

플래티콘^{Flaticon}은 다양한 아이콘 및 벡터 그래픽 자원을 풍부하게 제공하는 웹 사이트입니다. 대다수의 아이콘은 무료로 내려받아 사용할 수 있으나 특정 아이콘의 경우에는 이용 규정이 다를 수 있습니다. 따라서 이용 전에 각 아이콘의 라이선스 정보를 정확하게 확인하는 것이 필요합니다.

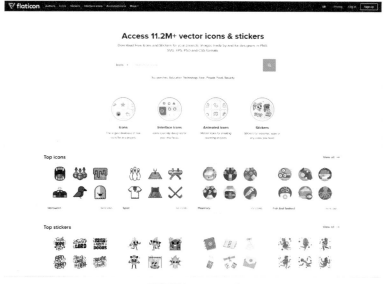

플래티콘(flaticon.com)

아이콘파인더

아이콘파인더^{Iconfinder}는 7,000여 개 이상의 무료 및 프리미엄 벡터 아이콘, 일러스트레이션, 그리고 3D 일러스트레이션을 제공하는 웹 사이트입니다. PNG 또는 SVG 이미지 형태로 간편하게 무료로 내려받아 사용할 수 있습니다. 웹 사이트 디자인, 앱 디자인, 프린트 디자인과 같은 다양한 용도로 아이콘을 활용하고자 할 때 유용합니다.

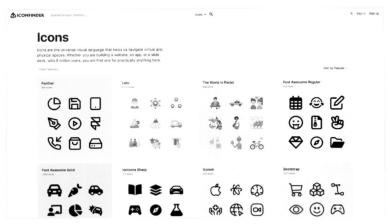

아이콘파인더(iconfinder.com)

아이콘스8

아이콘스8^{Icons8}은 다양한 아이콘, 일러스트레이션, 사진, 음악 및 디자인 도구를 무료 및 프리미엄으로 제공하는 강력한 플랫폼입니다. 각 아이콘은 색상, 배경, 테두리 등을 자유롭게 편집하여 사용자의 주제나 스타일에 맞게 수정할 수 있으며, 추가로 텍스트를 삽입하여 개인화된 디자인을 완성하여 내려받을 수 있습니다. PNG와 SVG 외에도 다양한 형식으로 내려받을 수 있으며, 원하는 사이즈에 따라 조절하여 최적화된 이미지를 얻을 수 있습니다. 웹 사이트 디자인, 앱 디자인, 편집 디자인 등 다양한 분야에서 인기 있습니다.

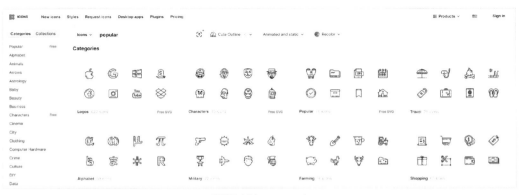

아이콘스8(icons8.com)

지금까지 배운 내용을 활용해
과제를 해결해 보세요!

09장 | 실전 과제

01 새로 출시될 자동차 브랜드를 홍보하는 프로모션 웹 사이트의 디자인 콘셉트 키워드를 마인드맵을 활용하여 정의하세요. (예: 테슬라, K9, 아우디 등)

02 제주도 관광지를 홍보하고 특산품도 함께 판매하는 쇼핑몰 웹 사이트의 디자인 콘셉트 키워드를 만다라트를 활용하여 정의하세요. (예: 대한민국 구석구석)

03 화장품 멀티브랜드 로드숍을 홍보하는 웹 사이트의 디자인 콘셉트를 정의하세요.(예: 올리브영)

10

웹 디자인 실무를 위한 화면 설계

● ○ ○

"디자이너는 주어진 디자인만 잘 수행하면 되는 것 아닌가?"라고 생각할 수도 있습니다. 그러나 실무에서는 디자인 외에도 주어진 문제를 해결할 수 있는 역량이 필요합니다. 10장에서는 모든 기업에서 요구하는 기획력을 갖춘 웹 디자이너로 성장하는 방법을 자세히 살펴보겠습니다.

10-1   화면 정의서란 무엇인가요?

10-2   UI 스타일 가이드라인 설계하기

10-3   피그마와 디자인 시스템

학습 목표

1. 웹 페이지 설계를 위한 화면 정의서를 이해합니다.
2. UI 스타일 가이드라인을 이해합니다.
3. 피그마와 디자인 시스템을 알아봅니다.

10-1 │ 화면 정의서란 무엇인가요?

대기업이나 대규모 프로젝트의 경우 웹 디자이너와 기획자의 역할이 분리되어 있지만, 대부분 웹 디자이너가 디자인 기획뿐만 아니라 퍼블리싱까지 담당합니다. 이때 기획 단계에서 화면 설계를 진행해야 하며 일반적으로 화면 정의서(스토리보드)나 와이어프레임이라는 산출물을 만듭니다. 이 절에서는 화면 설계 방법을 알아보며 기획 역량을 향상시키겠습니다.

사이트 구조도

사이트 구조도는 웹 사이트의 전체적인 구조와 내비게이션을 한눈에 파악할 수 있도록 표현한 도면이나 다이어그램을 말합니다. 주로 트리 구조로 만들어 각 페이지 간의 관계를 직관적으로 이해하기 좋습니다. 사이트 구조도는 웹 사이트를 개발하거나 디자인할 때 구조를 파악하는 용도로 활용됩니다. 별도의 문서로 제작될 수도 있고 화면 정의서 내에 포함하기도 합니다.

사이트 구조도

화면 정의서

화면 정의서는 디자인 아이디어를 시각화하는 도구로 웹 사이트 전체 화면의 기본 뼈대를 제시합니다. 주로 그림과 텍스트를 조합하여 사용자 인터페이스의 구조와 흐름을 보여 주는 역할을 합니다. 각각의 웹 페이지에서 제공하는 기능과 콘텐츠를 구체적으로 정의하면 디자이너나 개발자가 이를 구현할 때 참고할 수 있습니다. 디자인 단계의 문제나 오류를 미리 발견하고 수정할 수도 있어 오류를 예방하는 데도 도움이 됩니다. 이 문서는 디자이너, 개발자, 기획자 등 다양한 팀원 간의 원활한 소통에 활용될 뿐만 아니라 클라이언트에게 디자인 방향을 공유하고 개발하는 역할도 합니다.

화면 정의서는 각 화면의 구조와 내용을 선, 도형, 모형, 그리고 텍스트를 활용하여 단순하게 표현합니다. 실제로 화면을 디자인하기 전에 미리 설계해 보는 것이므로 건축 분야의 설계 도면과 유사한 역할을 합니다.

건축 설계 도면   화면 정의서

건축 설계 도면과 화면 정의서

화면 정의서 제작 도구

화면 정의서를 작성하는 방법은 다양합니다. 디자인 역량을 아날로그 시대부터 쌓아 온 디자이너들은 여전히 손으로 직접 그려서 화면 정의서를 제작하는 경우도 있습니다. 또한 손으로 직접 그린 화면을 오려서 실제 프로토타이핑을 진행하는 경우도 종종 있습니다.

손으로 직접 그린 프로토타이핑 시연

화면 정의서를 디지털로 작성할 때는 주로 파워포인트나 키노트, 어도비 XD, 스케치, 일러스트레이터 등을 도구로 활용합니다. 와이어프레임에 특화된 다양한 유료 프로그램을 사용할 수도 있습니다.

필자가 추천하는 도구는 파워포인트입니다. 화면 정의서는 기획자뿐만 아니라 디자이너, 개발자, 클라이언트 등 다양한 이해관계자들이 함께 공유하는 문서이므로 누구나 접근하기 쉬운 도구를 사용하여 제작하는 것이 좋습니다. 파워포인트는 널리 사용되는 도구이므로 다양한 사람들이 열람하고 이해하가 쉬운 문서를 만들 수 있습니다. 파워포인트를 활용하여 화면 정의서를 작성할 때 더욱 효과적으로 작업할 수 있는 방법을 실습으로 알아보겠습니다.

Do it! 실습   파워목업 활용하기

파워목업^{PowerMockup} 은 마이크로소프트 파워포인트 프로그램에서 웹과 애플리케이션 화면의 화면 정의서 및 목업을 생성하는 플러그인입니다. 이 도구를 사용하면 파워포인트의 사용자 친화적인 환경에서 빠르고 간편하게 목업을 작성할 수 있습니다.

파워목업을 사용하려면 먼저 파워포인트가 설치되어 있어야 합니다. 파워목업은 라이선스 구매와 평가판 2가지 방식으로 사용할 수 있는데, 라이선스를 구매하면 단 한 번의 결제로 영구적으로 이용할 수 있습니다. 평가판을 이용하더라도 기간 제약 없이 누구나 자유롭게 사용 가능하므로 잘 활용한다면 효과적인 작업을 할 수 있습니다.

파워목업(powermockup.com)

파워목업 내려받기

1. 파워목업 웹 사이트(powermockup.com)에 접속하여 [DOWNLOAD TRIAL(평가판 다운로드)] 버튼을 클릭해 설치 파일을 자신이 원하는 경로에 내려받습니다.

2. 내려받은 설치 파일을 열고 [Next] 버튼을 눌러 순서대로 설치를 진행합니다.

3. 설치가 완료되면 [Run PowerMockup] 버튼을 눌러 파워목업을 실행합니다.

파워목업 실행 및 둘러보기

1. 파워목업을 실행하면 파워포인트가 열리고 오른쪽 상단 메뉴 영역에 ❶ [PowerMockup] 탭이 추가된 것을 확인할 수 있습니다. 이 탭을 클릭하면 파워목업 플러그인을 언제든지 간편하게 활용할 수 있습니다. ❷ [PowerMockup] 탭을 선택하면 하위 메뉴가 펼쳐집니다.

2. 하위 메뉴 중 [Show Shapes Panel]을 선택하면 오른쪽에 패널이 나타납니다. 이 패널을 통해 다양한 UI 요소를 쉽게 활용할 수 있습니다.

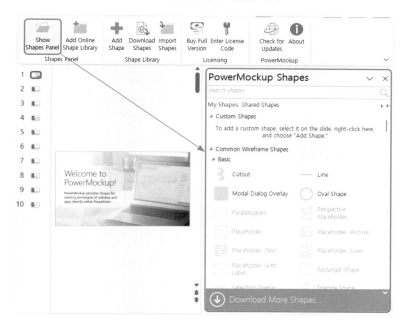

3. 파워목업을 처음 실행하면 안내 페이지가 나타납니다. 이 페이지에서 파워목업의 여러 기능과 사용법에 대한 정보를 얻을 수 있습니다.

파워목업 맛보기

이제 파워목업에서 화면 정의서 제작을 위해 제공하는 다양한 요소를 살펴보겠습니다.

1. 파워포인트에서 [새 프레젠테이션]을 클릭해 새 파일을 생성하세요.

2. 오른쪽 패널 리스트에 있는 요소를 선택해 빈 화면에 이것저것 넣어봅니다. 선택한 요소는 마우스로 드래그해서 화면에 넣어주면 됩니다. 원하는 요소가 있다면 검색을 통해 빠르게 찾을 수도 있습니다.

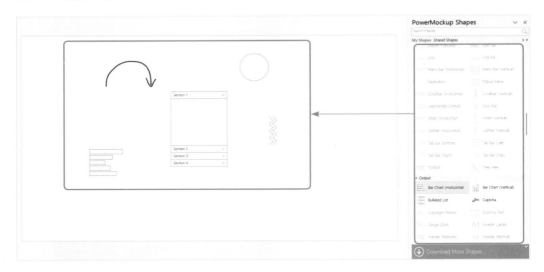

Custom Shapes 직접 만들어 보기

1. [Custom Shapes]에서는 직접 제작한 도형을 등록하여 사용하거나 필요한 경우에는 변경 또는 삭제할 수 있습니다.

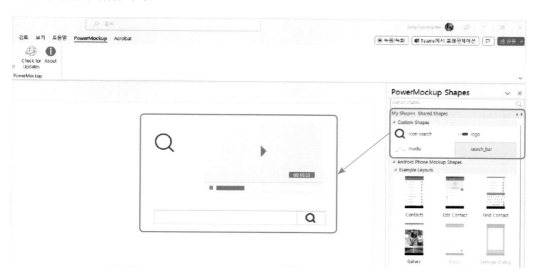

2. ❶ 먼저 원하는 요소를 그린 다음, 해당 요소를 전체 선택하고 [Custom Shapes] 메뉴 영역에서 마우스 오른쪽 버튼을 클릭하면 관련 메뉴가 나타납니다. ❷ [Add Shape from Slide]를 클릭하고 원하는 이름을 작성 후 저장하면 직접 만든 요소가 등록됩니다.

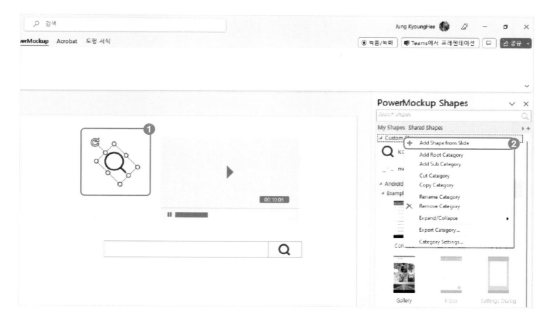

3. [Rename Category]를 클릭하면 요소의 이름을 변경할 수 있습니다. [Remove Category]를 클릭하면 리스트에서 요소를 삭제할 수 있습니다

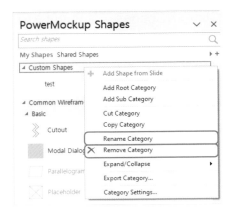

4. 기본으로 제공되는 요소들은 마우스로 클릭한 후 화면 영역으로 드래그해 편리하게 사용할 수 있습니다. 또한 색상, 크기, 텍스트 등을 모두 원하는 대로 조정하여 커스터마이징하여 활용할 수도 있습니다.

▶ 제공되는 Shapes 중에 비활성화되어 있는 요소는 유료 사용자에게만 제공되는 서비스입니다.

5. 기본적으로 제공되는 요소 외에도 더 많은 요소를 내려받아 활용할 수 있습니다. 패널의 하단에 위치한 [Download More Shapes]를 클릭하면 다양한 요소들을 확인할 수 있습니다.

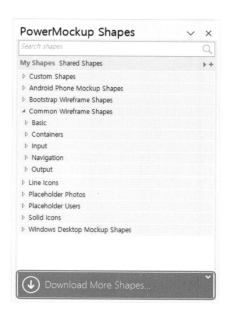

6. 원하는 요소를 선택하면 화면 오른쪽 상단에 있는 [Download Now] 버튼을 클릭하여 해당 요소를 설치합니다. 설치 후에는 해당 요소가 패널에 자동으로 나타납니다. 이렇게 필요한 추가 요소들을 손쉽게 내려받아 활용할 수 있습니다.

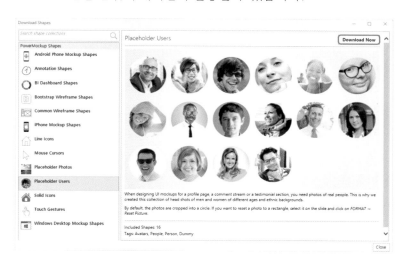

파워목업을 사용하여 다양하게 실습해 보세요. 이를 통해 디자인 실력을 더욱 향상시키고 다양한 디자인 요소들을 효과적으로 활용할 수 있을 것입니다.

10-2 | UI 스타일 가이드라인 설계하기

이번 절에서는 UI 스타일 가이드라인이 무엇이고 관리해야 하는 요소들은 어떤 것이 있는지 알아보겠습니다.

UI 스타일 가이드라인

UI 스타일 가이드라인은 사용자 인터페이스(UI) 디자인에 대한 일련의 지침과 규칙을 정리한 문서입니다. 이 가이드라인은 일관성 있는 디자인과 사용자 경험을 보장하기 위해 제작하며 디자이너, 개발자 등 다양한 팀원들의 협업에 도움을 주는 중요한 역할을 합니다. 잘 구성된 UI 스타일 가이드라인을 활용하면 전체 디자인 프로세스를 효율적으로 관리할 수 있으며, 일관성 있는 사용자 경험을 제공하는 데도 도움이 됩니다.

UI 스타일 가이드라인 사례(출처: dribbble.com/shots/11627245-UI-Style-Guidelines)

UI 스타일 가이드라인의 구성 요소

웹 디자인은 웹 사이트 개발 과정의 네 번째 단계입니다. 이 단계에서 웹 디자인 시안 작업이 마무리되면 이어서 UI 스타일 가이드라인 작업이 시작됩니다. UI 스타일 가이드라인은 다양한 도구로 제작할 수 있으므로 자신이 웹 디자인 작업에 사용하는 도구를 활용하면 됩니다. 만약 포토샵으로 웹 디자인을 진행한다면 포토샵에서, 피그마와 어도비 XD, 스케치와 같은 디자인 도구를 사용한다면 해당 툴을 활용하여 UI 스타일 가이드라인을 제작하면 됩니다.

▶ 웹 사이트 개발 과정 6단계가 잘 생각나지 않는다면 01-2절을 참고하세요.

UI 스타일 가이드라인은 특정한 형식에 국한되지는 않지만 일반적으로 '디자인 가이드', '코딩 가이드', '개발 가이드' 등의 큰 범주로 나눌 수 있습니다. 디자인 가이드에는 보통 다음과 같은 필수 사항이 포함됩니다.

색상 팔레트

웹 사이트에서 사용할 색상과 해당 색상의 사용 방법에 대한 지침을 포함합니다. 색상은 사용자의 감정과 경험에 영향을 미치므로 중요합니다. 일반적으로 회사나 제품의 브랜딩에 맞춰 색상을 계획적으로 선정하며 주조색, 보조색, 강조색으로 분류하여 팔레트를 제공합니다.

타이포그래피

어떤 폰트를 어느 부분에 사용할지와 폰트 크기, 줄 간격 등에 대한 규칙을 정의합니다. 일관된 텍스트 스타일은 인터페이스의 가독성을 높입니다.

아이콘과 그래픽

아이콘, 이미지, 그래픽 요소의 디자인과 사용 방법에 대한 지침을 포함합니다. 아이콘과 그래픽 요소는 사용자가 인터페이스를 직관적으로 이해하도록 합니다. 해당 요소들이 일관성을 유지하도록 관리하면 사용자의 웹 사이트 이해를 도울 수 있습니다.

레이아웃

인터페이스 요소의 배치와 간격, 그리드 시스템 등을 포함합니다. 일관된 레이아웃은 사용자가 콘텐츠를 더 쉽게 이해하도록 돕습니다.

상호작용과 애니메이션

버튼, 링크, 폼 요소 등의 상호작용 디자인과 애니메이션에 대한 지침을 포함합니다. 일관된 상호작용은 사용자 경험을 향상시킵니다.

디자인 패턴

반복적으로 사용되는 디자인 패턴(예: 메뉴, 카드, 모달 등)에 대한 설명과 예시를 포함합니다.

▶ 모달(modal)이란 사용자의 이목을 끌기 위해 사용하는 화면 전환 기법으로, 화면을 다른 화면 위로 띄워 표현합니다.

10-3 | 피그마와 디자인 시스템

이 절에서는 웹 디자인 도구로 널리 사용되는 툴인 피그마에 대해 알아보고, 디자인 요소와 컴포넌트를 효율적으로 관리할 수 있는 디자인 시스템에 대해 살펴보겠습니다.

피그마 살펴보기

피그마^{Figma}는 협업 및 디자인 도구로 널리 사용되는 클라우드 기반 디자인 플랫폼입니다. 웹 브라우저에서 작업할 수 있으며 윈도우, 맥OS 및 리눅스에서도 호환이 가능합니다. 데스크톱 애플리케이션도 제공하므로 공식 웹 사이트에서 내려받아 사용할 수 있습니다.

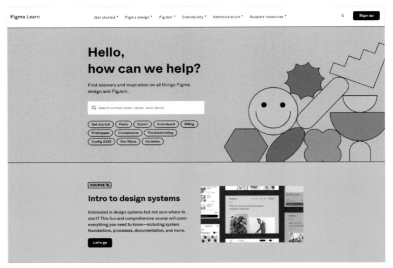

피그마(figma.com)

피그마의 주요 특징 및 기능은 다음과 같습니다.

기능	설명
무료 이용 가능	많은 기능을 비용 부담 없이 무료로 사용할 수 있습니다.
실시간 협업과 피드백 관리	여러 사용자가 동시에 같은 디자인 파일을 검토하고 피드백을 주고받을 수 있어 프로젝트 관리 및 협업에 도움이 됩니다.
플랫폼 독립성	웹 브라우저에서 실행되므로 플랫폼에 구애받지 않고 어디서든 접근할 수 있습니다.
벡터 디자인	벡터 기반의 그래픽 디자인 도구로 로고, 아이콘, 웹 및 모바일 앱 디자인 등을 할 수 있습니다.
프로토타이핑	피그마 내에서 움직이는 프로토타입을 만들고 사용자 인터페이스의 상호작용을 시뮬레이션할 수 있습니다.
디자인 시스템	디자인 시스템을 구축하고 관리하는 데 도움을 주는 기능을 제공합니다. 이를 통해 디자인 요소와 컴포넌트를 재사용할 수 있습니다.
플러그인 확장	다양한 플러그인을 지원하며, 디자인 작업을 자동화하고 기능을 확장할 수 있습니다.
클라우드 기반 저장	디자인 파일은 클라우드에 저장되므로 언제 어디서든 접근할 수 있으며, 백업 및 공유가 용이합니다.

웹 디자인 분야에서는 피그마와 함께 포토샵이 기본 도구로 활용됩니다. 피그마는 가볍고 사용이 간편한 강력한 도구로 알려져 있지만 포토샵에서 제공하는 편집 및 보정 기능을 제공하지는 않습니다. 따라서 포토샵과 피그마 2가지 도구를 모두 활용하면 최상의 결과물을 창출할 수 있습니다.

디자인 시스템 이해하기

피그마에서는 스타일 가이드 개념인 **디자인 시스템**design system을 사용하여 디자인 요소와 컴포넌트를 효과적으로 관리합니다. 디자인 시스템은 디자인 원칙과 규격을 설정하고, 디자인과 컴포넌트를 재사용할 수 있게 합니다. 디자인 시스템을 활용하면 디자인 작업을 효율적으로 관리하고 일관된 디자인을 유지할 수 있습니다.

▶ 컴포넌트는 재사용이 가능한 독립된 조각을 의미합니다. 컴포넌트를 조합해서 하나의 디자인을 완성할 수 있습니다.

피그마에서 디자인 시스템을 개발하는 방법은 2가지로 구분할 수 있습니다. 피그마에 내장된 기능을 활용하여 스타일을 저장하고 활용하는 피그마 네이티브 시스템 방식과 피그마 토큰 플러그인을 활용하는 방식입니다. 피그마 토큰을 활용하면 피그마의 내장 시스템에서 제공하지 않는 기능을 사용해 디자인 시스템을 좀 더 간결하게 관리할 수 있습니다. 물론 이 2가지 방법을 함께 사용할 수도 있습니다.

디자인 시스템은 다양한 디자인 요소, 컴포넌트, 스타일, 가이드라인 등을 통합적으로 관리하고 문서화하는 방식을 포함합니다. 큰 규모의 프로젝트를 진행하는 경우, 기획과 브랜드의 콘셉트를 반영하여 길게는 수개월에 걸쳐 진행되기도 합니다.

그렇다면 디자인 시스템은 어느 시점에 개발해야 할까요? 디자인 시안 작업을 시작하기 전에 먼저 디자인 시스템을 구축하는 것이 좋을까요? 이는 현실적이지 않을 뿐만 아니라 효과적이지도 않습니다. 아무런 기반이 없는 상태에서 작은 디자인 요소인 버튼, 아이콘 등을 먼저 제작하는 것은 어려운 일입니다. 시안 작업을 진행하는 과정에서 작은 디자인 요소들은 전체적인 분위기, 콘셉트에 따라 여러 번 수정되는 일이 많습니다. 따라서 구체적인 디자인 요소를 개발하기 전에 일정한 디자인 시안 작업을 먼저 수행하는 것이 좋습니다. 디자인 시스템은 큰 흐름을 먼저 만들고 세부적인 요소를 제작하는 **탑다운**^{top down} 방식으로 설계되어야 효과적입니다. 따라서 메인 페이지와 서브페이지의 시안 작업이 확정된 후에 디자인 시스템을 개발하고, 이를 기반으로 나머지 페이지들을 베리에이션^{variation} 하는 것이 좋습니다.

한 걸음 더! | **피그마 vs 어도비 XD** ● ○ ○

UI/UX 디자인을 시작할 때, 피그마와 어도비 XD 중 어떤 도구를 선택해야 하는지에 대한 질문을 종종 받습니다. 필자는 피그마를 추천합니다. 국내 일부 대기업이나 웹 에이전시에서는 보안 이슈로 인해 피그마 대신 어도비 XD를 사용하는 경우도 있지만 피그마는 세계적으로 가장 인기 있는 UI/UX 디자인 툴이기 때문입니다. 피그마는 뛰어난 확장성과 강력한 협업 기능을 제공하여 선두를 유지하고 있습니다.

어도비는 2023년 4월 1일부터 신규 고객에게 어도비 XD를 단일 애플리케이션으로 판매하지 않고 있습니다. 단, 이전에 어도비 XD 단일 애플리케이션을 이미 구매한 고객은 추가 기능 및 업데이트를 계속 사용할 수 있습니다. 또한 현재는 Creative Cloud의 모든 애플리케이션 플랜에 포함되어 있으며, 모든 고객에게 단일 애플리케이션 또는 모든 애플리케이션 플랜에서 어도비 XD를 계속 사용할 수 있도록 지원합니다 이로 인해 앞으로는 어도비 XD의 무료 체험판 사용이 제한될 것으로 보입니다.

10장 | 실전 과제

지금까지 배운 내용을 활용해 과제를 해결해 보세요!

01 파워포인트와 파워 목업을 활용하여 다음과 같이 사이트 구조도를 구성해 보세요..

▶ 자료실에서 실습 파일을 내려받아 따라 만들어 보세요. [이지스퍼블리싱 홈페이지 → 자료실 → 책 제목 검색]

02 파워포인트와 파워 목업을 활용해 다음과 같이 화면 정의서를 제작해 보세요.

▶ 자료실에서 실습 파일을 내려받아 따라 만들어 보세요.

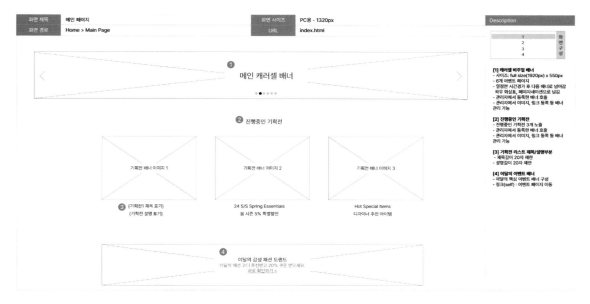

화면 제목	메인 페이지		화면 사이즈	PC용 - 1320px
화면 경로	Home > Main Page		URL	index.html

Description

	1	화
	2	면 구
	3	성
	4	

[1] 신상품 리스트
- 등록 최신순 4개의 썸네일 구성
- 관리자 관리

[2] 신상품 리스트 제목/설명부분
- 제목길이 20자 제한
- 설명길이 20자 제한
- 가격 노출

[3] 버튼
- 신상품 전체보기 페이지 이동

[4] 베스트 상품 리스트
- 5개 노출 캐러셀 배너
- 양쪽 화살표로 이전/다음 리스트 이동

[5] 버튼
- 베스트 상품 전체보기 페이지 이동

❶ 신상품

상품 이미지1　　상품 이미지2　　상품 이미지3　　상품 이미지4

❷ {상품 제목 표기}　　구찌 핑크 벨트　　레이몬드 웨일 시계　　큐빅 네이버 슈즈
{상품 설명 표기}　화려함과 캔니함의 조화로움　골드의 고급스러움과 블랙의 조화　시원한 네이비의 화이텀
{상품 가격 표기}　137,000원　　1,350,000원　　280,000원

❸ 신상품 전체보기 >

❹ 베스트 상품

상품 이미지1　상품 이미지2　상품 이미지3　상품 이미지4　상품 이미지5

{상품 제목 표기}　홀리 그린 니트　하트 나염 나시　집업 크롭 자켓　스킨 진 부츠컷
{원가} {상품 가격 표기}　45,000 43,000원　20,000 18,000원　85,000 83,000원　55,000 48,000원

❺ 베스트 상품 전체보기 >

실전! 피그마로 디자인 시스템 제작하기

11장에서는 디자인 시스템을 직접 제작해 봅니다.
피그마를 활용해 실무에서 필요한 컬러, 타이포그래피, 버튼, 인풋 시스템을
제작하는 과정을 알아보겠습니다.

11-1   컬러 시스템 만들기

11-2   타이포그래피 시스템 만들기

11-3   버튼 시스템 만들기

11-4   인풋 시스템 만들기

학습 목표

1. 피그마로 다양한 디자인 시스템을 제작합니다.

11-1 | 컬러 시스템 만들기

실습에 앞서 디자인 시스템 만들기에서 사용할 폰트를 간략히 소개하겠습니다. 프리텐다드 폰트^{Pretendard Font}는 고딕체 스타일로 9가지 굵기를 제공합니다. 이 폰트는 윈도우와 맥에서 동일하게 표시되며 SIL 오픈 폰트 라이선스를 적용하므로 모든 상업적 용도에 활용할 수 있습니다. 특히 가독성이 뛰어나 웹 디자인에 많이 활용되는 폰트입니다. 만일 폰트를 보유하고 있지 않다면 웹 사이트(cactus.tistory.com/306)에 먼저 접속해 내려받아 설치한 후 진행하세요.

Pretendard 프리텐다드

이번 실습에서는 피그마의 내장 기능인 피그마 네이티브 시스템 방식을 활용하겠습니다. 디자인 시스템 전체를 구축하는 작업은 시간이 오래 걸리므로 일부 요소를 작업해 여러 방면에 활용하는 방식으로 진행하겠습니다. 이를 토대로 하면 나머지 디자인 시스템을 수월하게 구축해 나갈 수 있을 것입니다.

▶ 실습에서는 피그마의 무료 버전을 사용합니다.
▶ 이 실습의 목적은 피그마로 디자인 시스템을 제작하는 것입니다. 피그마 기본 사용법을 자세히 알고 싶다면 《Do it! 실무 순서로 배우는 프로덕트 디자인 with 피그마》를 참고하세요.

컬러 시스템

먼저 디자인 시스템 중 색상을 관리하는 컬러 시스템을 만들어 보겠습니다. 색상은 디자인 시스템의 기본 구성 요소입니다. 컬러 시스템을 통해 디자인에 사용할 컬러를 기획하고 관리하면 협업 시에도 일관되고 안정된 디자인을 할 수 있습니다.

주조색, 보조색, 강조색을 활용한 컬러 시스템을 만들어 보겠습니다. 이 실습을 통해 웹 디자인의 기준이 되는 컬러 시스템을 구축해 보세요.

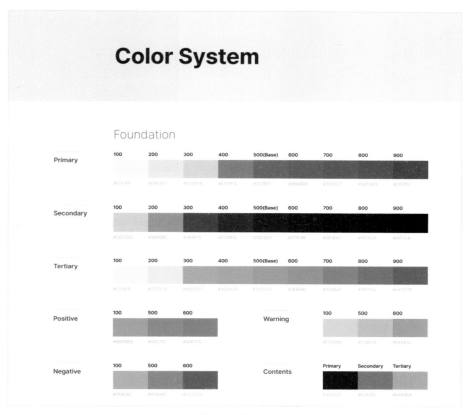

완성된 컬러 시스템

Do it! 실습 피그마 기본 설정하기

1. 피그마 계정이 없다면 먼저 피그마 웹 사이트(figma. com)에 접속한 후 회원 가입 및 로그인을 진행합니다.

2. 실습은 피그마 데스크톱 애플리케이션을 활용하여 진행
하겠습니다. ❶ 화면 왼쪽 상단에 표시된 자신의 계정 이름
을 클릭합니다. ❷ [Get desktop app]을 선택하여 앱을 내
려받아 실행합니다.

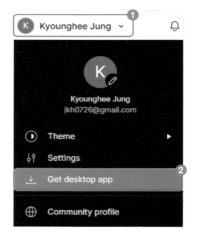

3. ❶ 왼쪽 메뉴에 있는 [Drafts]를 클릭합니다. 작업은 기본적으로 이 영역에서 진행합니다.
❷ 오른쪽 상단의 [Design file]을 클릭하여 새로운 작업 파   ▶ 새로운 작업 파일을 만드는 단축키: 윈도
일을 만듭니다.   우는 Ctrl + N, 맥은 Command + N

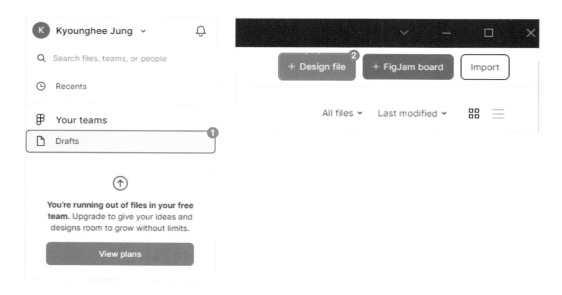

4. ❶ 화면 상단 중앙의 기본 페이지 제목인 'Untitled' 부분을 더블 클릭하고 'Design System'
으로 변경합니다. ❷ 왼쪽 Layers 패널 상단에서 [Page1]을 클릭하여 페이지를 엽니다.

❸ 기본 페이지 이름인 'Page1'을 더블 클릭하여 'Color'로 수정합니다.

5. ❶ 상단의 도구 메뉴에서 프레임 도구 ⊞를 선택하고 ❷ 빈 화면에 드래그하여 프레임을 생성합니다.

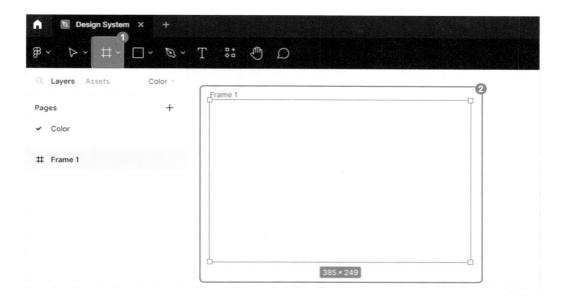

6. 오른쪽 Design 패널에서 프레임 크기를 'W: 1440, H: 1600'으로 수정합니다.

7. 왼쪽 Layers 패널에서 Frame 1을 더블 클릭하여 '
Color System'으로 변경합니다.

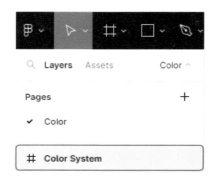

Do it! 실습 헤더 영역 구성하기

1. 상단 메뉴 중 사각형 도형 도구 ■를 선택합니다.

2. ❶ 프레임 안쪽에 'W: 1440, H: 300' 크기로 사각형을 생성합니다. ❷ Design 패널 상단의 정렬 옵션에서 Align Left ⊨ 를 선택한 다음 Align Top ┬ 을 클릭하여 사각형을 프레임 상단에 딱 맞게 정렬합니다. ❸ Fill 옵션에서 '#E7EBEE'로 배경색을 수정합니다.

▶ 16진수 코드로 색상을 표현할 때는 색상 앞에 #이 있어야 하지만 피그마의 색상 선택 옵션 창은 기본적으로 #이 포함되도록 만들어져 있어 # 없이 색상 값을 적어도 적용됩니다.

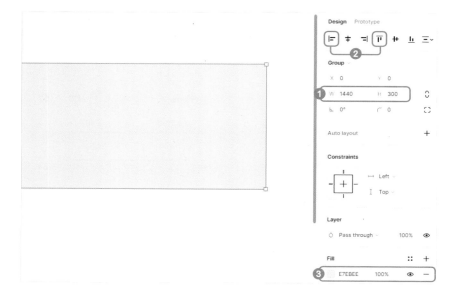

3. Layers 패널에서 도형의 이름을 더블 클릭하여 'Background/Header'로 변경합니다.

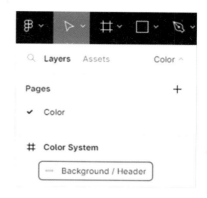

4. ❶ 텍스트 도구 ▣를 선택한 상태로 타이틀 영역을 클릭하여 ❷ 'Color System'이라고 입력합니다.

5. ❶ 요소를 선택하고 오른쪽 Design 패널의 Text 영역에서 ❷ 폰트를 [Pretendard]로 선택합니다. ❸ 스타일은 [Bold], 크기는 '72'로 설정합니다. ❹ Fill 색상을 '#323232'로 설정합니다.

6. Text 영역 오른쪽의 **❶** Style 아이콘 ∷ 을 선택한 후 **❷** 아이콘 **+** 을 클릭하여 스타일로 저장합니다. **❸** Name에는 'display', Description에는 'frame title' 을 입력한 후 **❹** [Create style]을 클릭하여 저장합니다.

7. ❶ Fill 옵션의 오른쪽 Style 아이콘 ∷ 을 클릭하고 **❷** 다시 **+** 아이콘을 클릭합니다. **❸** Name에 'contentPrimary'라고 입력하고 **❹** [Create style]을 클릭하여 저장합니다.

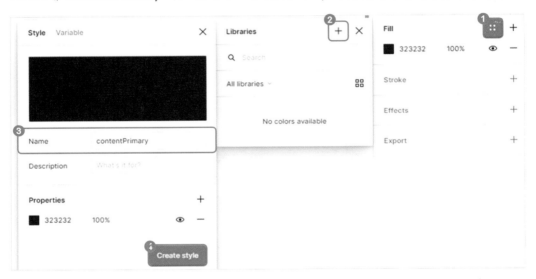

8. Design 패널 이름이 다음과 같이 설정됐는지 확인합니다.

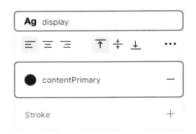

9. 이제 제목을 정렬하겠습니다. ❶ ⌈Shift⌉을 누르고 Color System 텍스트와 Background/ Header를 클릭해 선택한 다음 ❷ 오른쪽 Design 패널에서 Align vertical centers 아이콘 ✛ 을 눌러 세로 간격을 설정합니다. 그리고 ❸ Color System의 Design 패널에서 X에 '340' 을 입력해 왼쪽 간격을 설정합니다.

10. 왼쪽 Layers 패널에서 Color System과 Background/ Header를 함께 선택한 다음 마우스 오른쪽 버튼을 클릭하여 [Group Selection]을 선택하거나 단축키 ⌈Ctrl⌉ + ⌈G⌉를 사용하여 그룹화합니다. 그룹화한 요소의 이름은 왼쪽 Layers 패널에서 'header'로 변경합니다.

헤더 영역을 완성하였습니다.

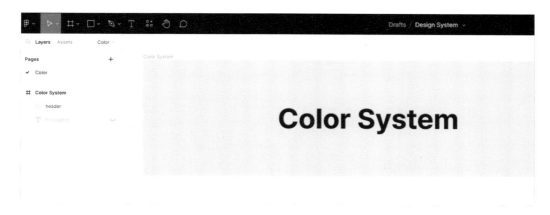

Do it! 실습 **콘텐츠 영역 — 제목 구성하기**

1. 콘텐츠 영역의 제목을 생성해 보겠습니다. ❶ 텍스트 도구 🍅를 선택하고 ❷ 빈 화면을 클릭한 뒤 'Foundation'이라고 입력합니다.

2. ❶ 폰트는 [Pretendard]를 선택하고 스타일은 [ExtraLight], 크기는 '40'으로 설정합니다. ❷ Fill 색상을 '#3C76F1'로 설정합니다. 만약 기존 스타일과 연결되어 있다면 Detach style ⟲을 클릭하여 연결을 해제합니다.

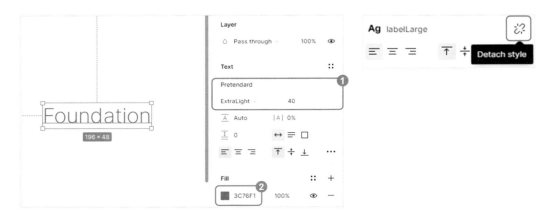

앞으로 이러한 작업을 효율적으로 수행하기 위해 요소를 컴포넌트 애셋^{Component Asset}으로 등록할 것입니다. 여기서 컴포넌트란 여러 번 재사용될 UI 구성 요소를 의미합니다. 반복해서 사용되는 구성 요소를 컴포넌트로 제작한 후 활용하면 작업 시간을 빠르게 단축할 수 있습니다. 또한 수정이 필요할 때에도 컴포넌트 하나만 수정하면 재사용된 요소가 모두 자동으로 수정되어 작업 효율성도 높습니다.

3. 컴포넌트 애셋을 만들어 보겠습니다. ❶ 텍스트 도구 **T**를 선택한 후, ❷ 프레임 왼쪽 바깥 영역을 클릭하여 'Primary'라고 텍스트를 입력합니다.

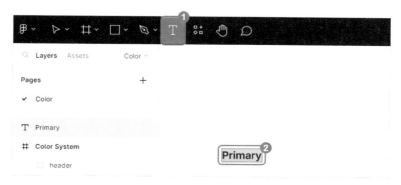

4. ❶ 폰트는 'Pretendard'를 선택하고 스타일은 'SemiBold', 크기는 '21'로 설정합니다. ❷ Fill 색상을 '#394E75'로 설정합니다.

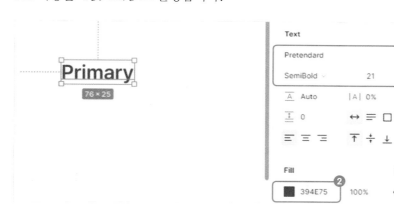

5. 이번에는 텍스트를 스타일로 저장합니다. ❶ ∷ 아이콘을 클릭한 후 ❷ + 아이콘을 선택합니다. ❸ 이름은 'labelLarge'로 지정한 후 ❹ [Create style]을 선택하여 저장합니다.

6. Fill 부분 또한 스타일로 저장합니다. ❶ 영역 오른쪽에 있는 ⁝⁝ 아이콘을 클릭한 후 ❷ + 아이콘을 선택하고 ❸ 이름을 'secondary300'으로 입력한 후 [Create style] 클릭하여 저장합니다.

7. ❶ 'Primary' 텍스트를 선택한 후 마우스 오른쪽 버튼을 클릭하고 ❷ [Add auto layout]을 선택하여 요소를 Auto layout으로 변경합니다.

▶ Auto layout의 단축키는 Ctrl + A 입니다.

8. 오른쪽의 Auto layout 패널에서 ❶ 패딩을 확장하는 버튼 ⊡ 을 클릭한 다음, ❷ 위쪽 패딩만 '16', 나머지는 '0'으로 설정합니다.

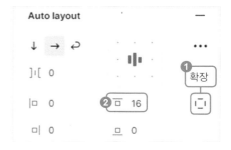

9. Stroke 영역에서 ❶ + 아이콘을 클릭하여 ❷ 색상을 '#B4B4B4', ❸ 두께를 '1'로 설정하고 ❹ 테두리 라인을 Top(상단)으로 추가합니다.

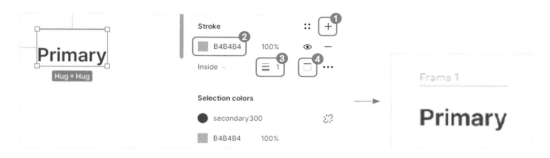

10. 왼쪽 상단 Layers 패널에서 ❶ Color System 아래의 'Frame1'을 선택한 후, ❷ 페이지 도구 바 중앙에 위치한 Create component 아이콘 🞔을 클릭하여 컴포넌트로 변경합니다. ❸ 그리고 이름을 'Label/Large'로 변경합니다. 이제 재사용할 수 있는 컴포넌트가 완성되었습니다.

▶ '/'는 폴더를 의미합니다. 즉, 'Label' 폴더 안에 'Large'라는 이름의 컴포넌트를 생성한 것입니다.

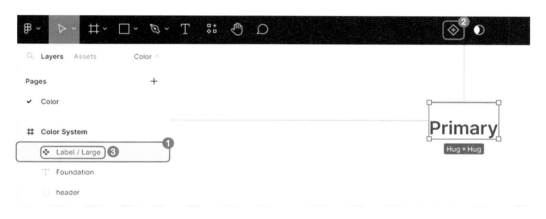

Do it! 실습 **콘텐츠 영역 — 내용 구성하기(1)**

1. ❶ Assets 패널을 열어서 Label 폴더 안에 Large 컴포넌트가 생성되었는지 확인합니다. ❷ 이를 클릭한 상태에서 프레임 영역으로 드래그하여 'Color System' 프레임 내에 배치합니다. ❸ 이때 Alt 를 누른 상태로 왼쪽에서 여백을 '150' 픽셀 정도 유지하도록 적절한 위치에 배치합니다. 'Primary' 텍스트 부분을 클릭한 후 다른 텍스트로 변경하며 잘 적용되는지도 확인합니다.

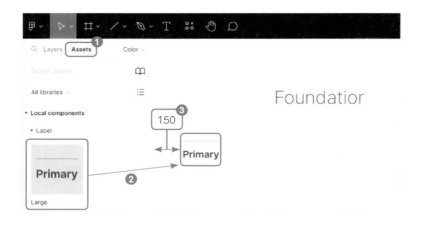

2. ❶ 사각형 도형 도구 ■를 선택하고 크기를 'W: 110, H: 60'으로 설정하여 사각형을 만듭니다. ❷ Fill 색상을 '#ECF1FE'로 변경합니다.

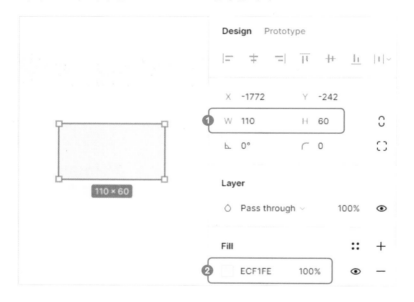

3. ❶ 텍스트 도구 T를 선택한 후 사각형 도형 위쪽에 '100'이라고 텍스트를 입력합니다. 기존 스타일과 연결되어 있다면 ⚯ 아이콘을 눌러 해제한 후 ❷ 폰트는 [Pretendard]를 선택하고, 스타일은 [SemiBold], 크기는 '16'으로 설정합니다. ❸ Fill 색상은 ∷를 클릭해 앞에서 저장해 둔 [contentPrimary]를 선택합니다. ❹ '100'을 새로운 스타일로 저장하겠습니다. 앞에서 배운 스타일 설정 방법을 참고하여 'labelMedium'이라는 이름으로 저장합니다.

▶ 스타일을 저장하는 방법이 헷갈린다면 바로 앞에서 실습한 '콘텐츠 영역 ─ 제목 구성하기' 실습을 참고하세요.

4. 색상 박스 위에 위치한 ❶ '100' 텍스트를 선택하고 ❷ Alt 를 누른 상태에서 드래그하여 사본을 하나 만듭니다. ❸ 이를 사각형 아래에 배치한 후 '#ECF1FE'로 텍스트를 변경합니다.

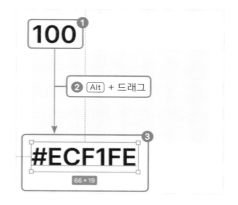

5. Design 패널의 Text와 Fill 옵션에서 ⁂ 아이콘을 클릭하여 기존 스타일 연결을 해제하고, ❶ 폰트 스타일에서 [Regular] 크기를 '14'로 변경합니다. ❷ Fill 색상을 '#B4B4B4'로 변경합니다. ❸ Text의 ⁞⁞ 아이콘을 클릭한 후 이름을 'paragrapy Small'로 지정하여 스타일을 새로 저장합니다. ❹ Fill 색상도 새로운 스타일로 저장합니다. 이름은 'content Tertiary'로 지정합니다.

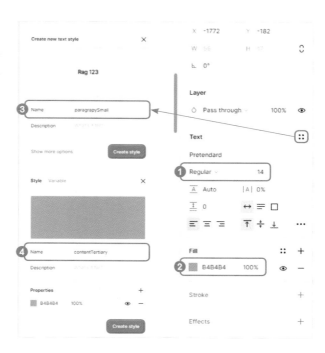

6. ❶ 사각형 도형과 그 위아래의 텍스트를 모두 선택한 후, 단축키 [Shift] + [A](맥은 [Command] + [A])를 눌러서 Auto layout으로 변경합니다. ❷ 행간은 '8'로 설정합니다.

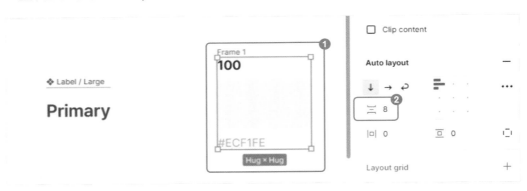

Do it! 실습 콘텐츠 영역 — 내용 구성하기(2)

1. 앞에서 만든 컴포넌트를 재사용하여 내용을 구성해 보겠습니다. ❶ 왼쪽 Layers 패널에서 [Frame 1]을 선택한 후, ❷ 페이지 도구 바 중앙에 위치한 Create component ◈ 아이콘을 클릭하여 컴포넌트로 변환합니다.

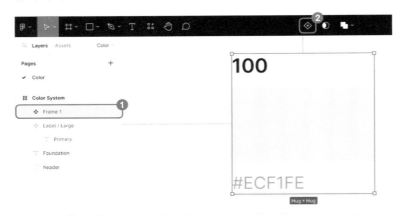

2. ❶ 레이어의 컴포넌트 이름을 'Color/Chart'로 변경합니다. ❷ Assets 패널을 선택하여 컴포넌트가 정상적으로 생성되었는지 확인합니다.

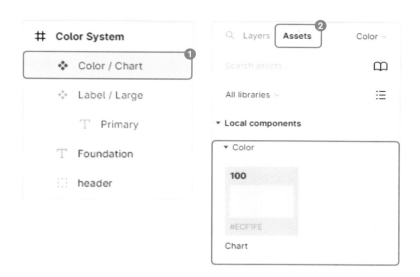

3. ❶ Assets 패널에서 Chart 애셋을 선택한 후 프레임 영역에 드래그하여 배치합니다. ❷ 먼저 Alt + [드래그]나 Chart 애셋을 복제해 1개를 공백 없이 배치한 뒤 Ctrl + D 를 9번 눌러서 총 10개가 되도록 복사합니다.

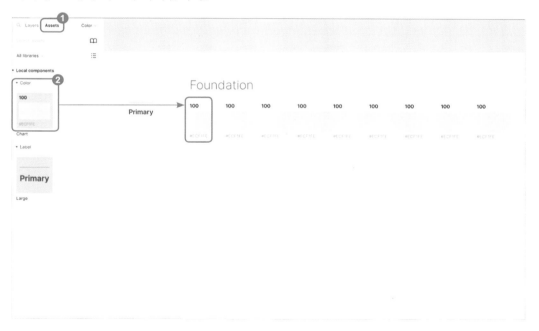

❸ 각 애셋의 사각형 컬러 박스를 선택한 후 이름과 색상을 입력해 다음과 같이 총 9개의 스타일을 등록합니다.

- 100 — Name: primary/100, #ECF1FE
- 200 — Name: primary/200, #D8E4FC
- 300 — Name: primary/300, #C5D6FB
- 400 — Name: primary/400, #6391F4
- 500(Base) — Name: primary/500Base, #3C76F1
- 600 — Name: primary/600, #366AD9
- 700 — Name: primary/700, #305EC1
- 800 — Name: primary/800, #2A53A9
- 900 — Name: primary/900, #244791

4. 사각형 위의 제목과 아래의 색상값 정보도 스타일에 맞게 수정합니다. 다음 결과 화면을 참고하세요.

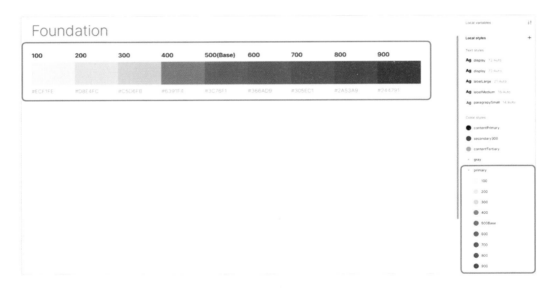

5. 프레임 내의 색상 차트는 전체를 다시 반복적으로 재사용할 예정이므로 컴포넌트 애셋으로 제작하겠습니다.

색상 차트 전체를 선택한 후 프레임 밖으로 복제([Alt] + [드래그])하여 배치합니다. 전체를 Auto layout([Shift] + [A])으로 설정합니다.

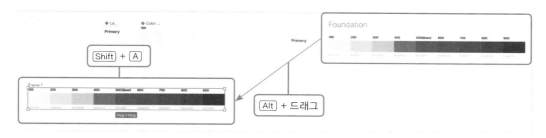

6. 전체를 다시 선택한 후 Create component ◈ 아이콘을 클릭하여 컴포넌트로 변환하고, 이름을 'Color/ChartSet'으로 수정합니다.

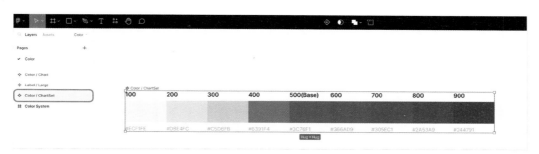

7. ❶ Assets 패널에서 Label 폴더의 Large 애셋을 선택한 후 프레임 영역의 Primary 타이틀 아래로 드래그하여 배치합니다. ❷ Secondary로 타이틀을 변경합니다. ❸ Color 폴더의 Chart Set 애셋을 선택한 후 프레임 영역의 Primary 색상 차트 아래쪽으로 드래그하여 배치하고 정렬을 맞춥니다. 그리고 다음과 같이 차트를 변경합니다.

> - 100 — Name: secondary/100, #CED3DD
> - 200 — Name: secondary/200, #9BA6BC
> - 300 — Name: secondary/300, #394E75
> - 400 — Name: secondary/400, #213864
> - 500(Base) — Name: secondary/500Base, #082253
> - 600 — Name: secondary/600, #071F4B
> - 700 — Name: secondary/700, #061B42
> - 800 — Name: secondary/800, #06183A
> - 900 — Name: secondary/900, #04112A

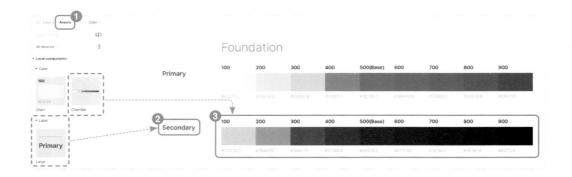

8. 동일한 방법으로 'Tertiary' 영역도 작업해 배치합니다.

- 100 — Name: tertiary/100, #E7FAFA
- 300 — Name: tertiary/300, #58DDD9
- 500(Base) — Name: tertiary/500Base, #10CFC9
- 600 — Name: tertiary/600, #0EBAB5
- 800 — Name: tertiary/800, #0B918D

- 200 — Name: tertiary/200, #CFF5F4
- 400 — Name: tertiary/400, #40D9D4

- 700 — Name: tertiary/700, #0DA6A1
- 900 — Name: tertiary/900, #0A7C79

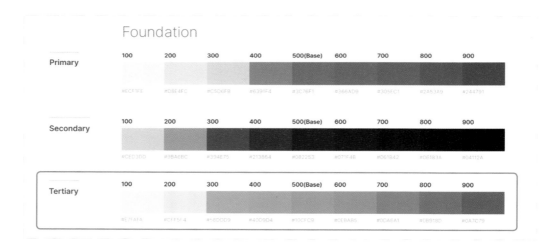

9. 다른 버전의 색상 차트 컴포넌트도 제작하겠습니다. ❶ Assets 패널에서 'Chart' 애셋을 선택한 후 프레임 영역의 왼쪽 바깥 영역에 드래그하여 3개를 나란히 붙여서 배치합니다. ❷ 타이틀을 'Positive'로 수정하고 동일한 방법으로 다음과 같이 색상 차트를 변경합니다.

- 100 — Name: positive/100, #66DDB3
- 600 — Name: positive/600, #00B374

- 500 — Name: positive/500, #00C781

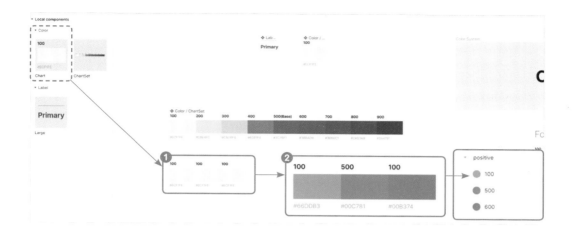

10. 수정한 3개의 Chart 애셋을 모두 선택한 후 Auto layout(⎡Shift⎤ + ⎡A⎤)으로 설정합니다. 그 다음 Create component ✦ 아이콘을 클릭하여 컴포넌트로 변환하고 이름을 'Color/typeSet'으로 수정합니다.

11. 동일한 방법으로 Warning, Negative, Contents 색상 차트를 3개 더 추가합니다. 구체적인 이름과 색상값은 다음을 참고하세요.

- 100 — Name: warning/100, #FFD688
- 500 — Name: warning/500, #FFBB38
- 600 — Name: warning/600, #E6A832

<Negative>
- 100 — Name: negative/100, #FF8C8C
- 500 — Name: negative/500, #FF4040
- 600 — Name: negative/600, #CC3333

<Contents>
- Primary — Name: gray/contentPrimary, #323232
- Secondary — Name: gray/contentSecondary, #828282
- Tertiary — Name: gray/contentTertiary, #B4B4B4

지금까지 진행한 디자인 시스템 제작 과정은 피그마 네이티브 시스템 방식을 사용했습니다. 그러나 피그마 토큰 플러그인을 활용하면 이 과정을 자동으로 생성하는 기능이 있어 스타일을 좀 더 편리하게 관리할 수 있습니다.

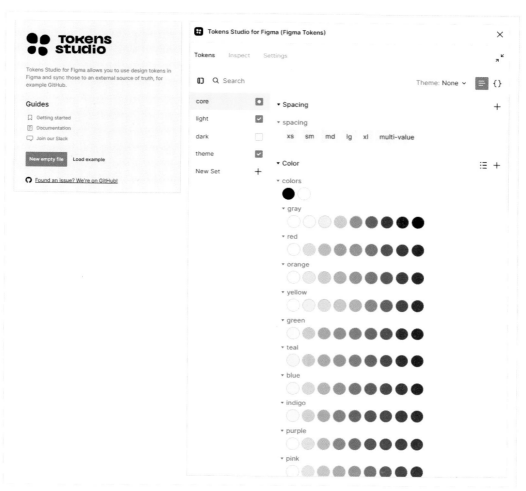

피그마 토큰 플러그인

11-2 | 타이포그래피 시스템 만들기

디자인 시스템의 타이포그래피 시스템을 제작해 보겠습니다. 타이포그래피 시스템에서는 폰트 모양과 사이즈 및 문단 스타일 등을 설정합니다. 이 실습에서 만든 컴포넌트를 활용하면 여러분만의 방식을 확장해 나갈 수 있습니다.

완성된 타이포그래피 시스템

Do it! 실습 타이포그래피 시스템 — 컴포넌트 제작

1. ❶ Layers 패널에서 + 아이콘을 클릭하여 새로운 페이지를 추가하고 ❷ 페이지 이름을 'Typography'로 변경합니다.

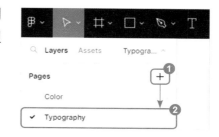

2. ❶ 11-1절에서 제작한 Color 페이지의 Color System 프레임을 복사하여 Typography 페이지에 붙여 넣고 프레임 이름과 헤드 타이틀을 모두 'Typography'로 수정합니다.
❷ 본문 영역에서 Primary Label 타이틀만 남기고 모두 삭제한 뒤 'Primary'를 'Heading'으로 수정합니다.

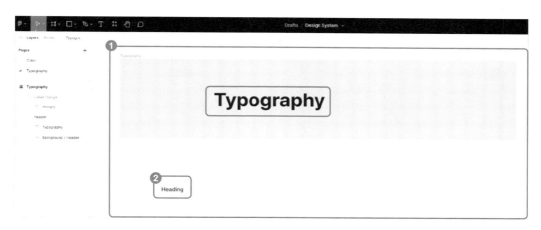

3. 콘텐츠 내용은 반복해서 사용할 것이므로 프레임 바깥 영역에서 컴포넌트로 제작하여 넣겠습니다. ❶ 텍스트 도구 [T]를 선택하고 프레임 왼쪽 영역에 'Bold'라고 입력합니다. ❷ Design 패널에서 폰트 크기는 [labelMedium] 스타일을, 폰트 색상은 [contentPrimary] 스타일을 선택합니다.

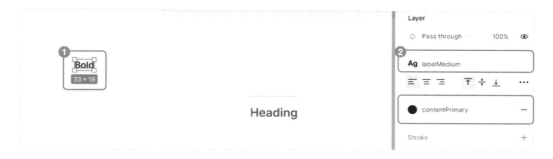

4. 실습에 필요한 플러그인을 설치하겠습니다. Content Reel은 다양한 더미 데이터를 생성해 주는 플러그인으로 아이콘, 프로필 이미지, 텍스트 등을 제공합니다. ❶ 도구 메뉴에서 Resources ▦를 클릭합니다(Shift + I). ❷ 창 상단 메뉴 중 [Plugins]를 선택하고 검색 창에 'Content Reel'을 입력한 후 해당 항목이 검색되면 [Run]을 클릭하여 실행합니다.

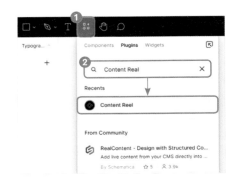

5. ❶ Bold 텍스트를 복제하여 아래에 배치합니다. ❷ 복제한 텍스트를 선택한 후 Content Reel 플러그인의 [Text] 탭을 선택하고, ❸ 첫 번째로 나오는 [Lorem Ipsum]을 클릭하면 자동으로 더미 텍스트를 삽입합니다. ▶ Lorem Ipsum의 더미 텍스트는 랜덤으로 생성됩니다.

6. ❶ 더미 텍스트를 선택한 후 Design 패널의 Text 옵션을 [Pretendard], [Bold], '50'으로 설정합니다. ❷ 색상은 [contentPrimary] 스타일을 선택합니다. 텍스트가 길다면 박스 사이즈를 조절하여 박스 안에서 2~3줄 정도로 출력되도록 조절합니다. ❸ Text 옵션의 ▦ 아이콘을 선택한 후 ➕ 아이콘을 클릭하여 새로운 스타일을 등록합니다. 이름은 'Heading/XXXL'로 입력합니다.

7. ❶ 텍스트를 복제하여 기존 텍스트 박스 아래에 위치시킵니다. 새로 만든 박스를 선택한 후 패널의 Text 옵션에서 [Pretendard], [Bold], '37'로 설정합니다. **❷** 연결된 스타일을 해제한 후 새로운 스타일로 등록하고 이름을 'Heading/XXL'로 입력합니다.

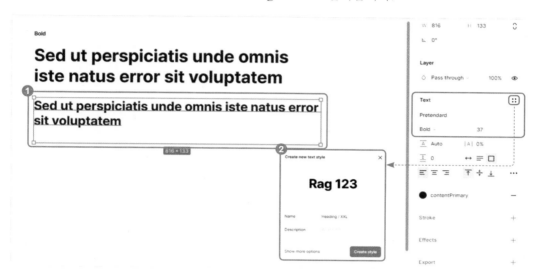

8. 동일한 방법으로 총 6개의 텍스트를 복사해 위계를 정의합니다. 각 텍스트의 위계별로 스타일 이름과 폰트 크기를 다음과 같이 저장합니다.

스타일 이름	폰트 크기
Heading/XXXL	50
Heading/XXL	37
Heading/XL	28
Heading/Large	21
Heading/Medium	16 (기본 사이즈)
Heading/Small	12

9. ❶ 스타일 생성을 마치면 전체 텍스트를 선택한 후 단축키 [Shift] + [A]를 사용하여 Auto layout으로 변경합니다. **❷** Design 패널에서 마진을 '16'으로 설정합니다.

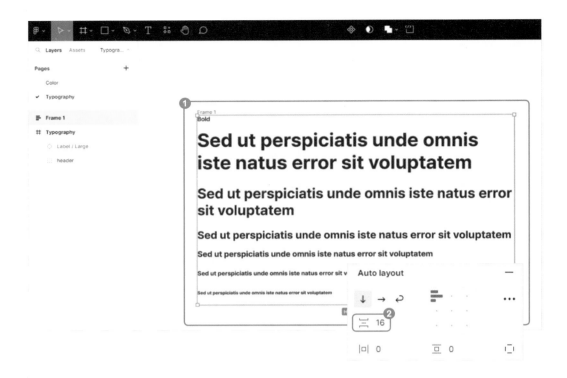

10. 마지막으로 [Frame1]을 선택한 후  아이콘을 클릭하여 컴포넌트로 변환합니다. 컴포넌트 이름은 'Text/textSet'으로 수정합니다.

11. Assets 패널에서 [textSet] 애셋을 선택한 후, 프레임 영역의 Heading 레이블 오른쪽으로 드래그하여 배치합니다.

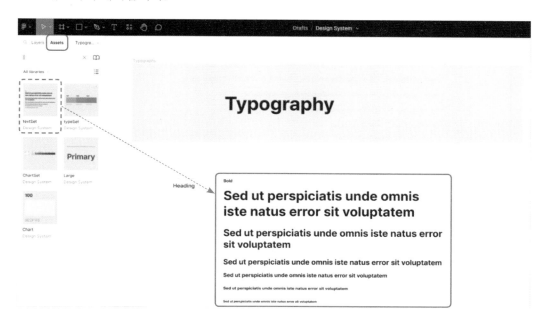

Do it! 실습 타이포그래피 시스템 — 레이블 제작하기

1. ❶ 프레임 제목을 선택하고 높이를 'H: 2500'으로 여유 있게 늘려 줍니다.

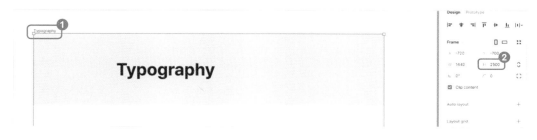

2. ❶ 위의 Heading 요소 전체를 그대로 복제해서 아래에 배치합니다. ❷ 이때 XXXL 크기는 필요 없으므로 ⌜Delete⌟를 눌러 삭제하면 배치가 자동으로 조절됩니다. ❸ Heading 제목은 'Label'로 수정합니다.

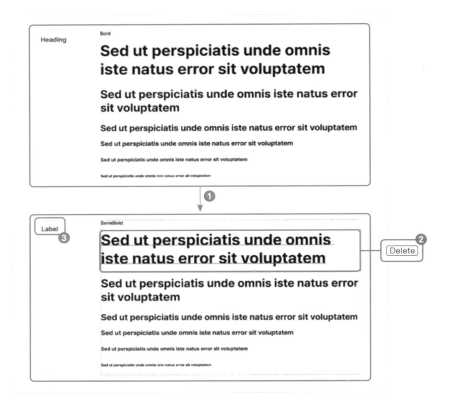

3. 복사한 Label의 Bold 타이틀을 'Semi Bold'로 수정하고 폰트 크기별로 스타일을 생성합니다. 세부 스타일 정보는 오른쪽과 같습니다.

스타일 이름	폰트 크기
Label/XXL	37
Label/XL	28
Label/Large	21
Label/Medium	16 (기본 크기)
Label/Small	12

4. 앞의 Label 요소 전체를 그대로 복제해서 아래에 배치합니다. 이때 XXL 크기는 필요 없으므로 [Delete]로 삭제하고 제목은 'Paragraphy'로 수정합니다. 이와 동일한 방법으로 각 텍스트의 스타일을 오른쪽과 같이 설정합니다.

스타일 이름	폰트 크기
Paragraphy/XL	28
Paragraphy/Large	21
Paragraphy/Medium	16 (기본 크기)
Paragraphy/Small	12

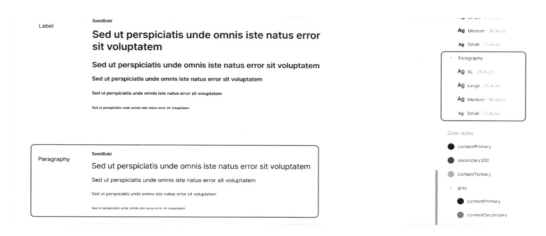

5. Paragraphy의 행간을 설정하기 위해 컴포넌트의 가로 폭을 축소해 보겠습니다. 이때 컴포넌트 내부의 콘텐츠가 자동으로 줄어들지 않는 것을 확인할 수 있는데, 그 이유는 컴포넌트 안의 각 요소들이 [Fixed width]로 고정되었기 때문입니다. 박스를 줄였을 때 내부의 콘텐츠도 자동으로 줄어들 수 있도록 텍스트를 더블 클릭하고 오른쪽 Design 패널에서 Horizontal resizing을 [Fill container]로 변경합니다.

▶ Horizontal resizing은 가로 크기 조정이라는 의미입니다. Design 패널의 W(너비) 아래에서 조정할 수 있습니다.

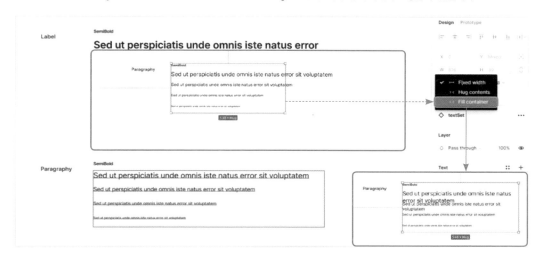

6. Vertical resizing도 [Hug contents]로 변경하여 높잇 값을 자연스럽게 조절합니다.

▶ Vertical resizing은 세로 크기 조정이라는 의미입니다. Design 패널의 H(높이) 아래에서 조정할 수 있습니다.

7. ❶ Paragraphy 각 스타일의 Edit Style ↕ 아이콘을 클릭한 후 ❷ Line height를 '160%'으로 모두 수정합니다.

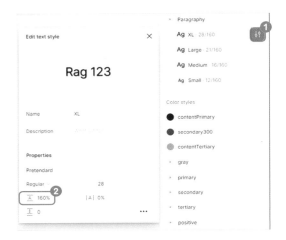

8. 색상도 모두 [gray/contentSecondary]로 변경합니다.

▶ [gray/contentSecondary] 스타일을 생성하지 않았다면 Fill 색상을 '#828282'로 입력해 생성하세요.

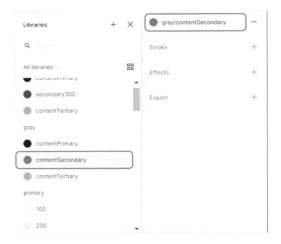

9. 마지막으로 Typography 프레임을 선택한 후 프레임 아래쪽 남는 부분을 'H: 2000' 정도
의 적당한 수치로 수정합니다. ➤ 본인의 화면 크기에 맞춰 조절하세요.

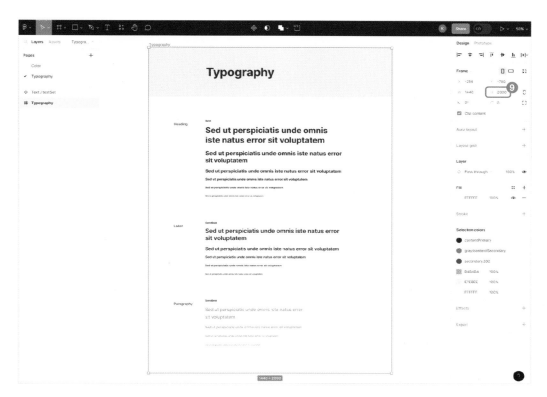

또는 오른쪽 이미지와 같이 Typography
페이지의 내용을 페이지 왼쪽으로 뺀 후
컴포넌트를 별도로 정리하는 방식으로
수정해도 좋습니다.

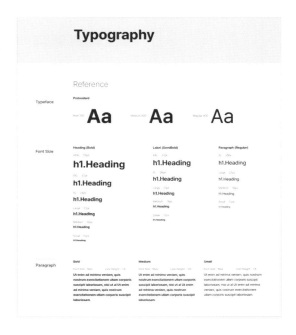

11-3 | 버튼 시스템 만들기

이번에는 디자인 시스템의 버튼 시스템을 제작해 보겠습니다. 버튼 시스템은 웹 페이지에서 사용하는 다양한 버튼이 동작하는 방식을 설정합니다. 기본 스타일을 활용해 마우스 커서를 올렸을 때, 버튼을 클릭했을 때, 버튼을 이용할 수 없을 때 등으로 유형별 상태를 설정합니다. 이번 실습에서 만든 컴포넌트를 활용해 여러분만의 디자인을 확장해나가기를 바랍니다.

완성된 버튼 시스템

대표적인 버튼 컴포넌트 속성은 다음과 같습니다.

버튼 컴포넌트명	속성	설명
Style Values	filled	배경이 있음
	outlined	배경이 없고 테두리만 있음
Type Values	primary	가장 중요한 색(주조색)
	secondary	두 번째로 중요한 색
	tertiary	세 번째로 중요한 색
	positive	성공적인 액션 상태 색
	warning	경고 및 주의 상태 색
	negative	오류 및 실패 상태 색
State Values	default	기본 상태
	hover	마우스를 올린 상태
	active	눌려진 상태
	disabled	비활성화 상태
HiddenLabel Values	false	레이블이 보이는 상태
	true	레이블이 숨은 상태
Size Values	large	크기가 큰 버튼
	medium	크기가 중간 버튼
	small	크기가 작은 버튼
SwapIcon Values		Instance Swap 속성 설정
Label Values		Name은 'Label'로 입력, Text 속성을 설정
ShowIcon Values		Boolean 속성을 설정

Do it! 실습 버튼 시스템 — 컴포넌트 제작하기 (1)

버튼을 제작하기 전에 먼저 버튼 컴포넌트를 제작할 때 고려해야 할 사항인 버튼 요소의 속성 property과 값 value을 살펴보겠습니다.

버튼은 이름에 해당하는 **레이블**^label과 클릭 가능한 영역인
컨테이너^container로 이루어져 있습니다.

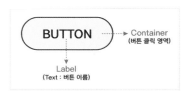

버튼의 기본 구성

버튼은 옵션에 따라 3가지 유형으로 나눌 수 있습니다.
첫 번째는 레이블만 있는 경우, 두 번째는 아이콘과 레이블
이 함께 있는 경우, 세 번째는 아이콘만 있는 경우입니다.

버튼의 구성 옵션

버튼은 스타일에 따라 중요도를 부여할 수도 있습니다.
예를 들어 배경이 채워진 버튼은 배경 테두리만 있는 버튼
에 비해 중요한 역할일 때 주로 사용합니다.

버튼의 스타일

다양한 버전의 버튼 컴포넌트 애셋을 제작해 보겠습니다. 이번 실습에서는 피그마 커뮤니티
의 아이콘 컴포넌트를 활용하겠습니다.

1. ❶ Layers 패널에서 ➕ 아이콘을 클릭하여 새로운 페이지를 추가하고, 해당 페이지의 이름
을 'Button'으로 변경합니다. ❷ 다시 ➕ 아이콘을 클릭하여 페이지를 추가하고 이번에는
'Icons'로 이름을 변경합니다.

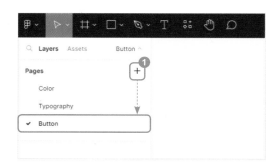
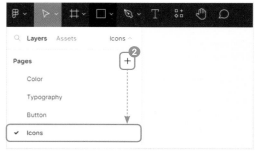

2. Icons 페이지 안에는 피그마 머터리얼 시스템 아이콘 컴포넌트를 가져오겠습니다. 머티리얼 디자인 아이콘 파일은 구글 폰트에서 제공하는 피그마 파일이며, 피그마 커뮤니티에서 검색할 수 있습니다. ❶ 피그마 커뮤니티(figma.com/community)에 접속한 후 'Material Design Icons'를 검색해 구글 폰트에서 제공하는 콘텐츠 페이지를 엽니다. ❷ [Open in Figma]를 클릭하여 피그마 페이지로 복사합니다.

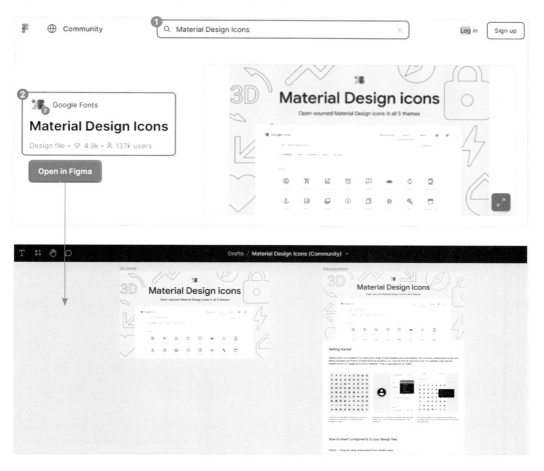

3. ❶ 왼쪽의 파일 페이지 중 [Admin only]를 선택하여 엽니다. 각 레이어 이름 옆의 자물쇠 표시를 눌러 잠금을 해제한 후 화면에 나와 있는 Frame을 Ctrl + A 로 모두 선택합니다. ❷ 단축키 Ctrl + C 를 눌러 복사한 다음, 이를 작업 중인 파일의 Icons 페이지에 단축키 Ctrl + V 로 붙여 넣습니다. 이제 이 아이콘들은 버튼 제작할 때나 이미 사용한 아이콘을 교체할 때 활용할 것입니다.

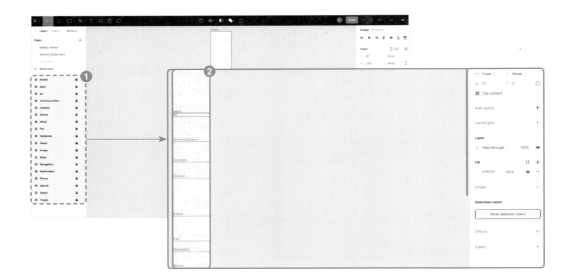

4. ❶ Button 페이지를 클릭해서 열고 작업을 진행합니다. 단축키 [Shift] + [I] 를 클릭하여 컴포넌트 불러오기 위젯을 엽니다. ❷ 'add'로 검색한 후 ❸ 원하는 아이콘을 클릭하여 페이지의 캔버스에 추가합니다.

5. ❶ 텍스트 도구 [T] 를 선택하고 아이콘 오른쪽에 'Button' 텍스트를 입력합니다. ❷ 폰트는 [Pretendard], 스타일은 [SemiBold], 크기는 '16'으로 설정합니다.

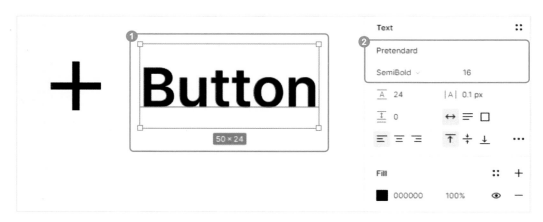

6. ❶ 아이콘과 텍스트를 모두 선택한 후, Auto layout(Shift + A)으로 변환합니다. 이 작업으로 두 요소를 하나의 프레임으로 그룹화할 수 있습니다. 프레임의 이름은 'Button'으로 수정합니다. ❷ Auto layout 패널에서 중앙 정렬, 마진 '8', 좌우 여백 '16', 상하 여백 '4', 코너 둥글기 '4'로 지정합니다.

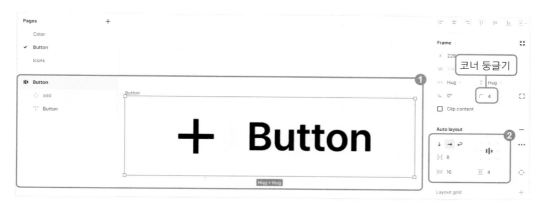

7. ❶ 이어서 Button 프레임 색상을 [primary/500Base]로 지정하고, 아이콘/텍스트 색상을 '#FFFFFF'로 지정한 후 스타일로 저장합니다. ❷ 이름은 'base/white'로 지정합니다.

▶ [primary/500Base] 스타일을 저장하지 않았다면 색상을 '#3C76F1'으로 지정해 저장하세요.

8. ❶ add 인스턴스 아이콘 레이어를 선택한 후 ❷ 가로 세로 크기를 모두 '18'로 설정합니다.

9. Button 레이블의 높이와 폰트 크기를 동일하게 지정하기 위해 레이블 Text 영역에서 행간을 '100%'로 수정합니다. 그리고 버튼의 높이가 변경되어도 텍스트가 항상 중앙 정렬이 되도록 텍스트 세로 정렬 옵션을 Align Middle ⊹ 로, 줄바꿈이 되지 않도록 Auto Width ↔ 로, 텍스트의 가로 정렬은 Align Center ≡, 텍스트의 행간은 '0%'으로 설정합니다.

이때 버튼에 아이콘이 없고 레이블만 있는 경우 버튼 프레임의 높이가 2px 정도 작아집니다. 이를 방지하기 위해 아이콘이 숨어 있어도 버튼 프레임의 높이가 일정하게 유지되도록 처리하겠습니다.

10. ❶ 프레임 도구 ▦를 이용하여 아이콘과 동일하게 높이는 '18'로 설정한 프레임을 생성합니다. ❷ 이때 가로 사이즈(W)는 '0'으로 설정합니다. '0.001'을 입력하면 '0'으로 설정됩니다.

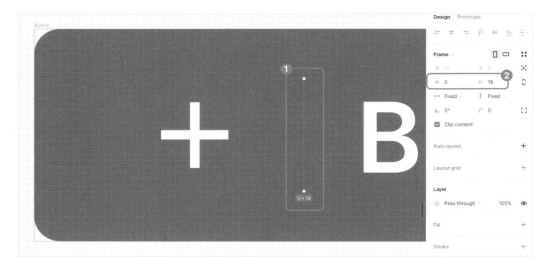

11. 생성한 세로 라인 프레임과 Button 레이블을 선택한 후 Auto layout(Shift + A)으로 그룹화합니다. 그리고 프레임 안쪽의 여백을 '0'으로 설정하여 여백을 제거합니다. 이렇게 하면 레이블만 있는 것처럼 보이면서 동시에 아이콘을 안 보이게 처리하더라도 높이가 변하는 현상을 막아 줍니다.

12. 마지막으로 완성된 결과물의 레이어 이름을 변경합니다. 세로 프레임은 'line', 텍스트 Button은 'label', 세로 라인과 텍스트를 합친 프레임은 'label_wrap'으로 변경합니다. 'add'로 되어 있는 인스턴스 이름을 'icon'으로 변경합니다.

13. 이제 버튼을 재사용하기 위해 컴포넌트로 제작해 보겠습니다. 먼저 Button 프레임을 선택한 후 화면 중앙에 위치한 Create component 🔷 아이콘을 클릭하여 컴포넌트로 변환합니다. 그럼 Assets 패널에서 Button이 컴포넌트로 생성된 것을 확인할 수 있습니다. 이 버튼 애셋을 화면에 추가하면 Layers 패널에 인스턴스로 등록됩니다.

▶ 인스턴스란 컴포넌트의 복제본이자 재사용되는 요소를 말합니다.

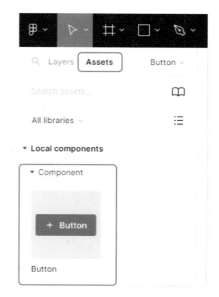

Assets 영역에서 가져온 Button 인스턴스를 선택한 후 Design 패널의 Button 컴포넌트 이름 옆 Go to main component ✛ 아이콘을 클릭하면 메인 컴포넌트로 이동됩니다.

14. ❶ Layers 패널에서 버튼 인스턴스의 아이콘을 선택하고 Design 패널의 아이콘 셀렉트 박스를 클릭하면 아이콘 목록을 확인할 수 있으며, 원하는 아이콘으로 교체할 수도 있습니다. ❷ 레이블 또한 선택한 후 더블 클릭하여 다른 이름으로 변경할 수 있습니다. Auto layout으로 제작했기 때문에 레이블의 길이만큼 버튼 길이도 자동으로 조절되는 것을 확인할 수 있습니다.

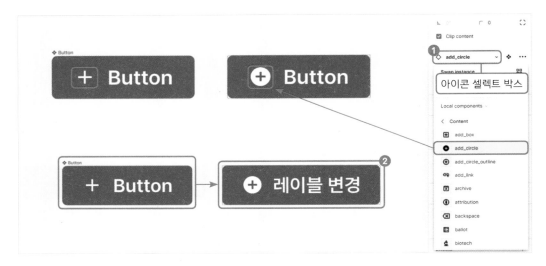

1. 이제 메뉴 중 Variants를 활용하겠습니다. 메인 컴포넌트를 선택한 후 Design 패널 Properties 옵션의 + 아이콘을 클릭하고 [Variant]를 선택합니다.

▶ Variants란 여러 개의 컴포넌트를 하나의 컴포넌트로 그룹화하여 관리하는 기능입니다.

2. 화면 중앙에 위치한 Add variants ◈ 아이콘을 클릭합니다. 보라색의 점선 테두리로 둘러싸인 컴포넌트 세트가 생성되며 버튼이 2개로 표시됩니다. Layers 패널에 기존의 버튼은 'Default'로, 추가된 버튼은 'Variant2'로 표시됩니다.

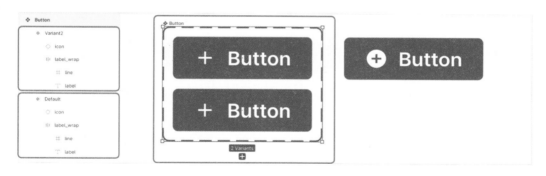

3. 이제 Variant2 버튼을 선택한 후 스타일을 변경해 보겠습니다. 먼저 ⚭ 을 눌러 버튼의 색상 스타일 연결을 해제한 후 배경색은 투명도를 0%로 조절하거나 눈 아이콘을 클릭해 안 보이도록 처리하고, Stroke 색상을 스타일에 등록된 [primary/500Base]로 변경합니다. 아이콘과 레이블의 색상도 [primary/500Base]로 일치시킵니다. 다른 인스턴스를 선택한 후 Design 패널의 Property1 속성을 'Variant2'로 선택하면 스타일이 동일하게 변경됩니다.

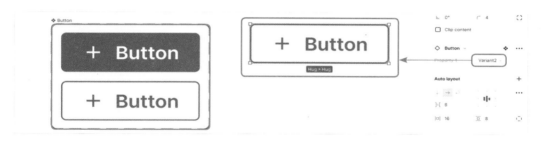

4. ❶ 메인 컴포넌트 세트를 선택한 후 ❷ Design 패널의 'Property1'의 이름을 더블 클릭하여 'Style'로 변경합니다. ❸ 그리고 Style 변경 옵션인 Edit property ⇅ 를 선택하고 ❹ Values 옵션의 이름을 클릭하여 Default는 'filled'로, Variant2는 'outlined'로 변경합니다. 인스턴스를 선택한 후 Design 패널 부분의 스타일에서 드롭다운 버튼을 클릭하면 'outlined'와 'filled' 2가지 value를 확인할 수 있습니다. 각각 다른 스타일을 선택해 보면 잘 반영되는 것을 확인할 수 있습니다.

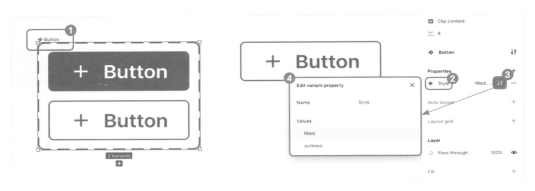

5. 새로운 Variant 속성을 추가해 보겠습니다. ❶ 다시 메인 컴포넌트 세트를 선택한 후 ❷ Properties의 ＋ 아이콘을 클릭하여 Variant를 선택합니다. ❸ 'Name: Type', 'Value: primary'로 입력한 후 [Create property]를 클릭하여 생성합니다.

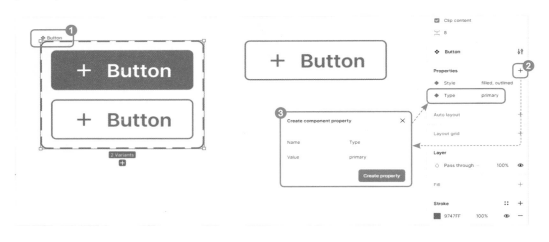

다음은 Boolean 속성을 설정해 보겠습니다. Boolean 속성은 2가지 값 중 하나를 가질 수 있는 데이터 형식을 의미합니다. 예를 들면, '참과 거짓', '활성화와 비활성화' 등이 있습니다. 이러한 상태는 디자인 요소의 동작 및 시각적인 모습을 제어하는 데 중요하게 사용됩니다. 여기에서는 아이콘 활성화를 제어해 보겠습니다.

6. ❶ 버튼 컴포넌트의 아이콘 인스턴스를 더블 클릭하여 선택한 후 ❷ Design 패널의 Layer 옵션 오른쪽에 표시되는 Create Boolean property ⬦ 을 클릭합니다. ❸ 표시되는 창에 'Name: ShowIcon', 'Value: True'라고 입력한 후 [Create property]를 클릭하여 생성합니다. Layer 옵션에 ShowIcon이 생성된 것을 확인할 수 있습니다.

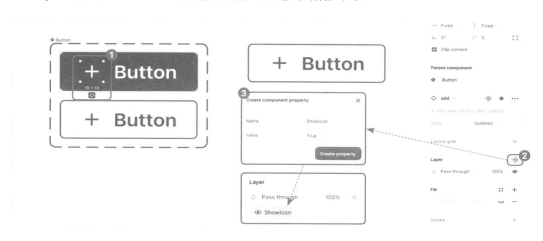

이제 메인 컴포넌트 세트를 선택한 후 Design 패널을 확인하면 Properties 목록에 ShowIcon 이 표시되는 것을 볼 수 있습니다. 그러나 Outlined 스타일의 인스턴스를 선택하면 Boolean 속성이 보이지 않는데, 이는 Style이 filled 스타일에 설정되었기 때문입니다. 따라서 filled 상태로 변경 후 확인하면 아래에 Boolean 스위치가 나타납니다. 스위치가 켜지면 아이콘이 활성화되고, 꺼지면 비활성화됩니다.

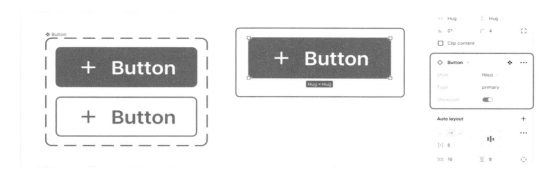

7. 이번에는 Outlined 상태에서도 Boolean 속성이 표시되도록 설정하겠습니다. ❶ 메인 컴포넌트 세트에서 라인 스타일 아이콘 인스턴스를 선택하고 ❷ 디자인 패널에서 Layer 옵션의 Apply Boolean Property ⟳를 클릭한 후, ❸ [ShowIcon]을 선택하여 연결합니다.

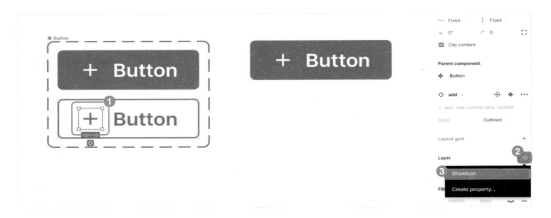

그리고 테스트용 인스턴스를 Outlined 상태로 선택해 보면 목록에 잘 표시되는 것을 볼 수 있습니다.

이제 Instance Swap 속성을 설정해 보겠습니다. 이 속성은 컴포넌트 인스턴스 내에 있는 아이콘, 이미지, 또는 다른 요소를 쉽게 교체할 수 있도록 해주는 Swap 설정 속성입니다.

8. ❶ 메인 버튼 컴포넌트 내의 Filled와 Outlined 아이콘 인스턴스를 동시에 선택합니다. [Shift]를 누른 채로 클릭하여 동시에 선택하거나, 아이콘 하나를 선택한 뒤 표시되는 조준 아이콘 ⊕을 클릭하여 컴포넌트 세트 내의 모든 아이콘 인스턴스를 한 번에 선택할 수도 있습니다. ❷ Design 패널의 아이콘 셀렉트 박스 옆의 Create Instance Swap Property ⟳를 선택하고 ❸ 옵션 창에 'Name: SwapIcon'을 입력한 후 [Create property]를 클릭합니다.

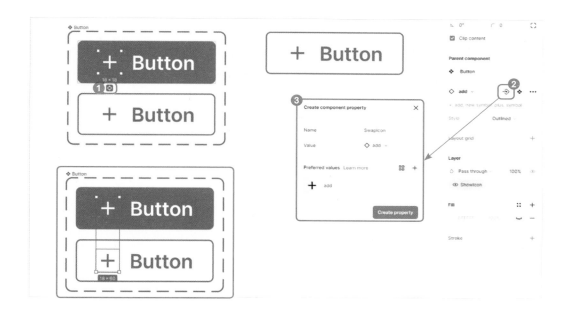

테스트용 인스턴스를 클릭한 후 패널을 확인하면 SwapIcon이 생성되어 있으며, 드롭다운 메뉴를 열어 보면 제공되는 아이콘 목록이 표시됩니다. 다른 아이콘을 아무거나 선택하여 잘 교체되는지 확인합니다.

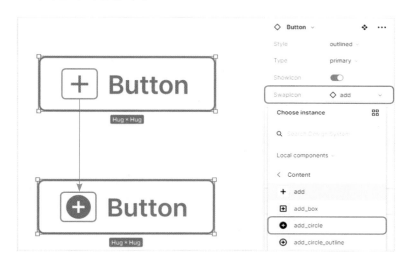

9. 다음은 Text 속성을 적용해 보겠습니다. 이는 컴포넌트 내부의 텍스트 요소 스타일과 레이아웃을 조절하는 설정 속성입니다. ❶ 메인 컴포넌트 내의 배경이 있는 버튼에서 레이블을 선택하고 아래 생성되는 조준 아이콘 ⊕ 을 클릭하여 컴포넌트 세트 내 모든 버튼의 레이블을 선택합니다. ❷ Design 패널의 Text 영역에서 'Button' 오른쪽에 위치한 Create Text Property ⊹ 를 클릭합니다. Name에 'Label'이라고 입력한 후 [Create property]를 클릭합니다. 테스트용 인스턴스를 클릭한 후 패널을 확인하면 Label이 생성되어 있으며 내용을 수정하면 레이블이 변경됩니다.

▶ 아트보드에서 레이블을 클릭하면 정확하게 선택되지 않을 수 있으므로 Layers 패널에서 레이블을 정확하게 선택한 후 다음 단계를 진행하세요.

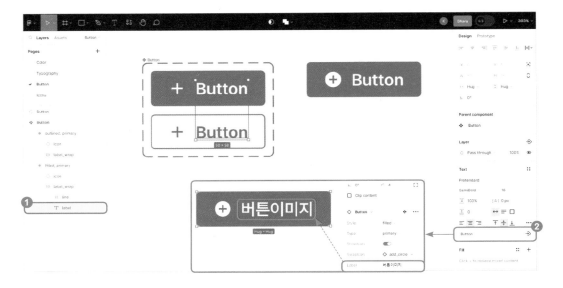

10. 이와 같은 방식으로 다양한 스타일과 상황에 따른 버튼 컴포넌트 애셋을 제작할 수 있습니다. 최종 결과물은 다음과 같습니다.

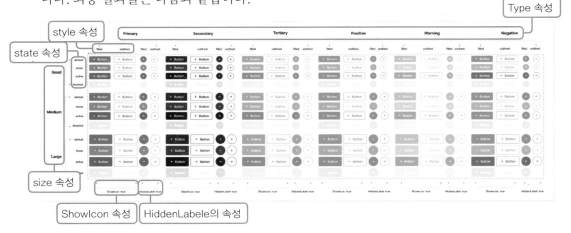

버튼 컴포넌트의 속성을 정리하면 다음과 같습니다. ❶번 Style Values는 위 실습에서 제작한 속성입니다. 이와 같이 스타일을 지정해 버튼 컴포넌트 애셋을 완성해 보세요. 버튼 컴포넌트까지 완성하고 나면 이제 본격적으로 버튼 디자인 시스템을 제작할 차례입니다.

버튼 컴포넌트 명	속성
❶ Style Values	filled, outlined
❷ Type Values	primary, secondary, tertiary, positive, warning, negative
❸ State Values	default, hover, active, disabled
❹ HiddenLabel Values	false, true
❺ Size Values	small, medium, large
❻ SwapIcon Values	Instance Swap 속성을 설정
❼ Label Values	Text 속성을 설정하고 Name을 'Label'로 입력
❽ ShowIcon Values	Boolean 속성을 설정

❷ Type Values와 ❺ Size Values에 사용된 스타일은 다음과 같습니다.

❷ Type Values

타입	상태	스타일
primary	default	primary/500Base
	hover	primary400
	active	primary700
	disabled	primary200
secondary	default	secondary/500Base
	hover	secondary/400
	active	secondary/700
	disabled	secondary/100
tertiary	default	tertiary/500Base
	hover	tertiary/400
	active	tertiary/700
	disabled	tertiary/200

	default	positive/500
positive	hover	positive/100
	active	positive/600
	disabled	transparent/positive15
	default	warning/500
warning	hover	warning/100
	active	warning/600
	disabled	transparent/warning15
	default	negative/500
negative	hover	negative/100
	active	negative/600
	disabled	transparent/negative15

❺ Size Values

타입	상태	스타일
small	hiddenLabel false	108 × 32
	hiddenLabel true	32 × 32
medium	hiddenLabel false	108 × 40
	hiddenLabel true	40 × 40
large	hiddenLabel false	116 × 48
	hiddenLabel true	48 × 48

Do it! 실습 버튼 시스템 완성하기

1. Color 페이지의 프레임을 복사하여 Button 페이지의 컴포넌트 영역 오른쪽에 붙여 넣습니다. 그리고 다음과 같이 일부 내용을 삭제하고 헤더 콘텐츠 제목을 각각 'Button System', 'Reference'로 변경합니다.

2. Reference 아래쪽의 Assets 패널에서 Button 컴포넌트를 가져와 속성을 수정합니다. Style 속성은 outlined, Type 속성은 primary, state 속성은 default, Size 속성은 small로 설정합니다. 텍스트 도구를 선택하여 버튼 위에 'sizes'라고 제목을 넣고 [labelMededium]과 [contentPrimary] 스타일을 지정합니다. 그리고 그 아래에 'small'이라는 제목을 넣은 뒤 [paragraphSmall]과 [contentSecondary] 스타일을 선택합니다. 라인 도구와 텍스트 도구를 활용하여 버튼 아래에 설명을 추가합니다.

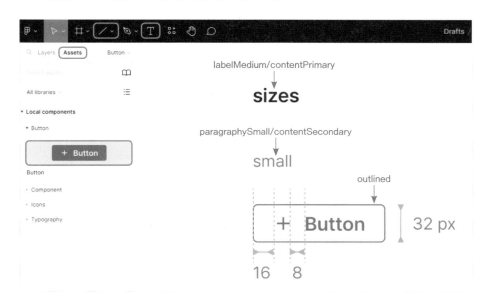

3. 버튼 가로로 나열된 3가지 요소인 Button, Line1, 32px를 동시에 선택한 후 Auto layout 으로 처리하고 레이어의 이름을 'buttonGuides'로 변경합니다. 그리고 요소 간 여백을 '8'로 설정합니다.

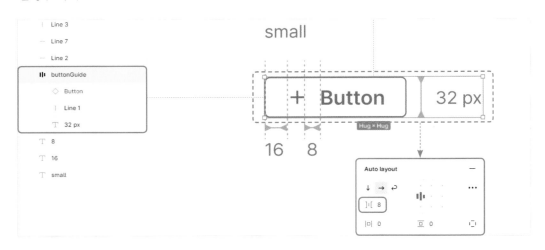

4. 다시 버튼 요소와 가이드 요소 전체를 선택한 후 단축키 Ctrl + G 로 그룹화합니다. 설정 한 위치를 유지하기 위해 그룹으로 간단하게 묶어 주는 것입니다.

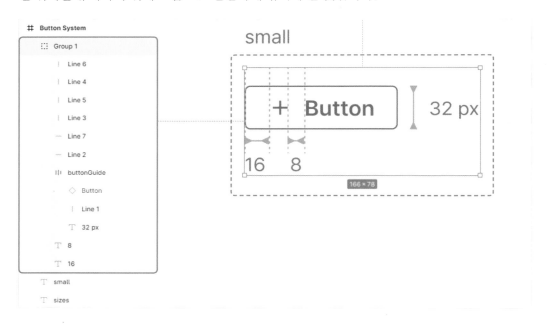

5. ① 이어서 'small' 타이틀까지 포함한 모든 요소를 선택한 후 Auto layout으로 설정합니다. 여백은 '8'로 설정합니다. ② 다시 ⊞ 아이콘을 클릭하여 컴포넌트로 변환한 후 ③ 컴포넌트 이름을 'button/Size'로 수정합니다. ④ Assets 패널에서 컴포넌트를 확인합니다.

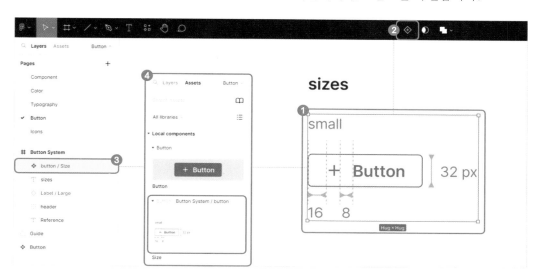

6. Assets 패널에서 button/Size 세트를 가져와 small 영역 오른쪽에 medium과 large를 구성하고 다음과 같이 수치를 적용합니다. 이때 세로 라인의 경우 Auto layout 상태의 높이를 Fixed 대신 Fill로 변경해야 버튼 크기에 맞게 자동 조절됩니다. button/Size 컴포넌트인 small 영역에서 이를 설정하면 모두 적용됩니다.

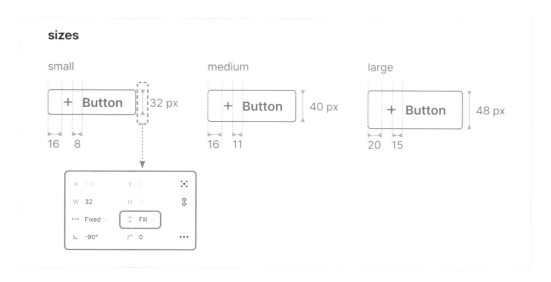

7. 앞서 진행한 과정을 참고하여 컴포넌트 애셋을 활용한 Button System 페이지를 다음과 같이 완성해 보세요. 2번 이상 반복해서 사용되는 요소는 컴포넌트로 제작한 후 활용하면 작업의 효율성을 높일 수 있습니다. 수정이 필요한 경우에는 메인 컴포넌트 영역에서만 수정해도 모든 요소에 반영됩니다.

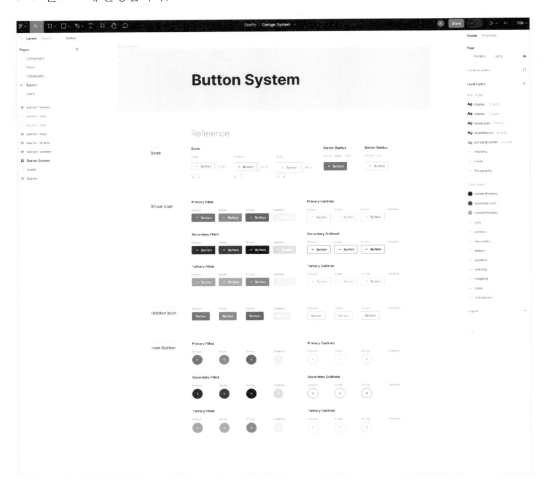

8. 중간 과정으로 페이지를 한번 정리해 보겠습니다. ❶ Layers 패널에서 Pages 오른쪽 아이콘을 클릭하여 새로운 페이지를 만듭니다. 그리고 이 페이지의 이름을 'Component'로 수정합니다. 생성한 페이지를 마우스로 드래그하여 레이어 가장 상단으로 올리고 이곳에 지금까지 작업한 컴포넌트들을 복사해 와 모아두겠습니다. ❷ 프레임 작업에서 수정이 필요한 경우에는 디자인 패널의 인스턴스 오른쪽 Go to main component ✧ 아이콘을 클릭하면 해당 컴포넌트로 빠르게 이동해 수정할 수 있습니다.

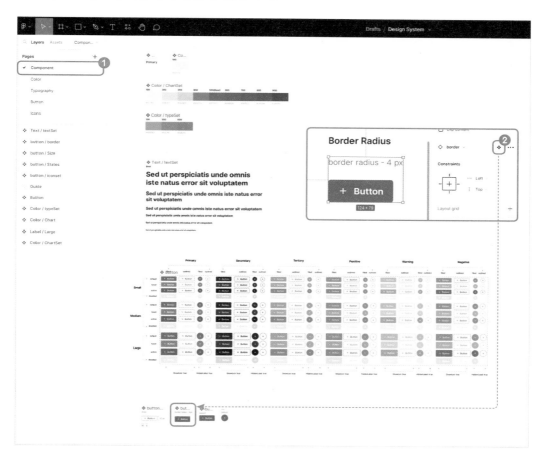

11-4 인풋 시스템 만들기

이번에는 입력 폼 양식에서 활용되는 텍스트 인풋 버튼 컴포넌트를 제작하겠습니다. 지금부터 컴포넌트를 제작할 때는 앞에서 정리한 Pages의 Component 페이지에서 순서대로 배치하며 만들겠습니다.

완성된 인풋 시스템과 인풋 박스의 컴포넌트 속성은 다음과 같습니다.

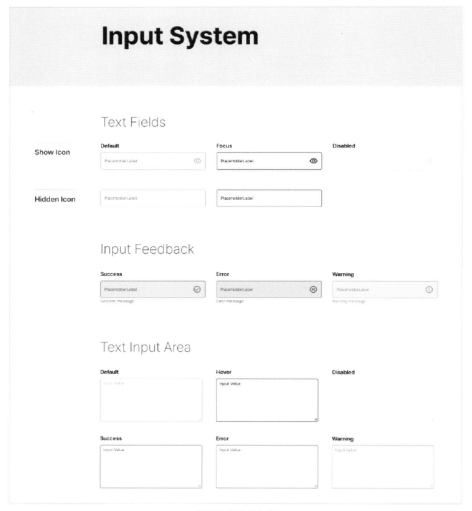

완성된 인풋 시스템

컴포넌트 명	속성	설명
State	default	기본 상태
	focus	마우스를 올린 상태
	positive	성공적인 반응 상태
	negative	오류 및 실패 반응 상태
	warning	경고 및 주의 반응 상태
	disabled	비활성화 상태
PlaceholderLabel		Value에 텍스트 입력
ShowIcon	true	아이콘이 보이는 상태
	false	아이콘이 숨은 상태
IconSwap		Value에 아이콘 swap(교체)
ShowHint	true	박스 아래 힌트 텍스트가 보이는 상태
	false	박스 아래 힌트 텍스트가 숨은 상태
HintLabel		Value에 힌트 텍스트 입력

Do it! 실습 텍스트 인풋 — 컴포넌트 제작하기

1. Pages의 Component 페이지를 열고 버튼 컴포넌트 아래쪽에 인풋 컴포넌트를 추가하겠습니다. ❶ 텍스트 도구를 사용하여 'Placeholder'를 입력하고 크기는 [paragraphySmall], 색상은 [contentSecondary]로 지정합니다. 이 텍스트를 Auto layout(단축키 [Shift] + [A])으로 설정하고 레이어 이름을 'Text'로 변경합니다. ❷ 이때 Text의 여백은 Design 패널에서 모두 '0'으로 설정합니다. 그리고 Assets 패널의 Icons에서 Visibility 아이콘을 가로로 나란히 배치합니다. 단축키 [Shift] + [I]를 누른 후 검색해서 넣으면 빠릅니다.

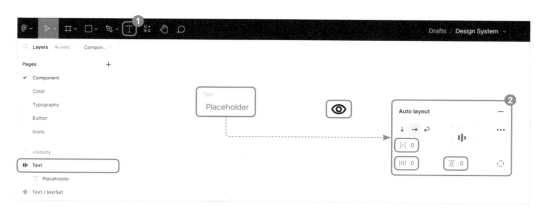

2. Text 영역과 아이콘 영역을 모두 선택한 후 Auto layout으로 변환하고 'Input'으로 이름을 변경합니다. Input을 선택한 후 배경 색상을 [base/white]로 설정합니다. 정렬은 높이에서 중앙으로 맞추고 가로 세로크기를 [Fixed]로 변경한 다음 'W: 450, H: 50'을 입력합니다.

▶ 만약 색상에 base/white가 없다면 #ffffff 색상값을 사용해 새로운 스타일로 지정하세요.

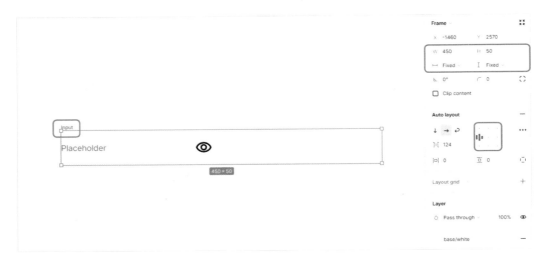

3. ❶ Input의 Auto layout에서 패딩을 '12'로 설정합니다. ❷ 아이콘은 Input 박스 오른쪽에 위치해야 하므로 아이콘만 선택합니다. ❸ 그리고 Design 패널의 Frame 오른쪽에 위치한 Absolute position ⠿ 아이콘을 클릭합니다. [Alt]를 누르고 아이콘 위치를 패딩 '12'만큼 들여서 오른쪽 끝에 위치시킵니다. 그 후 Constraints 기준점 위치를 'Right, Center'로 변경합니다.

▶ [Alt]를 누른 채 마우스를 움직여보면 붉은 표시줄이 표시되며 거리 수치를 확인할 수 있습니다.

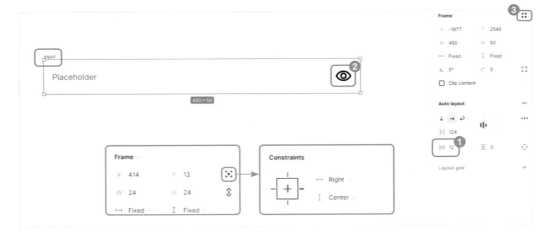

4. 텍스트 도구를 사용하여 Input 박스 바로 아래에 'Hind Place'를 입력하고 크기는 [Paragraphy/Small], 색상은 [contentPrimary]로 설정합니다. 이 텍스트와 Input 박스 영역을 모두 선택한 후 Auto layout으로 설정하고 여백을 '0'으로 줍니다. 이때 부모 박스의 크기를 줄이면 내부의 Input 박스가 고정된 크기로 유지됩니다.

5. ❶ 이 문제를 해결하기 위해 내부의 Input Auto layout 박스를 선택한 후 Frame 패널에서 가로 사이즈를 [Fill container]로 변경합니다. 그럼 부모 박스가 줄어들면 내부의 박스도 자동으로 줄어들게 됩니다. ❷ 부모 박스를 선택하여 가로 크기를 'W: 450'으로 변경합니다.

6. ❶ 다시 전체 요소를 선택한 후 ◈ 아이콘을 클릭하여 컴포넌트로 설정하고 이름을 'Input' 으로 수정합니다. Input 박스에는 여러 가지 상태들이 존재하므로 속성을 추가하겠습니다. 인풋 박스의 세부 속성은 다음과 같습니다. ❷ 지금까지 정리한 내용을 참고하여 다음과 같이 Properties를 설정해 보세요.

▶ 이 부분이 헷갈린다면 '[Do it!] 실습 버튼 시스템 — 컴포넌트 제작하기 (2)'를 복습해 보세요.

속성	설명
Text 속성(PlaceholderLabel)	Input 박스 내부의 Placeholder 텍스트 변경
Boolean 속성(ShowIcon)	Input 박스 내부의 아이콘 유무
Instance Swap 속성(IconSwap)	Input 박스 내부의 아이콘 있을 시 Swap 기능
Text 속성(HintLabel)	Input 박스 하단의 Hint Place 변경
Boolean 속성(ShowHint)	Input 박스 하단의 Hint Place 유무

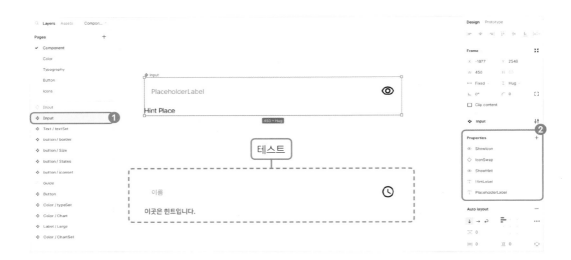

7. 이번에는 Input의 상태를 추가하기 위한 Variant를 설정해 보겠습니다. ❶ 중앙의 Add variant ◈ 아이콘을 클릭하여 Variant를 생성한 후 이름을 'State'로 변경합니다. ❷ Variant 하단 아이콘을 클릭하여 총 4개의 상태를 생성합니다. ❸ 첫 번째 인스턴스의 이름을 'Default', 두 번째를 'Focus', 세 번째를 'Positive', 네 번째를 'Negative'로 설정합니다.

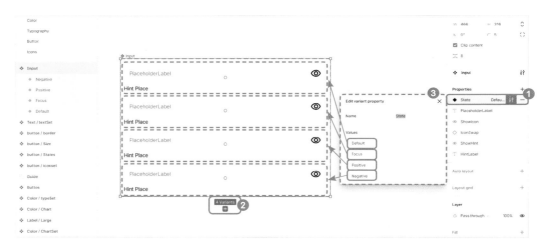

8. 이제 각 상태의 디자인을 다음과 같이 변경합니다.

〈Default〉
- PlaceholderLabel: contentSecondary
- Hint Place: contentPrimary, base/white

〈Focus〉
- PlaceholderLabel: contentPrimary
- 테두리: contentPrimary, 2px

〈Positive〉
- PlaceholderLabel: positive600
- 배경색: transparent/positive15
- Hint Place: positive500
- 테두리: positive500, 2px

〈Negative〉
- PlaceholderLabel: negative600
- 배경색: transparent/negative15
- Hint Place: negative500
- 테두리: negative500, 2px

설정이 모두 끝나면 Assets 패널에서 Input 인스턴스를 가져와 잘 작동하는지 확인합니다.

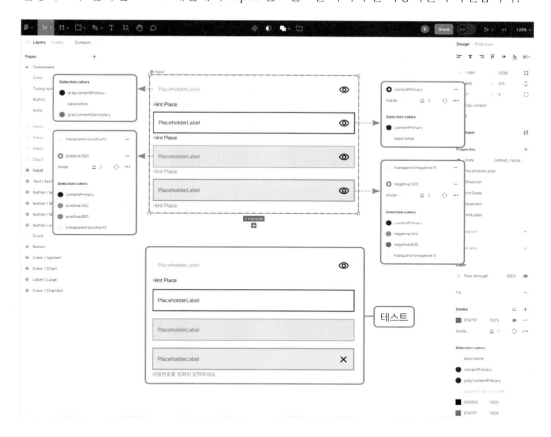

9. 다음은 인풋 컴포넌트 세트의 최종 결과물입니다. Default 상태의 인풋 박스에는 1px 두께의 테두리를 주고 테두리 색상을 [contentTertiary]로 변경했습니다. 또한 Default 상태와 그 외 나머지 상태의 Input 박스 모두 1px 두께의 테두리를 적용하고, Radius 값을 4px로 설정했습니다. 마지막으로 다음 2가지 상태를 추가하겠습니다.

〈Disabled〉
- PlaceholderLabel: primary200

〈Warning〉
- PlaceholderLabel: transparent/warning15
- 테두리/label: warning600

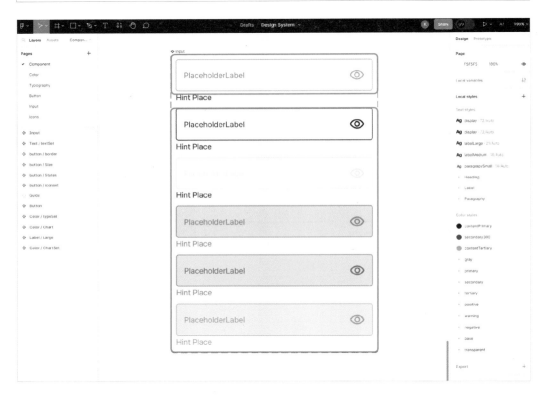

10. 이제 Component 페이지의 인풋 컴포넌트 설정이 모두 끝났습니다. Pages에 새로운 페이지를 추가한 후 이름을 'Input'으로 설정합니다. 앞에서 작업한 Button 페이지의 Button System 프레임 전체를 복사한 후 Input 페이지에 붙여 넣습니다. 타이틀은 수정하고 기존 내용은 삭제합니다. 배운 내용을 바탕으로 다음과 같이 Input System을 직접 완성해 보세요.

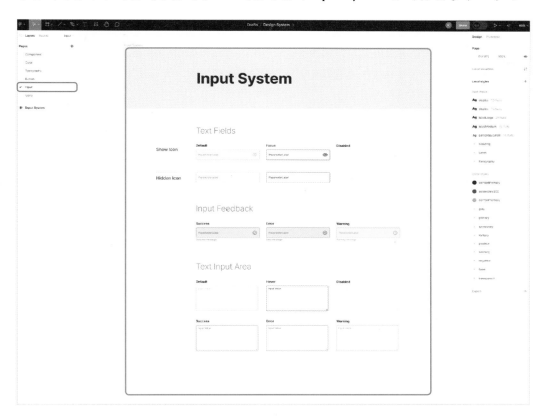

11장 | 실전 과제

01 지금까지 제작한 피그마 디자인 시스템을 바탕으로 '로그인 페이지'와 '로그인 경고 메시지' 페이지를 다음과 같이 디자인해 보세요. 실습에서 만든 디자인 시스템이 잘 구축되었다면 쉽고 빠르게 적용할 수 있습니다.

▶ '11-2절 타이포그래피 시스템 — 컴포넌트 제작하기'와 '11-4절 텍스트 인풋 — 컴포넌트 제작하기'를 참고해서 직접 만들어 보세요.

▶ 자료실에서 실습 파일을 내려받아 따라 만들어 보세요. [이지스퍼블리싱 홈페이지 → 자료실 → 책 제목 검색]

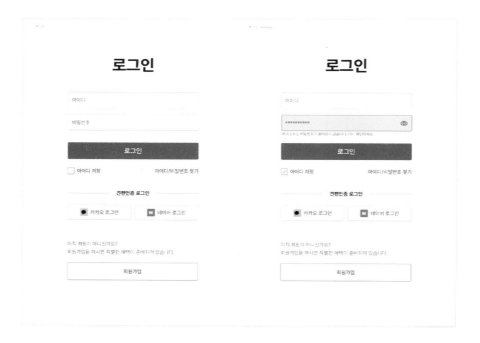

한글

ㄱ~ㄷ

가독성	158
갈색	147
감정 형용사	195
강조성	42
거터	92
게슈탈트	43
구글 폰트	166
그라디언트 컬러	152
그라디언트 헌트	152
그룹화	43
그리드	91
그리드 시스템	81
근접성	43
글로벌 내비게이션 바	33
기업 홍보용 웹 사이트	29
내비게이션	33
노란색	144
눈누	172
뉴모피즘	59
다폰트	174
단순성	32
데이터베이스	19
드리블	70
디비딕	68
디자인 리서치	191
디자인 시스템	219
디자인 패턴	217

ㄹ~ㅂ

라인 간격	161
레이블	131
레이아웃	77
레이아웃 이동 디자인 패턴	63
로컬 내비게이션 바	34
마이 컬러 스페이스	151

마인드 맵	192
마진	94
만다라트	194
머티리얼 디자인	58
모니터 해상도	97
모바일 퍼스트 디자인	15
모티브	197
목업	209
미세 조정 디자인 패턴	64
바운더리	133
반응형 디자인	36
반응형 웹 디자인	60
배경	131
배색 이미지 매트릭스	196
백엔드 개발자	24
베이스라인	94
벡터	129
벡티지	202
벤치마킹	191
벤치마킹 프로세스	191
보라색	146
분홍색	146
뷰포트	85
브레인스토밍	192
비대칭 레이아웃	82
비주얼 계층	85
비주얼 스튜디오 코드	167
비트맵	125
비헨스	71
빅 타이포그래피	164
빨간색	143

ㅅ~ㅇ

사용자 경험	52
사용자 인터페이스	51
사이드 내비게이션 바	35
사잇값	92
산세리프체	157
상호작용과 애니메이션	217

색상	135
색상 강조	141
색상 그룹핑	140
색상 팔레트	217
서버 컴퓨터	13
세리프체	156
소셜 네트워크 서비스	32
쇼핑몰 웹 사이트	30
스큐어모피즘	57
스탯카운터	98
스토리텔링	194
스톡	198
스플릿샤이어	201
아이콘	130
아이콘 폰트	175
아이콘스8	204
아이콘파인더	204
안티앨리어싱	165
애플리케이션	13
어도비 컬러	149
어도비 폰트	173
어워즈	71
언스플래쉬	198
언스플래쉬 API 방식	199
언어 이미지 스케일	195
여백	83
연속성	45
영역	93
웹	13
웹 그라디언츠	153
웹 그리드 시스템	91
웹 그리드 시스템 최적화	96
웹 기획자	22
웹 디자이너	23
웹 디자인	26
웹 디자인 콘셉트	187
웹 디자인 프로세스	20
웹 디자인의 목표	26
웹 브라우저	13

웹 사이트 14
웹 사이트 개발 인력 22
웹 사이트 개발 프로세스 16
웹 색상 표현 방식 138
웹 서버 13
웹 애플리케이션 동작 원리 14
웹 폰트 158
유닛 92
유동적 레이아웃 81
유동형 디자인 패턴 61
유사성 44
이미지 125
인터랙션 디자인 196
인터랙티브 디자인 30
일관성 39

ㅈ~ㅌ

자간 160
전경과 배경 45
전체화면 폭 99
접근성 36
주황색 143
지디웹 69
초두 효과 27
초록색 144
카드 디자인 59
칼럼 93
캐러셀 40
캔버스 밖으로 디자인 패턴 64
커뮤니티 웹 사이트 31
컨테이너 폭 99
컬러 시스템 224
컬러 헌트 150
컬럼 드롭 디자인 패턴 62
컴포넌트 219
콘텐츠 영역 79
쿨러스 150
클라이언트 컴퓨터 13
타깃 187

타이포그래피 164
타입스케일 159

ㅍ~ㅎ

파노라마 배경 디자인 65
파란색 145
파워목업 209
패럴랙스 스크롤링 디자인 66
페르소나 187
펙셀스 201
편리성 41
폐쇄성 44
폰트 계층 구조 163
폰트 대비 162
폰트 스타일과 두께 161
폰트 어썸 175
푸터 영역 79
풀 컬러 127
풋 내비게이션 바 35
프런트엔드 개발자 23
프로그래밍 언어 19
프리텐다드 폰트 224
프리픽 202
플래티콘 203
플랫 UI 컬러즈 151
플랫 디자인 56
플리크 164
피그마 218
픽사베이 200
핀터레스트 69
해상도 97
행간 161
행동 유도 버튼 51
헤더 영역 78
형용사 이미지 맵 195
화면 정의서 207
회색 147

영문 및 숫자

12칼럼 그리드 시스템 101
16진수 코드 법 138
CC0 198
CMYK 137
CSS 디자인 어워즈 72
DPI 126
FNB 35
F자 아이트래킹 패턴 85
GIF 127
GNB 33
GSAP 67
GUI 18
HSL 표현 139
JPEG 127
JPG 127
Key 137
LNB 34
PNG 127
PPI 126
RGB 137
RGB 표현 138
RGBA 표현 139
SNB 35
SVG 128
UI 51
UI 그라디언트 152
UI 스타일 가이드 라인 18
UI 스타일 가이드라인 216
UX 52
W3C 159
Webp 129
Xmind 193

IT 전문서 　 웹

웹 분야 도서 1위 저자가 알려 준다!
HTML+CSS+자바스크립트를 한 권으로 끝내자!

최신
HTML5,
CSS3, ES6
반영!

Do
it!

세상의 속도를
따라잡고 싶다면

한 권으로 끝내는 웹 기본 교과서
HTML+CSS+
자바스크립트
웹 표준의 정석

코딩 왕초보도 OK! 기초부터 활용까지 완·전·정·복

웹 분야 베스트셀러 저자 고경희 지음

특별 부록!
웹 사이트
만들기
PDF 책!

저자 직강
동영상 강의!

이지스 퍼블리싱

분야
1위!

동영상
강의

강의 자료

저자 고경희 지음 | 648쪽 | 30,000원

1
탄탄한 웹 기본기
쌓기

HTML 태그부터
CSS 반응형 웹,
자바스크립트 함수까지
한 권으로 끝!

2
500여 개의 예제로
확실하게!

손으로 직접
코드를 쓰는 예제와
실무에서 바로 쓰는
예제가 담겨 있어요.

3
무료 동영상과
학습 계획표 제공!

1:1 과외를 받는 듯한
저자 직강 동영상 강의와
맞춤 학습 진도표를
제공해요!

예제로 이해하고
실전 프로젝트로 완성한다!

Do it!
Vue.js 입문

강의 자료

실무의 정글 속에서 살아남기 위한 실전 예제형 Vue.js 입문서! 이 책은 Vue.js 실무 개발 경험을 바탕으로 입문자 대상 강의를 수차례 진행해 온 현업 Vue.js 능력자가 집필했습니다. Vue.js의 기본 동작 원리부터 꼼꼼하게 설명하고, 실제 서비스를 개발할 때 필요한 컴포넌트 기반 설계 방법과 프로젝트 구조화 노하우까지 알차게 담았습니다. 특히 입문자들이 어려워하는 웹팩, ES6, NPM을 몰라도 쉽게 학습할 수 있도록 목차를 구성하여 배우기 쉬운 Vue.js의 특성을 잘 살렸습니다.

장기효 지음 | 18년 2월 | 232쪽 | 15,000원

실무자가 꼭 알아야 할
반응형 웹 기술의 모든 것!

Do it!
반응형 웹 페이지
만들기

강의 자료

이 책은 가장 효율적으로 반응형 웹 사이트를 제작할 수 있는 방법과 노하우를 알려 줍니다. 헷갈리기 쉬운 반응형 웹의 기본 개념부터 플렉서블 박스, 가변 그리드, 미디어 쿼리, 뷰포트와 같은 핵심 기술까지 예제로 실습하는 전 과정을 담았습니다.
또한 실제 웹 사이트의 구조를 잡고 콘텐츠를 배치하는 레이아웃 디자인과 HTML5, CSS3로 제작하는 과정도 자세히 들어 있습니다.

김운아 지음 | 21년 3월 | 344쪽 | 20,000원

현직 웹 디자이너의
진짜 포트폴리오 8개 완성!

Do it!
인터랙티브
웹 페이지 만들기

동영상 강의

강의 자료

최신 프런트엔드 웹 디자인은 물론 인터랙티브 웹 사이트 8개를 한 번에 완성할 수 있는 책입니다. 베테랑 웹 디자이너이자 프런트엔드 개발자인 저자가 HTML, CSS, 자바스크립트만으로 누구나 화려한 웹 사이트를 만들 수 있게 알려 줍니다.
책에서 제공하는 8가지 프런트엔드 웹 사이트는 현업에서 최신 트렌드로 자리 잡은 인터랙티브 웹 포트폴리오를 만들 수 있게 구성했습니다.

최성일 지음 | 21년 8월 | 480쪽 | 28,000원

웹 사이트 하나를
통째로 만들며 배운다!

Do it!
프런트엔드 UI 개발
with Vue.js

웹어워드코리아에서 대상과 최우수상을 수상한 17년 차 프런트엔드 개발자가 알려 주는 방법 그대로 웹 사이트 하나를 통째로 만듭니다. 텅 빈 화면에서 시작해 한 줄씩 코딩하다 보면 조금씩 완성되는 사이트를 눈으로 확인할 수 있습니다. 웹 프런트엔드 UI를 개발할 때 알아야 할 다양한 기법과 HTML, CSS 활용법을 설명하고, HTML 요소에 데이터를 연결하여 동적인 콘텐츠를 만드는 방법을 배울 수 있습니다.

김운미 지음 | 23년 8월 | 400쪽 | 25,000원